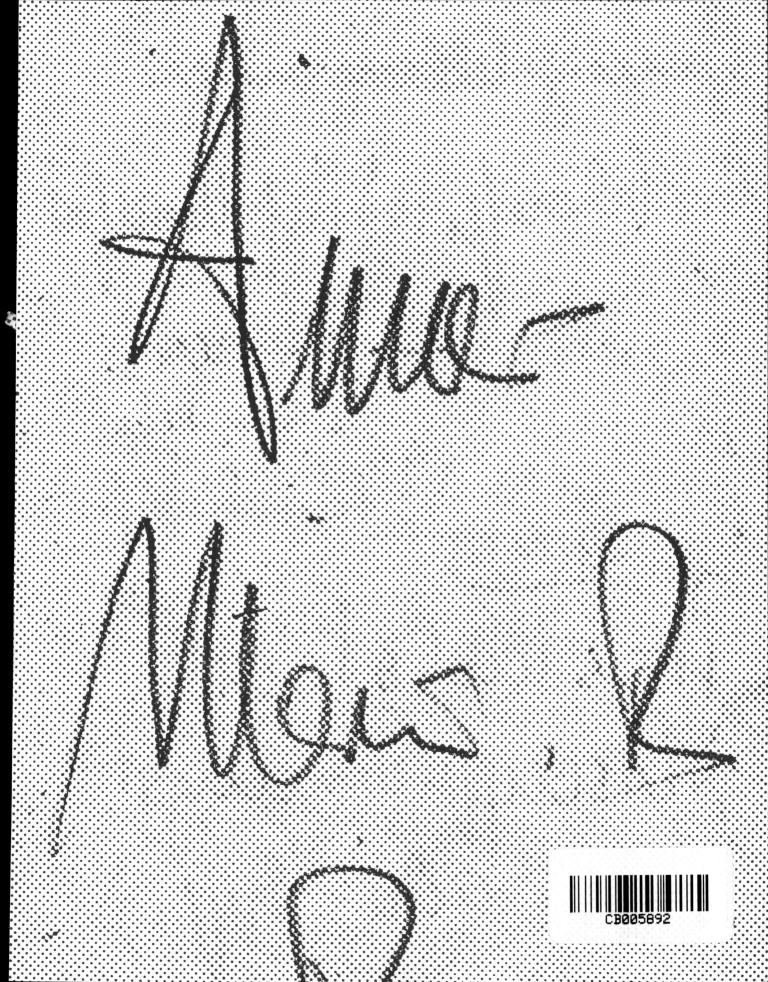

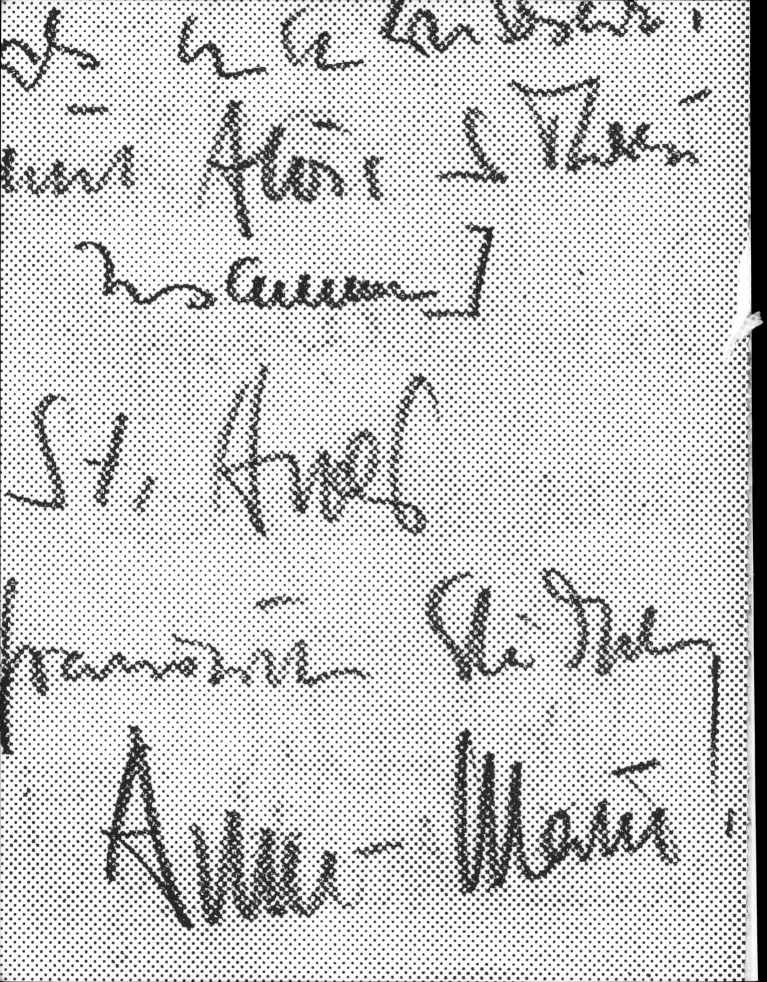

CARAMBAIA

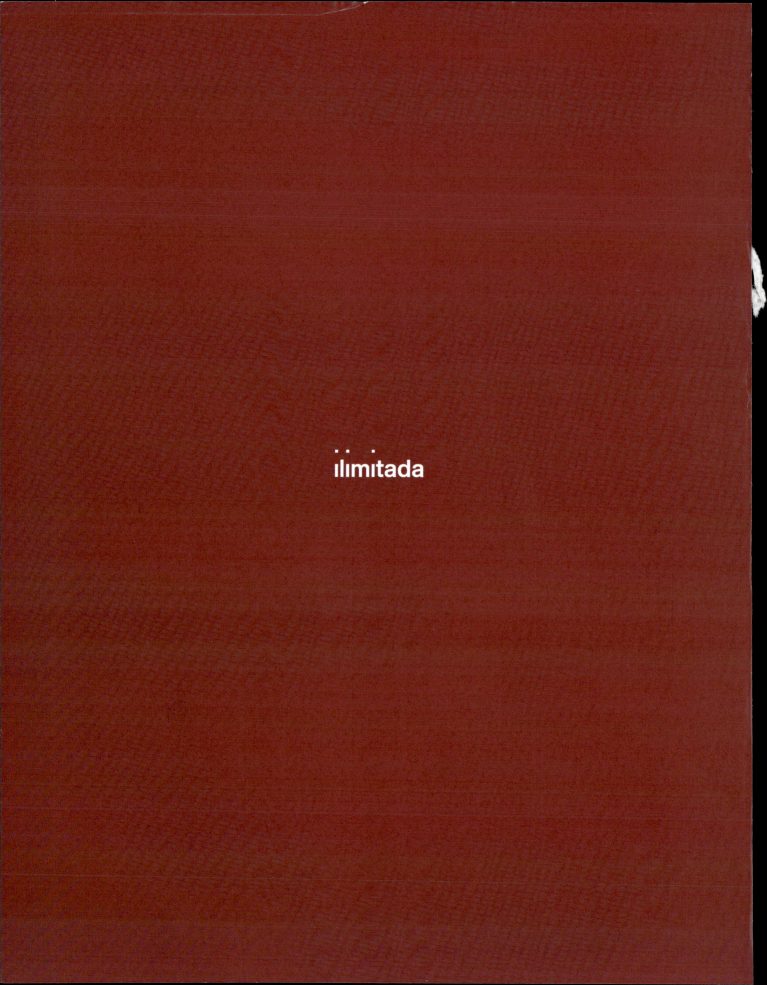

ÀS VEZES DÁ VONTADE DE CHORAR FEITO CRIANÇA

OS DIÁRIOS DE GUERRA 1943-1945

HEINRICH BÖLL

Organização René Böll
Tradução Maria Aparecida Barbosa

PREFÁCIO 6
NOTA DA EDIÇÃO 8

DIÁRIOS DE GUERRA
I. **1943-1944** 12
II. **1944-1945** 204
III. **1945** 272

MAPA 314
POSFÁCIO 316
CRONOLOGIA 320

PREFÁCIO
RENÉ BÖLL
COLÔNIA, MARÇO DE 2017

"Eu não escrevi nada sobre a guerra", disse Heinrich Böll, em 1977, em uma conversa com Nicolas Born, Hermann Lenz e Jürgen Manthey. Afirmava não ter escrito literariamente sobre a guerra como guerra, não ter feito descrições de batalhas ou tematizado táticas bélicas. Escreveu, porém, textos que registram eventos da guerra; isso ele fez ao relatar a experiência do indivíduo, seus sofrimentos, tormentos, desespero e sentimento de desamparo existencial. A "matéria", a "substância", era a experiência própria. Experiência e vivências adquiridas na retaguarda e também diretamente no front. Vêm desse período os três diários de guerra inéditos, que agora publicamos. Os diários têm um imediatismo ainda maior do que as cartas da guerra, que ele escreveu entre 1939 e 1945. Particularmente as anotações feitas de forma abreviada tornam mais preciso o horror dos acontecimentos. Por isso, seu valor se estende ao público em geral, para além do âmbito familiar.

Meu pai jamais considerou publicar seus diários de guerra, pois eram para ele um documento pessoal da história biográfica, e, por conseguinte, em seu testamento ele os excluiu de uma publicação. Pouco antes de morrer, ele me deu então esses cadernos, que arquivara separadamente dos outros materiais e manuscritos e que havia muito tempo estavam na casa de Langenbroich. Mesmo que não fossem publicados, deveriam estar disponíveis para consultas com fins científicos, o que ele consentiu em testamento. Ao fazer isso, no final das contas ele delegava à família a decisão de determinar o modo de consulta, como isso poderia e deveria se dar – incluindo a decisão de publicá-los ou não como um documento biográfico auxiliar para a pesquisa de sua obra. A opção de destruir o material estava para ele definitivamente descartada. Se tivesse intenção de destruí-los, certamente ele próprio o teria feito. Ao contrário, considerou que valia a pena conservá-los. Após longa e cuidadosa ponderação e deliberação, também com pessoas de fora do círculo familiar, nós – a família – decidimos publicá-los como um livro. Fizemos isso levando em conta que são, sim, anotações bem pessoais, mas nunca íntimas, e que cativam justamente em virtude da imediatez do registro feito às vezes na trincheira e no hospital. Queríamos preservar esses diários como um documento para a posteridade, torná-los disponíveis num mundo ainda dominado por guerras. Pois, embora não registrem isso num diário como Heinrich Böll o fez, tantas pessoas ainda vivenciam como ele a pobreza, o medo, o tormento e a experiência entre o desespero e a esperança.

Essa decisão é discutível. Nós, por meio desta publicação, acreditamos prestar um serviço à obra e à memória de nosso pai, e também a seus leitores, tornando as anotações acessíveis, ao invés de mantê-las em caráter privado.

O destino de Heinrich Böll durante a guerra não foi extraordinário, ele o compartilhou com centenas de milhares de contemporâneos em ambos os lados das linhas de combate. No entanto, coube-lhe especialmente pôr isso em palavras.

Ele não somente odiava a guerra, mas também tinha aversão ao uniforme, aos comandos – mesmo os mais estúpidos – aos quais se devia obedecer, ao entediante serviço de sentinela, à gritaria com subalternos. Não participou de resistência ativa, mas praticava a resistência passiva sem medo de roubar ou falsificar papéis com os quais pudesse estender suas férias ou simular doenças, embora nesse último caso tivesse tido menos êxito.

Depois de ter ido à Polônia via Osnabrück em maio de 1940, a maior parte do tempo ele serviu na França; então na condição de soldado de retaguarda em Colônia; novamente na França entre maio de 1942 e setembro de 1943; e depois, a partir de novembro de 1943 – conforme registrado no primeiro diário –, na Rússia. Lá, no dia 12 de novembro, ele teve a primeira experiência no campo de batalha. No front, permaneceu apenas seis semanas e, mesmo assim, viveu intensamente o horror, foi ferido quatro vezes. Manteve a escrita do diário enquanto esteve no hospital e no cativeiro, encerrando-o a partir da libertação da condição de prisioneiro no Hofgartenwiese de Bonn, em setembro de 1945. Quase todos os dias, desde 1939, Böll escreveu cartas para sua família, para sua namorada Annemarie Cech, com quem mais tarde se casou. Omitiu muita coisa à mãe, a fim de não inquietá-la ainda mais. Quando Hitler tinha chegado ao poder em 1933, ela imediatamente soubera: "Isso é sinal de guerra".

NOTA DA EDIÇÃO

A base de *Às vezes dá vontade de chorar feito criança*, de Heinrich Böll, é a reprodução digital de seus diários de guerra de 30 de outubro de 1943 a 15 de setembro de 1945, no contexto da Segunda Guerra Mundial. Para a edição brasileira, reproduzimos, em seu tamanho original, as cadernetas em que foram feitas as anotações.

O formato da primeira, uma agenda encadernada em linho vermelho e aparentemente adquirida durante a escolta de um transporte até a Bélgica, é de 12,8 x 7,5 cm. O diário II, de 1944–1945, encadernado em couro verde, mede 13,5 x 9 cm. O terceiro, um caderno em linho verde, mede 12,7 x 8,5 cm.

O livro apresenta três tipos de textos, para os quais foram escolhidos três estilos de fonte que se alternam por sua disposição espacial, conforme diagrama na página 9. O primeiro é a transcrição e tradução dos registros das cadernetas produzidos por Böll. O segundo diz respeito a notas criadas pelos organizadores do volume, que dão o contexto histórico e de vida em que as anotações foram feitas. O terceiro é composto pelas notas de rodapé, dispostas lateralmente, em corpo menor e em cor, e que são de natureza informativa ou estabelecem correções de dados ou apresentam questões de tradução.

Os comentários complementares às anotações de Böll visam permitir uma orientação inicial, bem como oferecer pontos de partida para posteriores acréscimos ou pesquisas. O objetivo da edição desta obra foi lançar os fundamentos para esse trabalho, na medida em que fornece o material necessário.

Buscou-se também oferecer informações bibliográficas das leituras mencionadas nos registros, principalmente durante as internações do autor, bem como dos filmes a que ele assistira. Por outro lado, renunciou-se à checagem dos respectivos locais de mobilização no front citados por Böll, das estações intermediárias designadas nas rotas de transporte ou dos paradeiros na retaguarda. Além disso, as pessoas nomeadas nos registros, membros da Wehrmacht, conhecidos do hospital e outros internos nos campos de prisioneiros de guerra, não tiveram sua identidade verificada.

Em muitos trechos, a transcrição do original encontrou dificuldades; alguns são difíceis de decifrar, uma vez que evidentemente foram feitos em condições adversas (em trincheiras, durante o transporte etc.). A fim de diferenciar as leituras mais confiáveis das leituras aproximadamente certas e, finalmente, das indecifráveis, a presente edição emprega chaves (**{xxx}**) para hipóteses e colchetes (**[xxx]**) para entradas que não foram decifradas.

Na edição há, ainda, uma cronologia e o auxílio de um mapa, para melhor localização dos eventos.

AGRADECIMENTOS

Gostaria de agradecer a Jochen Schubert e a Markus Schäfer pela incansável perseverança e dedicação na transcrição da caligrafia muito difícil de meu pai. Sem seu interesse constante, esta edição não teria se tornado realidade. As notas explicativas das transcrições não teriam sido possíveis sem seu profundo conhecimento da obra e da vida de Heinrich Böll.

Gostaríamos de agradecer a Dorothea Roll pela excelente coordenação da produção, e a Olaf Petersenn e Jan Valk pela leitura engajada. Somos gratos também a Wolf-Peter Stößel por seu profundo envolvimento na constituição gráfica.

Sem Ulrich Suter, não teríamos sido capazes de decifrar e comentar os termos em suíço-alemão.

Por último, mas não menos importante, meus sinceros agradecimentos à minha esposa, Carmen Alicia, que realizou um cuidadoso trabalho de digitalização dos diários, documentos e fotos.

Qualquer erro é de minha exclusiva responsabilidade.

— René Böll *Colônia, agosto de 2017*

Tradução dos registros das cadernetas produzidos por Böll

Calendário lateral indica o mês em que foi feito o registro

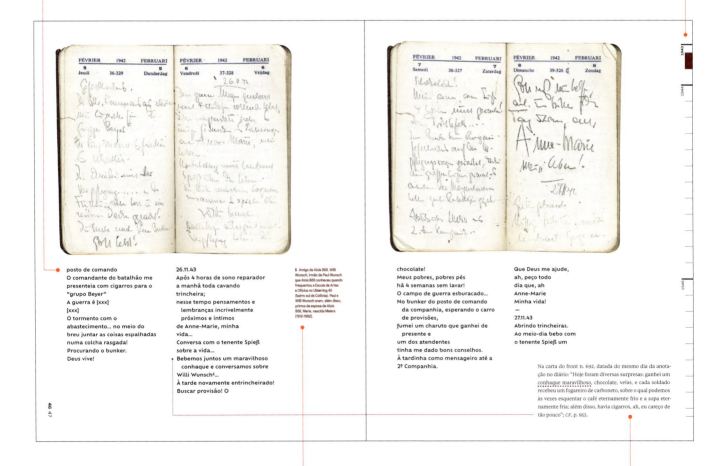

posto de comando
O comandante do batalhão me presenteia com cigarros para o "grupo Beyer"
A guerra é [xxx]
[xxx]
O tormento com o abastecimento... no meio do breu juntar as coisas espalhadas numa colcha rasgada!
Procurando o bunker.
Deus vive!

26.11.43
Após 4 horas de sono reparador a manhã toda cavando trincheira;
nesse tempo pensamentos e lembranças incrivelmente próximos e íntimos
de Anne-Marie, minha vida...
Conversa com o tenente Spieß sobre a vida...
• Bebemos juntos um maravilhoso conhaque e conversamos sobre Willi Wunsch⁵...
À tarde novamente entrincheirado!
Buscar provisão! O

5 Amigo de Alois Böll. Willi Wunsch, irmão de Paul Wunsch que Alois Böll conheceu quando frequentou a Escola de Artes e Ofícios no Ubierring 40 (bairro sul de Colônia). Paul e Willi Wunsch eram, além disso, primos da esposa de Alois Böll, Marie, nascida Meiers (1912-1992).

chocolate!
Meus pobres, pobres pés há 4 semanas sem lavar!
O campo de guerra esburacado...
No bunker do posto de comando da companhia, esperando o carro de provisões,
fumei um charuto que ganhei de presente e
um dos atendentes tinha me dado bons conselhos.
À tardinha como mensageiro até a 2ª Companhia.

Que Deus me ajude,
ah, peço todo
dia que, ah
Anne-Marie
Minha vida!
—
27.11.43
Abrindo trincheiras.
Ao meio-dia bebo com o tenente Spieß um

Na carta do front n. 692, datada do mesmo dia da anotação no diário: "Hoje foram diversas surpresas: ganhei um conhaque maravilhoso, chocolate, velas, e cada soldado recebeu um fogareiro de carboneto, sobre o qual podemos às vezes esquentar o café eternamente frio e a sopa eternamente fria; além disso, havia cigarros, ah, eu careço de tão pouco"; *CF*, p. 955.

Notas de natureza informativa ou que estabelecem correções de dados ou apresentam questões de tradução

Notas que dão o contexto histórico e de vida em que as anotações foram feitas

DIÁRIO DE GUERRA II 1944–1945
P. 204

DIÁRIO DE GUERRA I 1943–1944
P. 12

DIÁRIO DE GUERRA III 1945
P. 272

DIÁRIO
DE GUERRA
I

1943

1944

[Dados pessoais]

Agenda belga de 1942, capa revestida por linho vermelho. A agenda mantida por Heinrich Böll no interstício temporal de 30.10.1942 a 14.5.1944 foi provavelmente adquirida na Antuérpia, por ocasião da escolta de um trem no final do outono de 1941.

[Registro de endereços e telefones]

[Pesos e medidas]

[Primeiros socorros]

[Providências em caso de envenenamento]

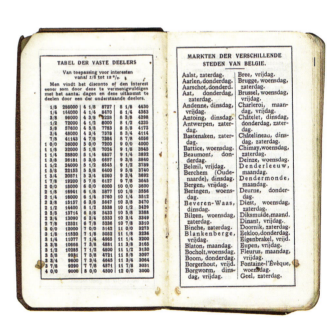

["Tabela de divisores fixos", cálculo de taxas de desconto]

[Mercados em várias cidades da Bélgica]

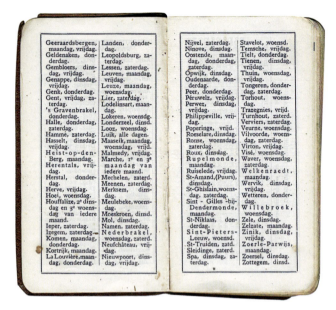

[Mercados, continuação]

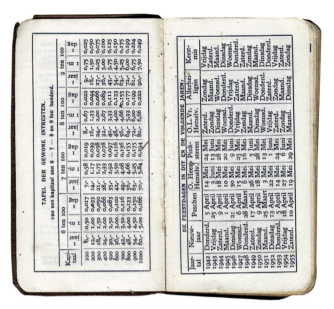

[Tabela de cálculo de juros]

[Calendário dos santos]

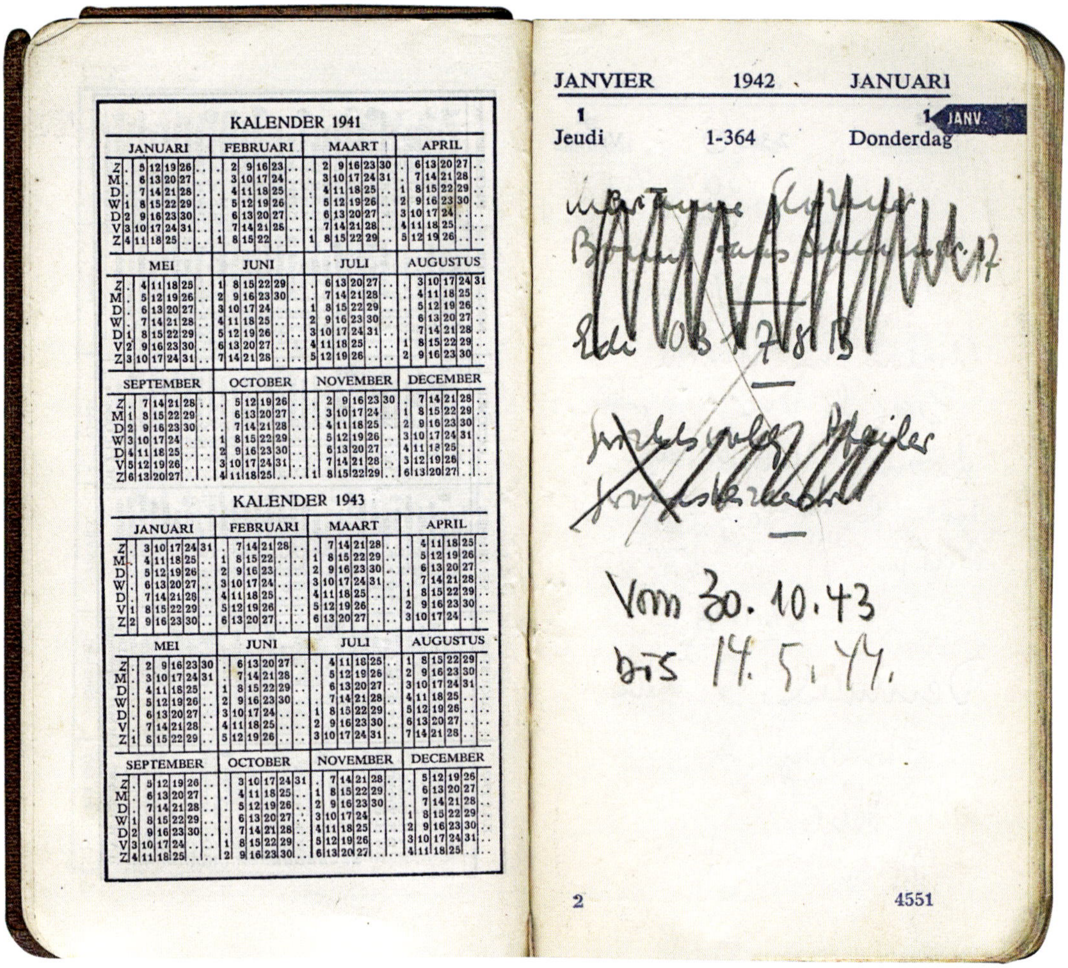

[Calendário 1941/1943]

Marianne Rua Sachs
Bonn, Hans xxxstr. 17
Edi OB 178 B
—
Gerichtsvollz. Pfeiler
Rua Goltstein
—
De 30.10.43
a 14.5.44

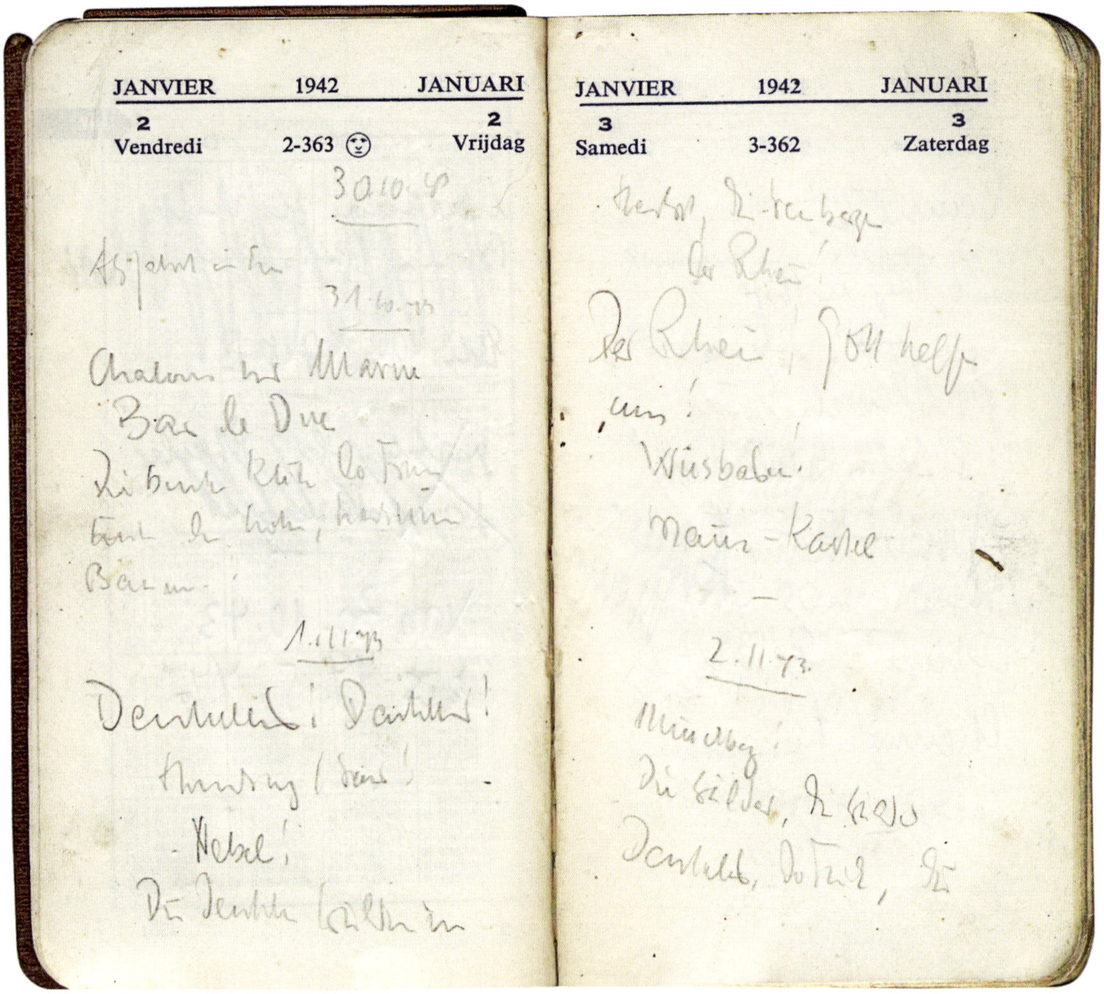

30.10.43
Partindo de Eu (França)
31.10.43
Chalons sur Marne
Bar le Duc
Os vestidos coloridos das mulheres e as altas árvores outonais
1.11.43
Alemanha! Alemanha!
Homburg/Saar!
Névoa!
As florestas alemãs no outono, os vinhedos
o Reno!
O Reno! Deus nos ajude!
Wiesbaden!
Mainz-Kastel
—
2.11.43
Münchberg!
As florestas, as florestas
Alemanha, o lago, as

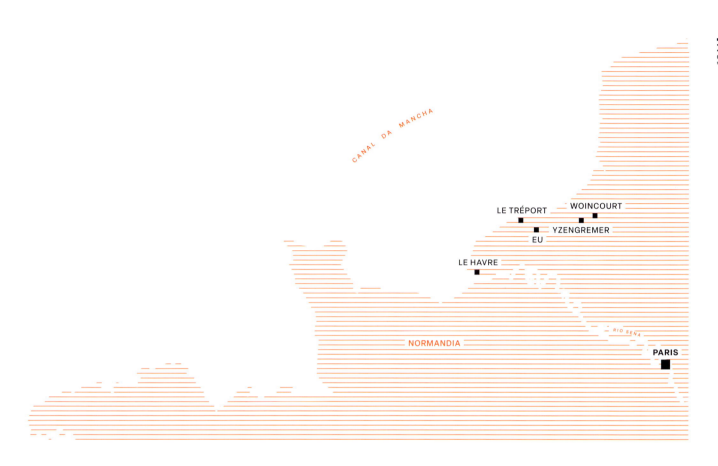

Eu é uma cidade francesa da Normandia, distante cerca de 4 km de Le Tréport, cidade em que Heinrich Böll ficou temporariamente sediado.

Conforme o Diário de Guerra da 348ª Divisão de Infantaria (regimentos 863 I.-III. Btl., 864 I.-III. Btl., 865º Batalhão de Intervenção, bem como outras unidades de artilharia, técnicos, inteligência, veterinária, médica e de suprimentos), foram retiradas parcelas da divisão estacionada na costa da Normandia no início de outubro, incluindo membros da 1ª Companhia do 863º Regimento, para a qual Heinrich Böll fora designado no ano anterior. Depois de ter fornecido inicialmente 433 homens em 10 de outubro de 1943, outros 530 soldados seguiram em 20 de outubro de 1943, entre eles Heinrich Böll. De acordo com a carta do front (*Feldpostbrief*, obra citada a partir daqui como *CF*) n. 662, de 20.10.1943: "Ficou claro nesse ínterim que estamos indo para a R.[ússia]" (*CF*, p. 928).

A partida do transporte sucedeu em 28 de outubro de 1943 da estação ferroviária Woincourt. O registro no Diário da Divisão informa que o trem de transporte com partida às 19h22 estava às 19h55 atravessando uma passagem subterrânea da ferrovia a sudeste de Frireulle e, devido à explosão dos trilhos, foi levado ao descarrilamento, situação em que 23 vagões foram empurrados uns contra os outros, sendo que alguns deles deslizaram pelo aterro; 18 soldados morreram e 82 ficaram feridos. Heinrich Böll sofreu uma leve lesão na mão; vide carta do front n. 669, de 29.10.1943, bem como o correspondente registro de ferido neste volume, página 265. Na noite de 31.10.1943, o trem continuou a viagem, saindo às 19h46 da estação ferroviária da cidade francesa de Eu, situada perto de Woincourt.

Sobre o percurso que vai da França, passando por diversas cidades até Kalinovka, na Ucrânia – que Heinrich Böll descreve aqui nos *Diários* –, e, em seguida, o percurso de avião de Odessa até a península da Crimeia, para entrar em ação em Querche, vide as cartas do front 669-682, de 30.10.1943 a 14.11.1943 em *CF*, pp. 939-947.

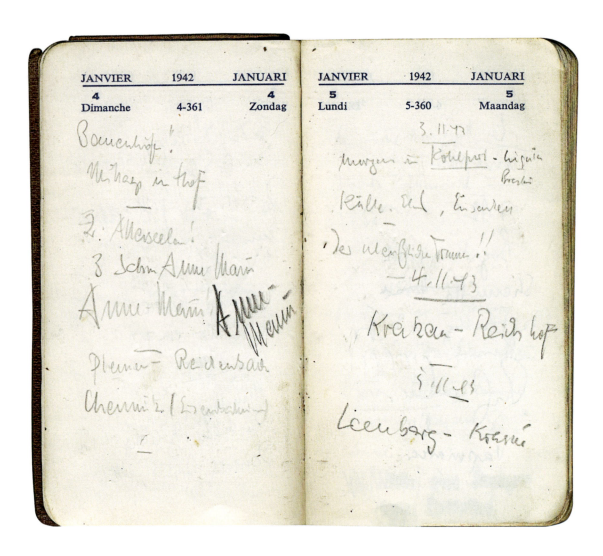

fazendas
Tarde no pátio
—
Dia 2 Finados!
3 anos Anne-Marie
Anne-Marie
Anne-Marie
—
Plauen–Reichenbach
Chemnitz (albergue da estação ferroviária)
—

3.11.43
manhã em Kohlfurt — Legnica
Breslau
Frio, miséria, solidão
—
O sonho medonho!!
— 4.11.43
Krakau–Reichshof
—
5.11.43
Lemberg–Krasnée

6.11.
Tarnopol —
7.11.
Bogdanowitsch
Shemitza ~~Vinnitsa~~
(os refugiados — a jovem
russa!
Rússia!!!!!
8.11.
Vapuriarea
Erjapol

Manobrando para lá — para cá
—
• À noite, discurso do Führer
no vagão!
—
9.11.
Manhã em Krachny
Sonhos com Anne-Marie
Anne-Marie me visita
num enorme
salão!

O discurso de Adolf Hitler no dia 8.11.1943 no salão da cervejaria Löwenbräu, em Munique, foi transmitido por rádio às 20h15. O ponto de referência para esse que foi o último discurso público de Hitler foram os acontecimentos de 8 e 9 de novembro de 1943. (Vide: Max Domarus. *Hitler. Reden und Proklamationen 1939-1945*. Vol. 2, pp. 2050-2059).

Heinrich Böll (quinto a partir da direita), como guarda em Wesseling, em 1941

Em 16.11.1941, as tropas alemãs tomaram a cidade situada no oeste da Crimeia (península de Querche), uma cidade portuária com 104 mil habitantes em 1939, mas, devido à chegada dos russos no dia 29.12.1941, novamente a perderam. Em maio de 1942 foi então bem-sucedida a invasão dessa importante cidade para a planejada ofensiva em direção aos montes Cáucasos. A partir de 1.11.1943, devido à operação de desembarque das tropas soviéticas, Querche foi mencionada com destaque quase todos os dias nos relatórios da Wehrmacht até a data do registro no diário. A esse respeito, vide relatórios secretos dos diários da liderança da Wehrmacht alemã na Segunda Guerra Mundial 1939-1945, de 11 a 14.11.1943:

Relatório de 11.11.1943: "9.30 relatórios do general Allmendinger [Karl Allmendinger, general do 5º Corpo do Exército, de 1.7.1943 a 1.5.1944], ataque na cabeça de pouso de Bakssy [local aproximadamente 8 km a leste de Bulganak, que no dia 4.11.1943 foi tomado pelas tropas soviéticas] há 3 horas em frente ampla com algo em torno de 20 tanques. Supõe-se a princípio que os tanques tenham penetrado pela parte nordeste de Querche e Bulganak. A ordem é manter a HKL [linha de batalha principal] independentemente de quaisquer tanques que a tenham rompido. [...] A localidade Adshim Ushkaj [aproximadamente 5 km ao norte de Querche ou aproximadamente 3 km a sudeste de Bulganak] está perdida. [...] Durante o dia, o inimigo continua atacando a cabeça de pouso de Bakssy e tem suas próprias forças na linha da borda leste de Querche – borda sudeste de Bulganak – um morro de altitude de 133,3 m, localizado a 2 km dos arredores de Bulganak]".

Relatório de 12.11.1943: "Desde as primeiras horas da manhã, o inimigo tem conduzido combates de reconhecimento com tanques, especialmente contra a altura 133,3. No decorrer da manhã, o ataque inimigo contra a altura 133,3 foi repelido. Em toda a frente da cabeça de pouso de Bakssy a atividade de tropas de ataque foi forte. [...] Na cabeça de pouso de Bakssy, inúmeras tentativas exploratórias foram defendidas, algumas das quais apoiadas pelo fogo de tanques, com foco entre as alturas 34,7 e 125,8".

Relatório de 13.11.1943: "Durante a noite, o desembarque de quatro barcos inimigos na cabeceira de pouso Eltigen é impedido pela artilharia, a noroeste de Querche são repelidos dois ataques inimigos contra as alturas 34,7 e 133,3. 10h50: a comunicação informa que no momento o ataque inimigo na cabeça de pouso de Bakssy segue com o emprego de névoa artificial contra Bulganak. [...] Na cabeça de pouso de Bakssy, durante todo o dia, ataques locais com forças da companhia e do batalhão contra as posições das altitudes 133,3 e 125,6 [altitude de 125,6, elevação seguinte de 1 km a nordeste da altitude 133,3], que são repelidos ou destruídos pelos ataques da artilharia".

Relatório de 14.11.1943: "Durante a manhã na cabeça de pouso de Bakssy, dois ataques do batalhão de força com tanques contra as alturas 133,3 e 125,6. O inimigo finalmente consegue um ligeiro avanço no terceiro ataque contra as forças do regimento. [...] Na cabeça de pouso de Bakssy, são repelidos dois ataques apoiados por tanques de força do batalhão contra as posições entre as alturas 133,3 e 125,6, quando foram abatidos sete tanques". (Todas as citações foram retiradas de: *Die Geheimen Tagesberichte der deutschen Wehrmachtführung im Zweiten Weltkrieg 1939-1945*, vol. 8, 1 set.-30 nov. 1943. Osnabrück: Biblio Verlag, 1988, p. 382 et seq.).

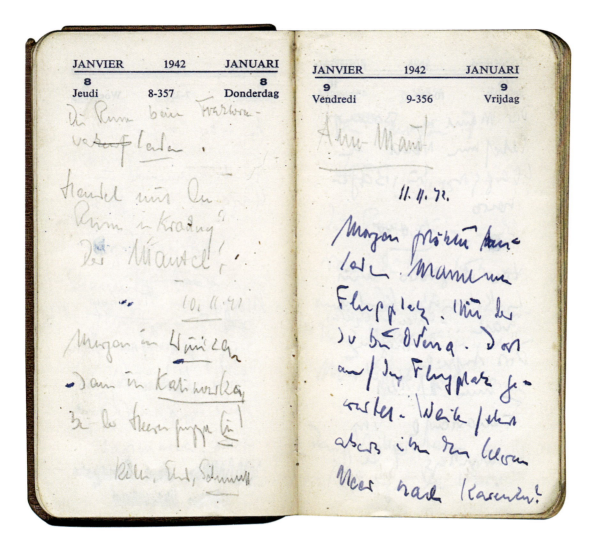

Os russos no ~~comércio~~ embarque de tratores
—
Comércio com os
russos em "Krachny"
O casaco!
—
10.11.43
De manhã em Vinnitsa
Em seguida em Kalinovka,
com o Grupo de Exércitos
  do Sul
frio, miséria, sujeira
—

Anne-Marie!
11.11.43.
De repente, descarregamento pela
  manhã.
Marcha para o
aeródromo. Com o
Ju até Odessa. Lá
espera no campo de aviação.
Sequência da viagem
à noite sobre o mar
Negro para Karenka?

Sobre a espera no campo de aviação a oeste de Odessa, Böll se refere também em: "Menos de dois meses depois, eu estava agachado na lama profunda sobre minha mochila no campo de aviação de Odessa e observando um autêntico fabricante de vassouras, o primeiro que vi...", *Werke. Kölner Ausgabe*. (Obra. Edição de Colônia, citada a partir daqui como *EC*) 3, pp. 423-427; sobre Odessa, vide também o conto "Damals in Odessa" [Naquela época em Odessa] (1949), *EC* 4, pp. 74-79, bem como "Der Zug war pünktlich" [O trem pontual] (1949), *EC* 4, pp. 310, 333.

O quartel-general do Grupo de Exércitos do Sul estava naquela época a leste de Vinnitsa, ao sul de Kalinovka, num lugar denominado Ssossenka, de acordo com *Die Geheimen Tagesberichte der deutschen Wehrmachtführung im Zweiten Weltkrieg 1939-1945*, vol. 8; *kartographischer Anhang Dislokation Heeresgruppe Süd nach Lage Ost. Stand 3.11.1943 abends*). [Os relatórios diários secretos do comando da Wehrmacht na Segunda Guerra Mundial 1939-1945, volume 8; Apêndice cartográfico, Deslocamento do Grupo de Exércitos do Sul para a Posição Leste. Situação de 3.11.1943 à noite).

Vide também carta do front de 10.11.1943: "Estamos localizados bem próximos do quartel-general de um grupo de exércitos, onde serão decididos nosso destino e a natureza de nossa operação. [...] Agora estamos em Vinnitsa, na direção de Kiev, mas ainda é bem possível que cheguemos a Odessa"; *CF*, p. 945.

No dia 12.11.1943, Heinrich Böll foi conduzido ao 121º Regimento de Infantaria (1ª Companhia), que, juntamente com os 122º e 123º regimentos, pertencia à formação da 50ª Divisão de Infantaria – sendo esta, desde outubro de 1943, parte do 49º Corpo de Montanha do 17º Exército do Grupo – implantado na Crimeia.

De acordo com o diário de guerra com data de 10.11.1943 da 50ª Divisão de Infantaria, em anotação feita em Budanowka (aproximadamente 10 km ao norte de Armjansk/Crimeia), o 1º Batalhão (1ª a 4ª Companhias) do 121º Regimento de Infantaria foi destacado para a península de Querche, situada a oeste da Crimeia, para ali subordinar-se à 98ª Divisão de Infantaria. O regimento se reuniu no dia 11.11.1943 em Bagerowo e foi destacado para um lugar denominado Bulganak, ao norte de Querche.

No dia 26.11.1943, na carta do front n. 692, Böll descreve a situação: "Hoje faz exatamente 15 dias que tarde da noite cheguei a este campo de girassóis [...]. Ah, é inacreditável que eu deva permanecer estacionado aqui por tanto tempo, muita coisa aconteceu ao meu redor e também a mim. Finalmente enterrei tudo de insignificante que eu ainda tinha. Um batismo de fogo tão insano, como o que nos recebeu cinco minutos após nossa chegada na linha de frente, jamais poderia suceder sem deixar marcas numa pessoa; nesses dias de perigo absoluto, de horror absoluto. Eu poderia lhe contar o que significa ver uma esteira de tanques russos vir rolando em sua direção e permanecer no buraco, ou seja, estar literalmente coberto de fogo e aço". *CF*, p. 954.

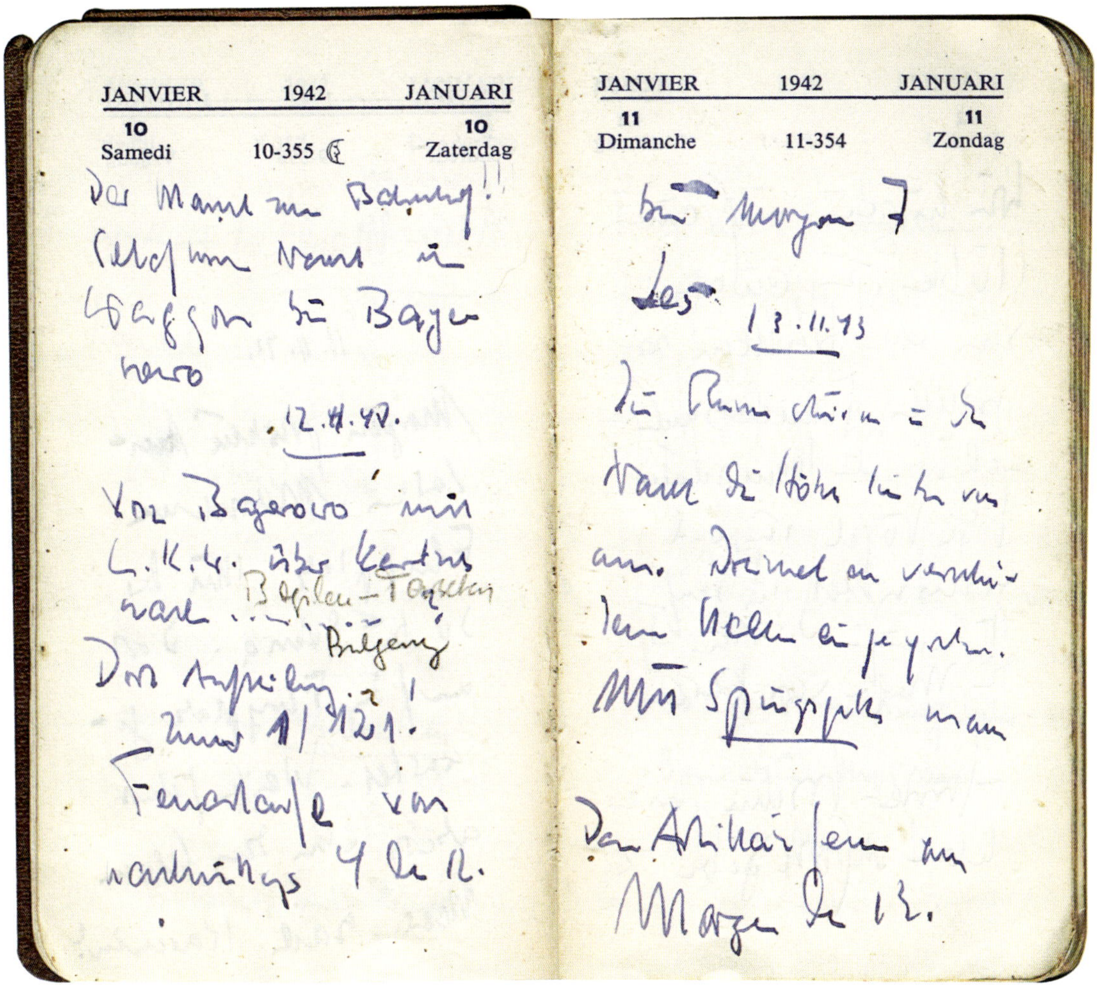

A marcha para a estação de trem!! Noite de insônia no vagão para Bagerowo
12.11.43
A partir de Bagerowo de caminhão por Querche para Bogilen-Taselen Bulgenij
Lá, a divisão para 1/121!
Batismo de fogo das 4 da tarde às 12.

até 7 da manhã
de
13.11.43
Os russos ocupam à noite o alto à nossa esquerda. Entrincheirando-me três vezes em diferentes lugares junto com Springsguth
O fogo de artilharia na manhã do dia 13.

- **Estamos deitados numa colina num campo de girassóis esmagado pela artilharia o sol está brilhando e os pássaros cantam e você pode vê-los [xxx] antes de Kerc —**

  Anne-Marie, minha vida. Deus permita que eu possa vê-la de novo. Deus vive. Deus vive! Deus vive! Trancado no front à tarde até de manhã A noite!

Heinrich Böll em Paris, 1943

Em carta do front de 15.11.1943, Böll escreve: "Estamos deitados à beira de um enorme campo de girassóis, em que restam apenas os caules nus outonais e que está completamente sulcado pela artilharia de ambos os lados e pelas esteiras dos tanques; a terra é espessa, dura e preta como breu, somente com muito empenho conseguimos cavar nossos buracos. A terra, a terra é o elemento da infantaria"; *CF*, p. 948.

No conto "O ataque", de 1947: "O dia nasceu com o seu rosado impiedoso, terno e sorridente, sobre as figuras cinzentas e cansadas que estavam agachadas nos seus buracos no chão [...]. Eles estavam em uma pequena cumeada, em frente a um terreno desnivelado que se erguia abruptamente para o leste, em direção às florestas escuras e hostis que ladeavam a margem íngreme do rio. Atrás deles arbustos esparsos, um campo de girassóis devastado por tanques e novamente uma floresta, uma floresta de um verde mais claro; mas isso não fazia diferença: a terra permaneceu terra e a guerra permaneceu guerra"; *EC* 3, pp. 158-163.

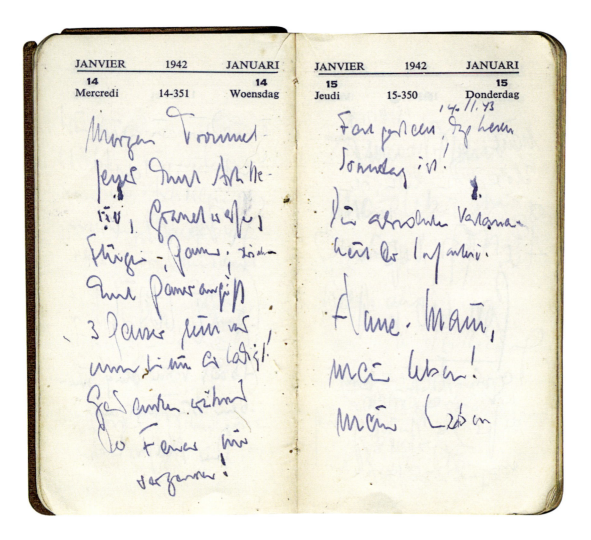

Pela manhã bombardeios de artilharia, lançadores de granadas, aviões —, tanques; vez ou outra ataque de tanque
3 tanques são espatifados em frente à nossa linha!
Nunca esquecerei os pensamentos durante esse ataque!

14.11.43
Constato que hoje é domingo!
O abandono absoluto da infantaria.
Anne-Marie,
minha vida!
Minha vida

De acordo com datação do próprio Heinrich Böll sobre seus quatro ferimentos (veja aqui, pp. 266-267), ele teve "pequenas escoriações nas mãos e nos pés", resultantes de queimadura do lança-granadas (carta do front n. 688, de 19.11.1943; *CF*, p. 951). Relatório de 16.11.1943: "Frente de batalha em Querche: Após uma manhã tranquila, através do próprio contra-ataque, o ponto de invasão ao sul de 133,3 foi resolvido; além disso, alcançamos uma importante melhoria na frente. Defendemos insistentes contra-ataques contra a linha recém-conquistada" (citação conforme *Die Geheimen Tagesberichte*, op. cit., p. 411).

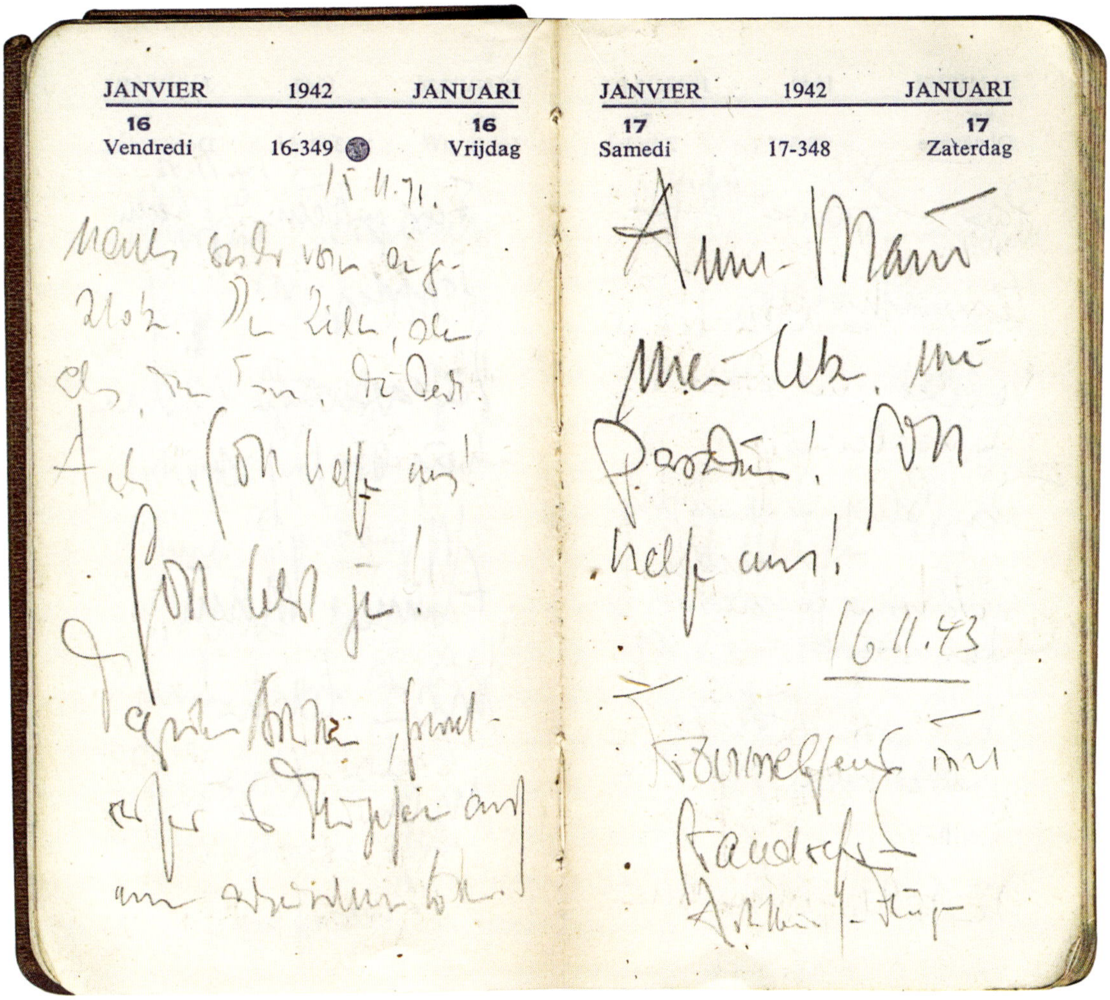

15.11.43
Mais uma vez trancado no front
   durante a noite.
As luzes, agora
enquanto comíamos, a noite
Oh, Deus, venha em nosso auxílio!
Deus vive, sim!
Durante o dia, artilharia,
• lançadores de granadas
e metralhadora direcionados
ao nosso deplorável buraco

Anne-Marie
minha vida, meu
paraíso! Deus venha
em nosso auxílio!
16.11.43
Bombardeios de
lança-granadas —
Artilharia de aviões Ju

Sobre o drama de buscar comida, Böll escreveu "Die Essenholer" [Os catadores de comida], conto de 1947, *EC* 4, pp. 530-534.

Relatório de 17.11.1943: "Durante a noite, fortes ataques inimigos persistem em direção ao leste de Bulganak. Oitocentos metros ao sul da altitude 133,3 o inimigo obtém um insignificante avanço local, e nas horas matinais os ataques inimigos cessaram" (*Die Geheimen Tagesberichte*, op. cit., p. 416).

O drama de
buscar comida.
Completamente sujo
e miserável.
O sangue do sargento
Schulze!
De novo trancado no front
o buraco no chão!!
17.11.43
relativa calma, permanecemos
à frente.
As histórias do cabo

Supalla
De agora em diante só Deus pode
{ainda} nos ajudar
Que Deus queira
logo nos ajudar.
Ah, Anne-Marie!

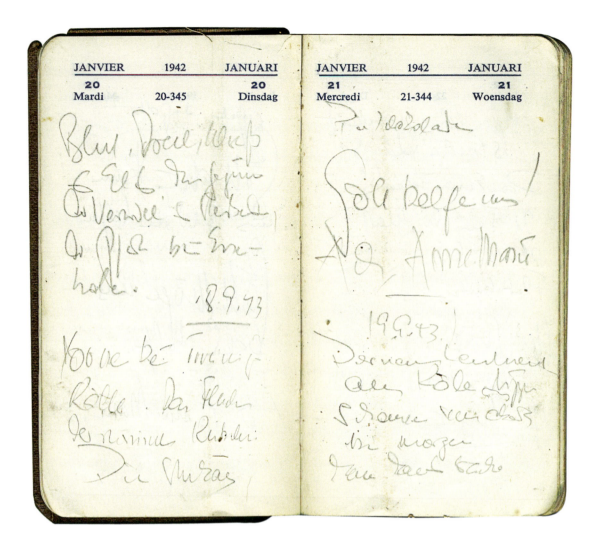

Sangue, sujeira, suor
e miséria; o choro
dos feridos e moribundos,
o lugar de buscar comida.
18.9.43[1]
À frente, num frio
insano. O praguejar
dos cocheiros russos.
Os Stukas

Os chocolates
Deus nos ajude!
Ah, Anne-Marie
—
19.9.43[2]
O novo tenente
do bairro Nippes em Colônia.
Cavar trincheira da noite
até a manhã
Minha vigília noturna

[1] Data correta: 18.11.43.
[2] Data correta: 19.11.43

Envelope de uma carta do front,
9.11.1943

Na carta do front n. 684, de 16.11.1943, Böll escreve: "Meus queridos, estou sentado aqui há seis dias neste campo de girassóis completamente devastado [...]. No meu buraco, que nesse entretempo com muito esforço foi se transformando num bunker à prova de chuva, me sento ao lado de um tenente de Düren, que mora em Nippes, cujo nome é Spieß, doutor da área do Direito, frequentou a escola com Willi Wunsch, vocês acreditam? Elogia muito o Willi. Nós dois nos damos bem, embora nenhum de nós possa se mover sem cutucar as costelas do outro"; *CF*, p. 949.

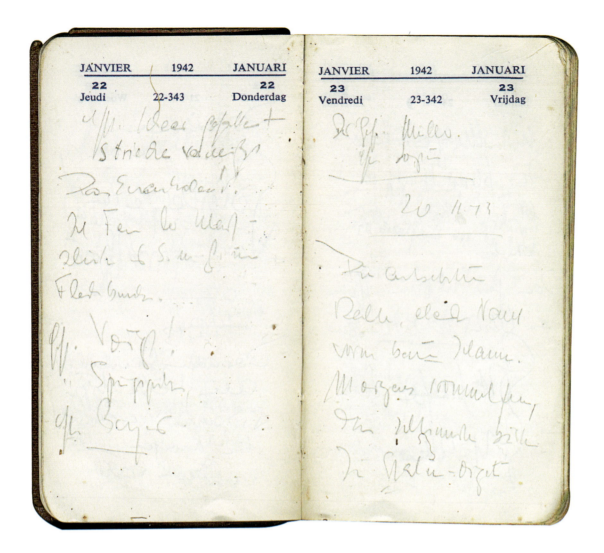

O sargento Scheer tombou +
Strieche sumiu
Buscar comida!!
O fogo dos atiradores
e [xxx]
Bunker para canhão antiaéreo.
Cabo Voigt!
Cabo Springsguth
Cabo Bayer
—

O cabo Müller
Cabo Joplis
—
20.11.43
—
A noite terrivelmente
fria e miserável
no front cavando trincheira
De manhã bombardeio,
o pior até agora
o "órgão de Stálin"[3]

[3] Era como os alemães se referiam ao lançador de foguetes russo Katyucha.

Ao crepúsculo da manhã
o sol pálido, cuja luz atravessa
nuvens pesadas
O sentimento quase fervoroso
de viver depois do fogo
Deus me ajude
Somente Deus pode
nos ajudar...
Anne-Marie
Bombardeios das 3h30 às 8h30
à tarde 4h-6h
21.11.43
Domingo
pela manhã paz e
brilho do sol
à tarde violento

Sobre o ataque dos russos, o relatório da Wehrmacht de 21.11.1943 relatou: "Do nordeste da cidade de Querche, o inimigo tentou novamente ampliar sua testa de ponte. Recuou após duros combates, quando dezoito de seus tanques foram abatidos, e sofreu perdas significativas devido ao fogo de artilharia eficaz e aos repetidos ataques da Luftwaffe" (*Die Wehrmachtberichte 1939-1945* [Os relatórios da Wehrmacht 1939-1945]. 3 vols. Munique: Deutscher Taschenbuch Verlag, 1985, vol. 2, p. 610).

Na carta do front n. 689, de 21.11.1943, Böll escreve: "Ontem foi outro dia bem movimentado e agitado, talvez você possa deduzi-lo pelo relatório da Wehrmacht. Correu tudo bem". *CF*, p. 951.

Os combates mencionados por Heinrich Böll, durante os quais ele sofreu uma lesão no pé direito devido a estilhaços, começaram ao norte de Querche nas primeiras horas da manhã de 20.11.1943 e continuaram até o final da tarde. Após o início do fogo de artilharia, um ataque apoiado por um total de quarenta tanques se dirigiu contra as posições alemãs.

O relatório da 17ª Armada, do dia 20.11.1943, informa: "Depois de intensos preparativos para o fogo, o inimigo iniciou às 5h o ataque previsto contra a ala sul da testa de ponte, ao norte de Querche. [...] Na testa de ponte rumo ao nordeste de Querche, após uma hora de forte preparo de artilharia, o inimigo atacou com o apoio de um total de quarenta tanques as respectivas posições às alturas 34,0 e 133,3. [...] Os ataques contra as localizações 133,3 e 125,6 foram revidados. Abatidos dezoito tanques" (*Die Geheimen Tagesberichte*, op. cit., p. 431).

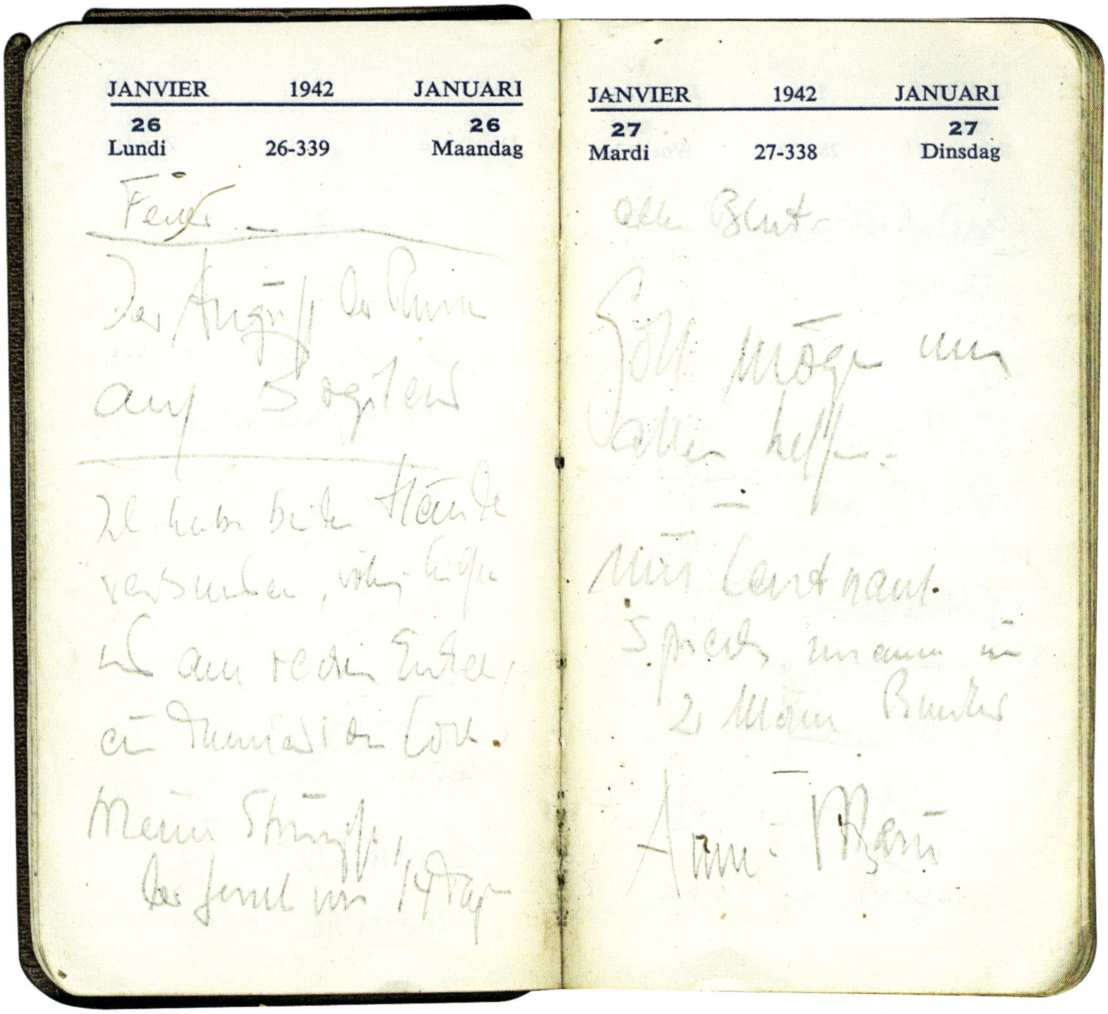

Fogo

―――――――――

O ataque dos russos
a Bogilew

―――――――――

Tenho ambas as mãos atadas,
totalmente desamparado
e no dedão do pé direito,
um buraco da espessura do polegar.
Minhas meias,
o cheiro de 14 dias
de sangue velho.
Que Deus queira
ajudar a todos nós.

—

Junto com o tenente
Spiech num
bunker para duas pessoas

—

Anne-Marie

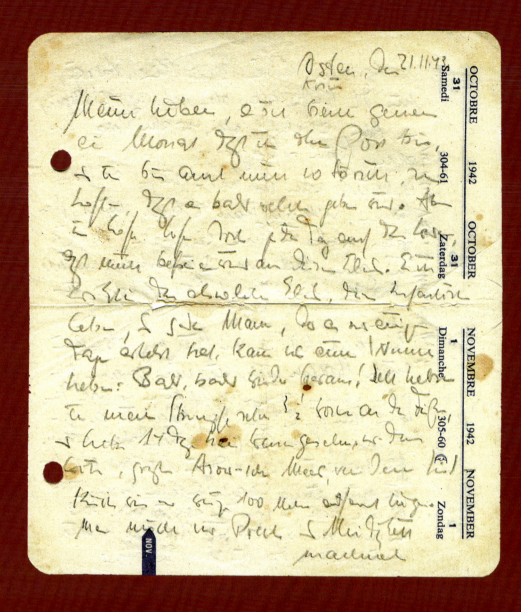

Carta do front, Crimeia,
21.11.1943, frente e verso

Leste, 21 de novembro de 1943
Crimeia

Meus queridos, hoje está fazendo exatamente um mês que não recebo correspondência, e mesmo assim sou bobo a ponto de ficar esperando que em breve algo chegue. Mas espero, sim, todos os dias pelo milagre que me livrará desta miséria. É realmente uma miséria absoluta esta vida de infantaria, e todo homem que a tenha experimentado, nem que seja por poucos dias, somente pode ter um único desejo: sair logo, logo dessa! Já estou com estas meias nos pés por três semanas e meia, e não vi água por catorze dias, com exceção do amplo e imenso mar de Azove, de cuja costa sul estamos apenas a uns 100 metros de distância. Devido à sujeira e ao cansaço, às vezes dá vontade de chorar feito criança. Ah, abrace as crianças por mim, todas, mas com força, e Marie e Alois, todo mundo, especialmente Theo, o guerreiro da Crimeia...

Talvez eu possa contar muita coisa para vocês, talvez não; em todo caso, vou revê-los, disso estou bem certo, e espero que vocês confiem em Deus, tanto quanto eu. Por sorte tenho o suficiente para fumar, mas nada de fósforo desde que toda a nossa bagagem foi perdida. Só tenho agora a mochila para combate. A comida é excelente, por sorte que nos {sustenta} bem. Dinheiro tenho tanto que, se possível, daria 100 marcos para tomar um banho e fazer a barba.
    Mas logo devemos estar aliviados por uns dias. Que vocês nunca se preocupem. Saúdo todos vocês de coração e ardentemente agradeço por tudo.

    Seu Hein.

à tarde o
sonho: ajudo a mover
a Terra, Tilde[4], Anne-Marie,
todos ajudam
toda meia hora de sono é
cheia de sonhos confusos
—
Deus queira me
ajudar!
—
Os técnicos à noite
com as minas

O atirador que
nos alveja insistentemente.
—
Ao entardecer, a ida como
   mensageiro
ao batalhão. Através do fogo
com pés feridos e com
o fardo pesado...
A cruel agonia da
sede...
Diante da sujeira e do cansaço
às vezes
dá vontade de chorar feito criança.

[4] Apelido da irmã de Heinrich Böll, Mechthild (1907-1972).

O drama de buscar a comida.
Sentinela à noite até as 3 horas
Guarda na madrugada das 4 às 8
22.11.43
Pela manhã fogo cerrado
sobre nós das
8 às 11, ataque dos
russos na colina
à nossa esquerda.
De tarde artilharia pesada e
disparos de lança-granadas em
nossa
direção, ao entardecer os russos
pelo visto embriagados, ataque
aparentemente vindo da esquerda e
da nossa frente.
Disparos de lança-granadas pela
frente.
Trabalhamos até 1 hora da
madrugada
num abrigo!
Deus nos ajude e Deus queira
me libertar logo e
me conduzir
à vida com
Anne-Marie

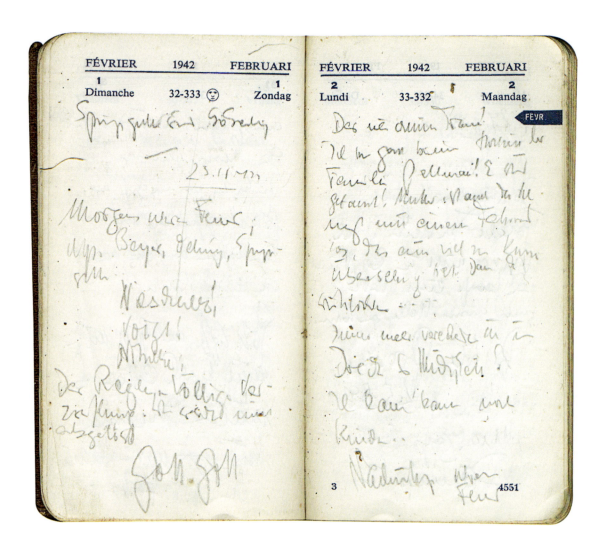

Spingsguth ficou biruta
–
23.11.43
Fogo cerrado pela manhã!
Sargento Beyer, Oeling, Springsguth
Nieschulz!
Voigt!
Nitsche!
A chuva, desespero absoluto.
Não chega o
revezamento
Deus Deus

O [xxx] sonho!
Sou convidado para um casamento da
família Pellmai! Tem
baile! A mamãe também está lá
ela precisa ir embora
com uma bicicleta cuja
transmissão é curta demais, então a
 filha do anfitrião...
Eu vou me afundando cada vez mais
em sujeira e cansaço!
Mal posso
rastejar...
Tardes difíceis
Fogo

24.11.43
Sargento Beyer.
O maravilhoso conhaque
Breu absoluto. Perco-
-me na noite
e ando uma hora
em torno das nossas formações.
O técnico morto.
25.11.43
Na manhã
crepuscular busquei a
caixa para o
ten. Spieß.
O ten. Hofmann!
Durante o dia fogo cerrado de
lança-granadas.
Como é reconfortante para todos
a insana mortandade dos Stukas.
À tarde com caixa e
saco de dormir morto de cansaço
 atravessando o campo esburacado
 de bombas sob intenso
bombardeio. Depois para o

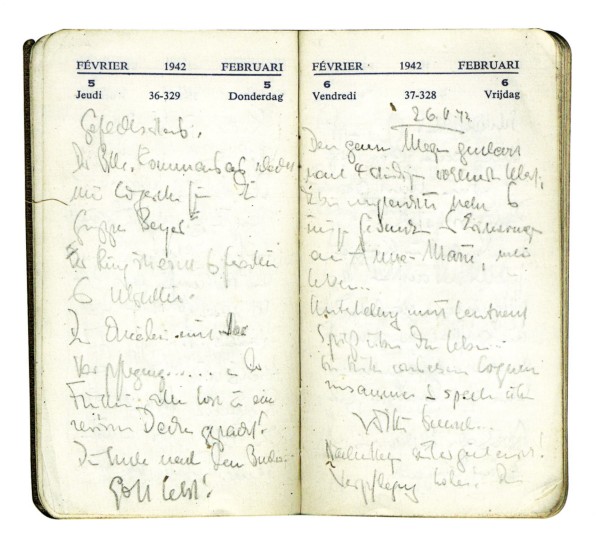

posto de comando
O comandante do batalhão me presenteia com cigarros para o "grupo Beyer"
A guerra é [xxx]
[xxx]
O tormento com o abastecimento... no meio do breu juntar as coisas espalhadas numa colcha rasgada!
Procurando o bunker.
Deus vive!

26.11.43
Após 4 horas de sono reparador a manhã toda cavando trincheira;
nesse tempo pensamentos e
    lembranças incrivelmente
    próximos e íntimos
de Anne-Marie, minha vida...
Conversa com o tenente Spieß sobre a vida...
• Bebemos juntos um maravilhoso
    conhaque e conversamos sobre
Willi Wunsch[5]...
À tarde novamente entrincheirado!
Buscar provisão! O

5 Amigo de Alois Böll. Willi Wunsch, irmão de Paul Wunsch que Alois Böll conheceu quando frequentou a Escola de Artes e Ofícios no Ubierring 40 (bairro sul de Colônia). Paul e Willi Wunsch eram, além disso, primos da esposa de Alois Böll, Maria, nascida Meiers (1912-1992).

chocolate!
Meus pobres, pobres pés
há 4 semanas sem lavar!
O campo de guerra esburacado...
No bunker do posto de comando
   da companhia, esperando o carro
   de provisões,
fumei um charuto que ganhei de
   presente e
um dos atendentes
tinha me dado bons conselhos.
À tardinha como mensageiro até a
2ª Companhia.

Que Deus me ajude,
ah, peço todo
dia que, ah
Anne-Marie
Minha vida!
—
27.11.43
Abrindo trincheiras.
Ao meio-dia bebo com
o tenente Spieß um

Na carta do front n. 692, datada do mesmo dia da anotação no diário: "Hoje foram diversas surpresas: ganhei um conhaque maravilhoso, chocolate, velas, e cada soldado recebeu um fogareiro de carboneto, sobre o qual podemos às vezes esquentar o café eternamente frio e a sopa eternamente fria; além disso, havia cigarros, ah, eu careço de tão pouco"; *CF*, p. 955.

Frente e verso de uma carta do front, escrita na Crimeia, em 23.11.1943

Crimeia, 23 de novembro de 1943

Meus queridos, quero cumprimentá-los rapidamente e dizer que continuo são, tirando um exército insano de piolhos que está quase me deixando doido. Além disso, agora começou a chover, em {proporções} descomunais, e estou mais inclinado a achar que com chuva e frio a guerra deveria ser adiada, [xxx] assim dia e noite agachado dentro de um buraco debaixo de chuva. Hoje foi bem

calmo; mas ontem à noite houve uma cena absurda dos russos que são mesmo uns bêbados. É possível ouvir o berreiro e o estrondo bárbaros de pertinho, como se viesse de uma casa vizinha, e então os cães {ganindo} como loucos.
    Hoje devem estar dormindo até tarde, curando a bebedeira.
    Espero, espero todos os dias a libertação desta miséria.
Deus me livre.
    Abraço a todos vocês, todos.

    Seu Hein.

maravilhoso conhaque e
sonhamos juntos
com a vida e contamos
casos
A eterna tortura de buscar comida
pelo campo alvejado
e sob o fogo cerrado
de granadas
—
2 homens de minha companhia são
mortos pela própria metralhadora
—
Os piolhos não me deixam
mais dormir

No período da tarde grande ação
de despiolhamento na frente do
  bunker
corja horrível e nojenta
de piolhos
à noite medo
pesadelos com o bunker
28.11.43
De manhã longo plantão de guarda.
Tenente Spieß me substitui
por uma hora...
[Sonhos com um casamento]
• O tenente Spieß tomba do meu
lado às 12h40

Na carta do front n. 694, de 30.11.1943, Böll relata: "Preciso primeiramente lhe dar uma notícia bem triste: o tenente com quem eu estava morreu ontem. Há tanto tempo estava tudo tão tranquilo em nosso grupo de combate que todos resolvemos sair de nossos buracos ontem durante o dia para olhar lá fora e também para nos aquecer ao sol e tirar piolhos. Ao fazer isso, o tenente se afastou um pouco para se esticar de maneira adequada, e uma bala perdida o atingiu na cabeça. Ele morreu num minuto. Nós dois tínhamos nos tornado bons amigos neste buraco, e considero meu dever escrever para a esposa dele quando estivermos sozinhos. Não tenho condições de fazer isso agora. De nossa comunidade mais próxima é o primeiro a tombar, tirando uns feridos leves e feridos graves, e por isso sua morte agora nos afetou tanto a todos, também porque veio sem mais nem menos, ao passo que nada de grave acontecera nas situações perigosas... Cerca de uma hora antes, eu estava sentado com ele em nosso bunker, bebendo conhaque, e tínhamos sonhado com a vida, trocado ideias. Mas ele mesmo estava sempre muito triste, às vezes me dizia que acreditava não ser capaz de um dia sair dessa imundície, que ele amaldiçoava tanto quanto todos nós. Tive de lhe escrever isso, mas imploro, não fique ansiosa ou muito preocupada com isso. Aqui existe realmente apenas uma salvação, que é Deus. E acredito que sairei vivo, não porque mereça, mas porque Deus sempre me ajudou tão maravilhosamente" *CF*, p. 957. Um apoio literário para essa exposição é feito na carta do front "Wiedersehen in der Allee" [Reencontro na aleia], *EC* 3, pp. 428-436.

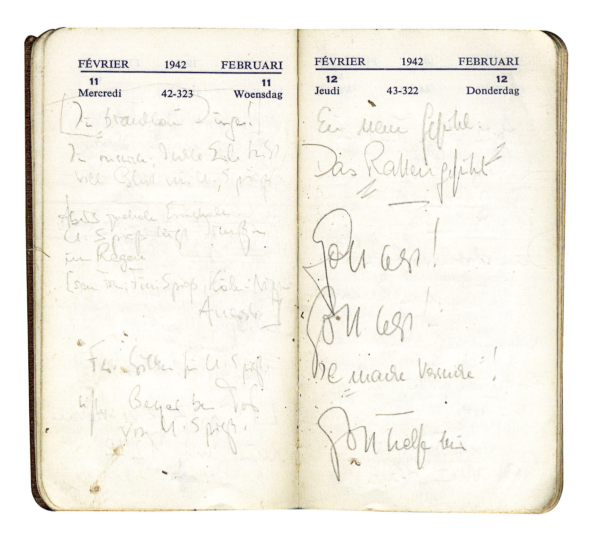

[As coisas "úteis"!]
A terra russa, escura, sorve
muito sangue do tenente Spieß
À tardinha a torturante busca de
   comida.
Tenente Spieß jaz lá fora
na chuva
[sua esposa; sra. Spieß,
Colônia-Nippes
rua Auer]
Pedindo intercessão pelo tenente
   Spieß
Sargento Beyer na morte
do tenente Spieß

Um novo sentimento
O "sentimento de rato"
—
Deus vive!
Deus vive!
—
"Experimento"!
—
Valha-me Deus

À noitinha, na escuridão completa
e chuva, chuva
lá fora no buraco
—
A miséria absoluta
Ao longe já russos
—
totalmente ensopado e gelado!
Springsguth vai por um dia
para o paiol de víveres, de munições
—
Só mesmo Deus pode me
ajudar!

29.11.43
Sonho: venho de férias,
cumprimento todo mundo... como
  [xxx]dade... Anne-Marie também.
No armazém do Fog[6] cumprimento os
dois caçulas Spellerberg[7]...
Alois está de pé com Garlin (!)
  em cima
de um telhado e trabalha.
Crianças correm com despojos
pelas ruas
dispersão total...
—
A noite agitada por chuvas
horrorosas. Em meio ao[s]

[6] Comércio de produtos locais Anton Fog, rua Vondel 24, em Colônia. À rua Vondel encontra-se também a marcenaria do pai de Heinrich, Viktor Böll.

[7] Kurt Josef (Jupp) e Bruno Spellerberg. – Kurt Josef (Jupp) Spellerberg era colega de classe de Heinrich Böll no Kaiser-Wilhelm--Gymnasium.

exasperantes fogos da artilharia...
Sargento Wilhelm!
Kellermann!
De manhã no plantão das 5 às 11!!!
Aguardente, pão, cigarros!!
de tarde novamente um sonho com
Anne-Marie: estamos deitados
juntos num posto defensivo
e fazemos café.
O posto se situa num
jardim de convento de freiras hostis
à nossa direita mamãe...
que causava uma [xxx]

Impressão real
—
Em um bunker, aos poucos estou
   adquirindo pesadelo psicopático
   [xxx] e vontade de mijar o tempo
   todo
—
À noite para o batalhão com um
[xxx]. Do comandante
uma caixa para o "grupo Beyer"
No médico...
Sargento Scheer nos visita na linha
   de frente!
À noite terrível pesa-

delo angustiante sonho com bunker
Caindo por terra etc. Escalda-pés!!!!!
30.11.43
Guarda das 5 às 10. Tiro
o sangue do tenente Spieß de
nossa trincheira. "Sangue e terra"
— mas provavelmente uma conexão.
Fogo exasperante o dia
inteiro; literalmente
as balas chispam
o dia inteiro rente às nossas orelhas

Sonho no meio do dia:
Conto a Tilla e a Gertrud nas férias
do nosso amor, mas elas estão
surdas... (será um sinal?)
Estou perdido em Paris,
ando em círculos sem cinturão
e encontro o papai, que mais uma
  vez me mostra o caminho...
—
Por sorte me poupei da busca de
provisão à noite.
Fogo selvagem, nervoso, de
  metralhadora e de lança-granadas
  à nossa direita e
à nossa frente.

Visita do ten. Scheer e do ten.
   Hofmann
Sono sem sonhos ou
pesadelos
1.12.43
De manhã plantão de guarda das
   5 às 11
Fogo cerrado de lança-granadas.
   3 granadas num raio de
5 metros de distância de mim...
Os bombardeiros miram nossas
   posições.
O dia inteiro fogo pesado
no nosso trecho...
e meus pensamentos estão sempre
com Anne-Marie
e em casa, tanto que tudo
me parece um sonho...
Ao meio-dia conversa com Walter I e
   Walter II.
Deus vive e Deus me ajuda.

Sobre o ferimento, ele conta na carta do front n. 697, de 6.1.1944: "Fui ferido às 15 horas do dia 2.12. Eu tinha um pequeno estilhaço enfiado no couro cabeludo. Uma ferida ligeira, totalmente inofensiva e, creio, um bom destino que deve me libertar da imensa, imensa miséria, do terrível perigo"; *CF*, p. 961. Em virtude da lesão na cabeça causada pelo estilhaço, Böll foi transportado para tratamento.

De manhã na guarda li o
K.Z. [artigo: Kastanien][8]
[Que lindo se a gente pudesse
escrever folhetins bonitos
e viver uma
vida humana]
2.12.43
Pela manhã e durante
a noite toda ataque pesado
contra nossa posição.
[xxx]
• À tarde eu próprio ferido
na cabeça, dedão
do pé +
No médico da tropa!
Os "camaradas"
Transporte na
carroça a cavalo ao lado
do corajoso {Ehrenwirth}.
dor lancinante
por causa da viagem sacudida
de caminhão.
Nunca esquecer a viagem
com a carroça puxada a cavalo,
o carroceiro queria terminar o
 quanto antes seu trabalho! [xxx]
[xxx]

[8] K.Z. é a abreviatura do *Kölner Zeitung*, jornal de Colônia que foi publicado até 1945. Já a expressão *Kastanien aus dem Feuer holen zu lassen* [deixar que outros tirem as castanhas, que são suas, do fogo] foi central em distintos momentos estratégicos da diplomacia europeia internacional. Nos meses antecedentes à Segunda Guerra Mundial, Stálin assegurara que os acordos de paz com a França e a Inglaterra não as obrigariam a abrir mão dos acordos econômicos com a Alemanha e a Itália: "ser cauteloso e não permitir que o nosso país seja arrastado para conflitos por belicistas habituados a deixar que os outros tirem as suas castanhas do fogo". Gramm, Hermann. *Europas Weg in den Krieg*. Munique: Oldenburg, 1990, p. 253. [NOTA DA TRADUÇÃO]

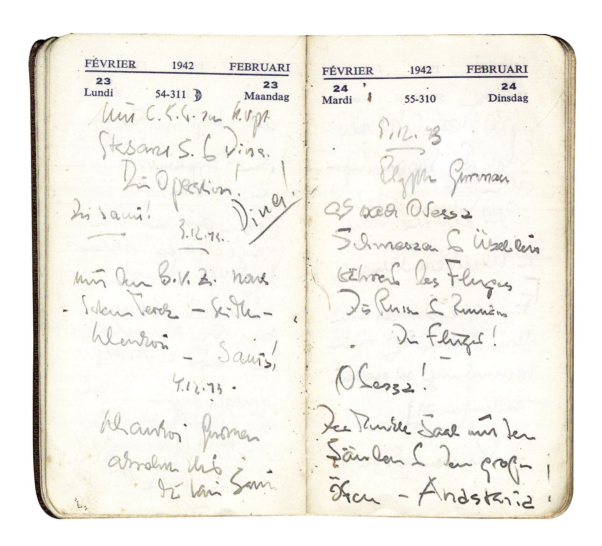

De caminhão para o Centro de
   Primeiros Socorros/H.V.pl.[9]
médico militar S. e Dina.
A cirurgia!
Os paramédicos! Dina!
3.12.43
De B.V.Z.[10] para Schanterck–[xxx]–
   –Schankoi — Paramédicos!
4.12.43
Schankoi Gerronau
miséria absoluta
os [xxx] paramédicos.

5.12.43
Do campo de aviação Gerronau
para Odessa
Dores e mal-estar
durante o voo
Os russos e romenos
Os aviadores!
—
Odessa!
A sala escura com
as colunas e os enormes
aquecedores — Anastasia!

[9] Hauptverbandsplatz, nome de um dos principais centros de primeiros socorros da divisão, instalado na época em Katerles e Bagerowo.

[10] Sigla para Trem Contingente de Feridos.

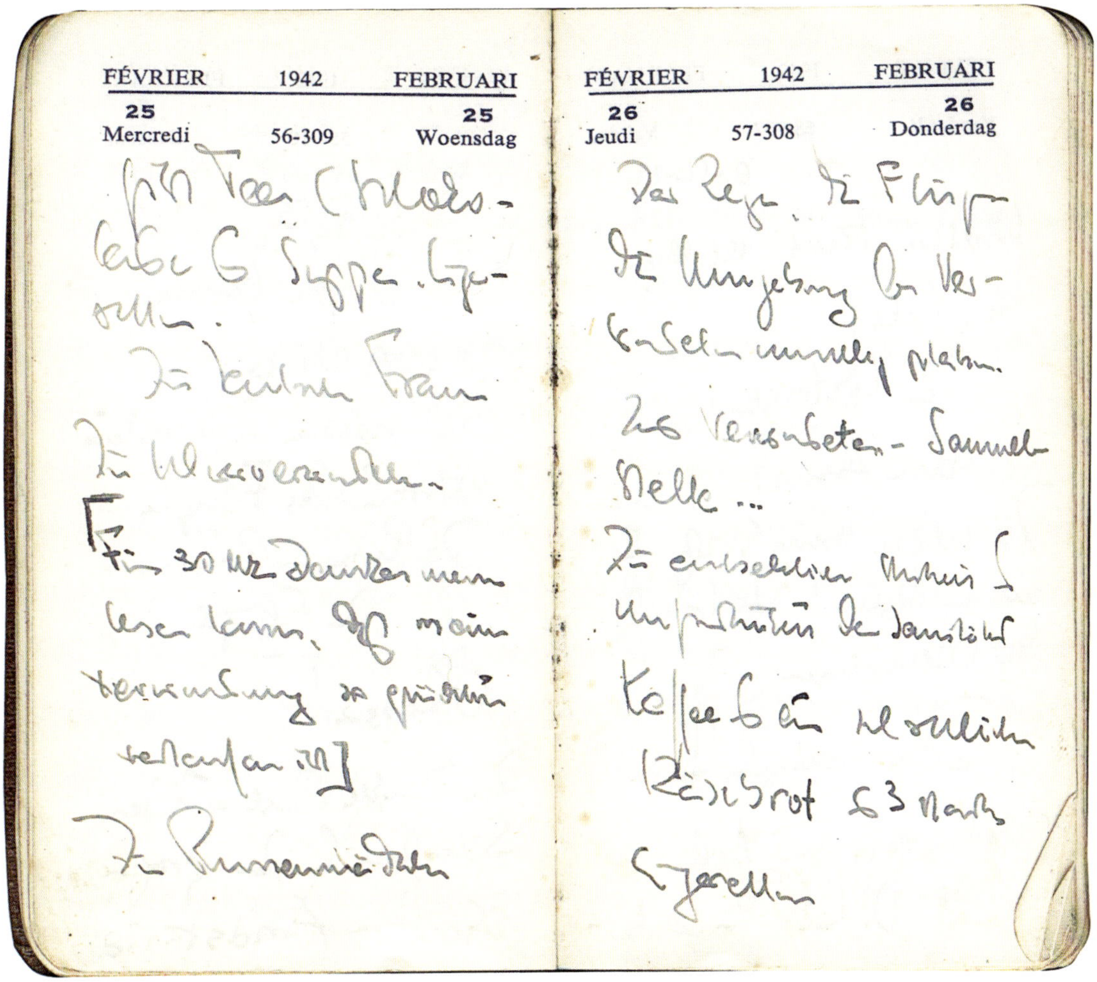

Há chá (chocolate e sopa
  cigarros.
A mulher doente
Os gravemente feridos
[Por 30 marcos encomendar missa
  em ação de graças, pois meu
  ferimento se restabeleceu bem]
As moças russas

A chuva, os aviadores,
os arredores do Ponto de
  Encaminhamento de Feridos
até o Posto de Atendimento de
  Feridos...
Os terríveis Stukas e
grosseria dos paramédicos
Café e um pão com queijo
enxabido e 3 cigarros
fortes

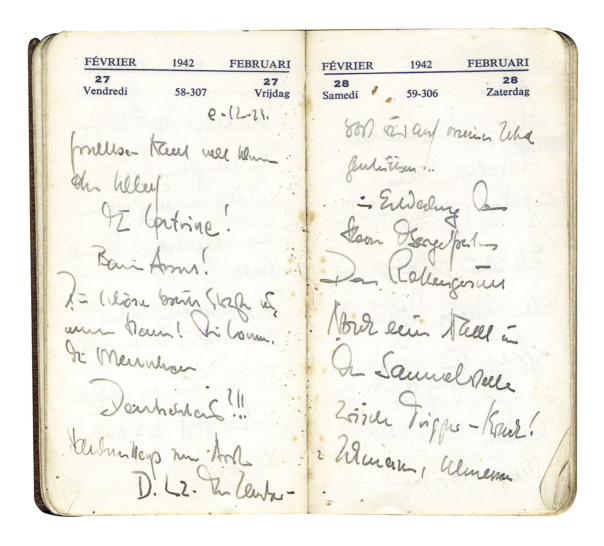

6.12.43
noite terrível cheia de dores
insônia
a latrina!
No médico!
A bela rua larga em frente
à nossa casa! O sol,
as pessoas
Alemanha?!!
À tarde, no médico
D.L.Z.[11] a palavra mágica

é escrita
em meu boletim
na expectativa do
sr. primeiro-cabo
O rosto de rato
Uma noite a mais na
enfermaria
entre doentes com gonorreia!
Dores, dores

[11] *Durchlaufzeit*: tempo de duração do tratamento.

Fome, solidão
miséria absoluta
condições apocalípticas!
Deus seja louvado, pois,
apesar de toda a dor,
estou liberado.
O médico-chefe me
concede "indulto"
7.12.43
Noite medonha
De manhã acondicionamento!

À noite para a latrina!
O cheiro, o perfume
do óleo de girassol
na cozinha dos paramédicos
[xxx]
À tarde transporte
de caminhão para o
Hospital Militar 2/606 Odessa
No carro pela

De acordo com as evidências, ele foi admitido no Hospital Militar 2/606 – Departamento Cirúrgico no dia 7.12.1943.

Sobre o transporte a partir de Odessa ou o caminho por postos de atendimento desde quando foi ferido, ele escreve na carta do front n. 697, de 6.12.1943: "Estou há quatro dias sendo arrastado de um posto de atendimento a outro, sobrevoei depois o mar Negro com o Ju, quatro agonizantes dias que, graças a Deus, superei. Daqui finalmente irei para o hospital ou mesmo para a Alemanha"; *CF*, p. 962.

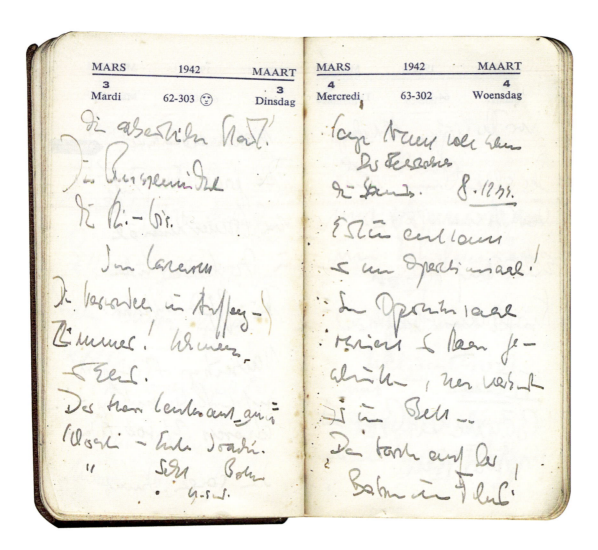

cidade ao entardecer!
As moças russas
as Hiwis
No hospital
Os feridos na sala de
triagem! Dores,
miséria
O sr. tenente "ai"
Enfermeira — [xxx]
"[xxx]
etc.

longa noite cheia de dores
O sargento
os paramédidos
8.12.43
Finalmente sem piolhos
e para a sala de cirurgia!
Na sala de cirurgia
barbeado e de cabelo cortado,
novo curativo
e para a cama...
A espera sobre a
maca no corredor!

em frente ao setor de raios X.
O velho russo com
os penicos.
Finalmente no cômodo
Knieps de Ahrweiler[12]
—
Sonhos
Árvores e bolcheviques

Von Kempen[13] e
a classe
—
com Anne-Marie
no albergue de repouso
—
Caspar[14] com o
bote inflável
—
com
Leni Hoch [xxx]
ouvindo o aparelho de rádio
—

[12] Devido à frequência do nome na cidade de Ahrweiler, não foi possível identificar quem era essa pessoa.

[13] Reiner von Kempen foi, entre 1932 e 1939, o diretor do Staatliches Kaiser-Wilhelm-Gymnasium, que ficava à rua Heinrich 6-9, na cidade de Colônia, ginásio que Heinrich Böll frequentou de 1934 até se formar no ensino médio, em 1937.

[14] Caspar Markard, colega de classe de Heinrich Böll no Staatliches Kaiser-Wilhelm--Gymnasium. Eles estabeleceram desde então uma amizade duradoura.

MARS	1942	MAART
7 Samedi	66-299	**7** Zaterdag

MARS	1942	MAART
8 Dimanche	67-298	**8** Zondag

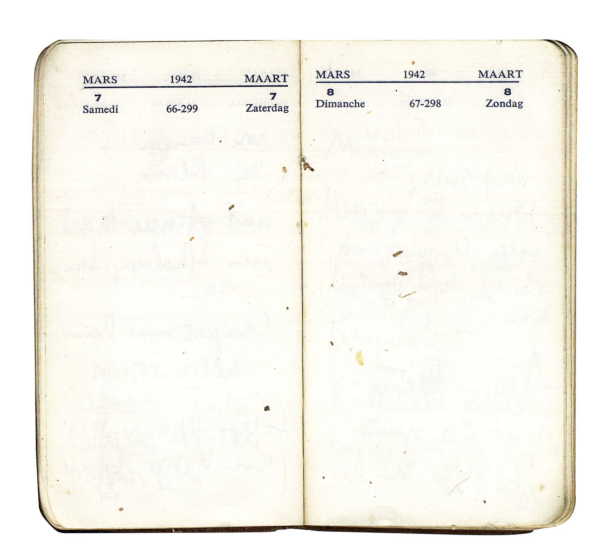

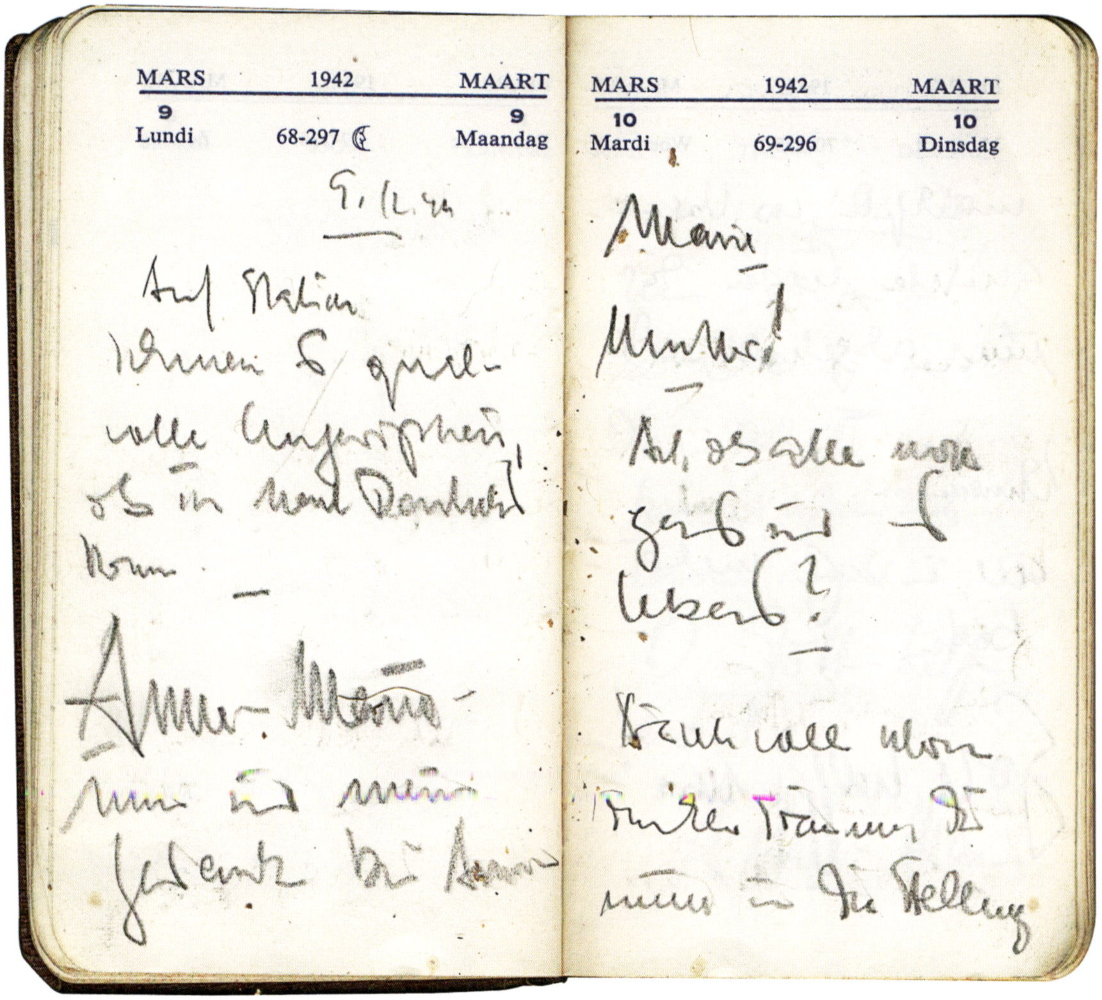

9.12.43
Na enfermaria
dores e torturante
incerteza
se irei para a
Alemanha.
—
Anne-Marie —
meus pensamentos
sempre voltados para Anne-

Marie
—
Mãe!
—
Ah, será que todos
ainda estão vivos e
com saúde?
—
Noite cheia de sonhos
malucos, que
me levam de volta

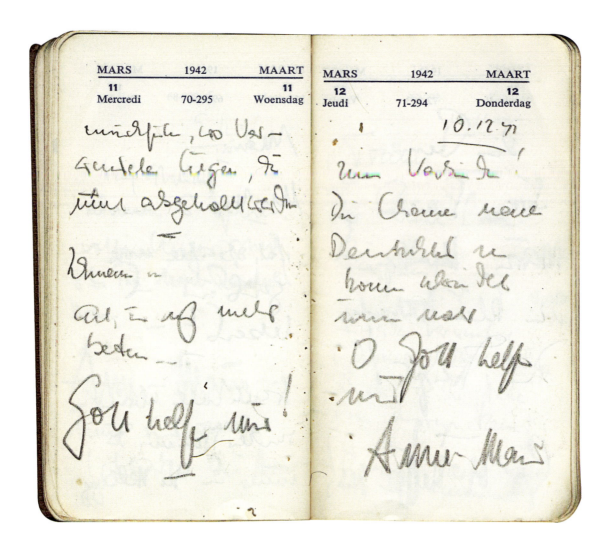

ao lugar onde jazem
os feridos
que não são recolhidos
—
Dores
Ah, preciso rezar
mais...
Valha-me Deus!
—

10.12.43
Ao curativo!
A chance de
ir para a Alemanha
vai diminuindo
cada vez mais
Oh, valha-me
Deus!
Anne-Marie

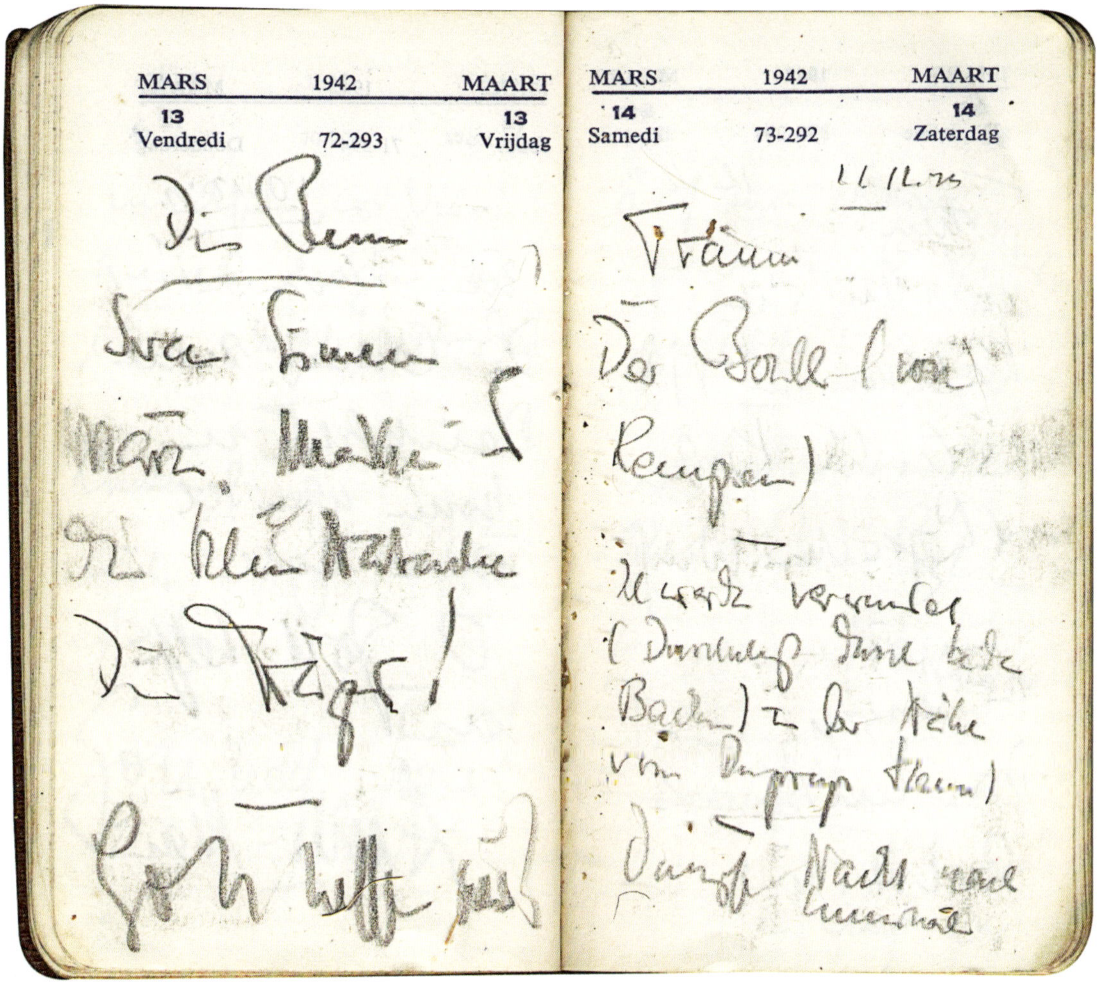

Os russos

Sara [xxx]
Maria "Maschka" e
a pequena Natascha
Os carregadores!
—
Valha-me Deus!

11.12.43
Sonho
A bola (de Kempen)
—
Sou ferido
(Um tiro transpassando
as nádegas) perto
de [xxx])
—
Noite abafada à base de
Luminal[15]

[15] Medicamento barbitúrico usado para controlar crises convulsivas.

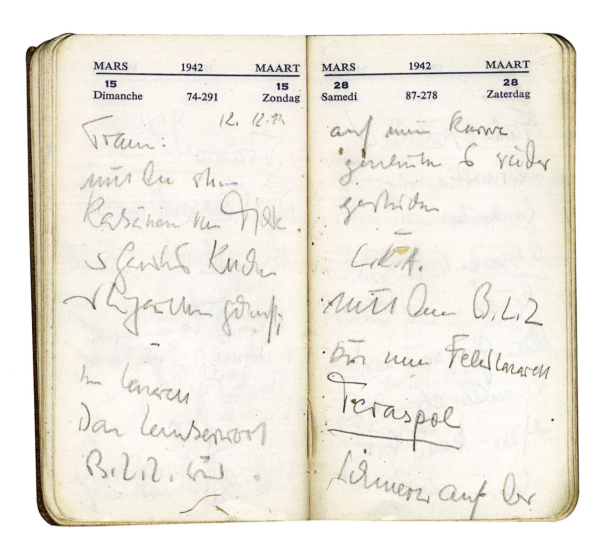

12.12.43
Sonho:
com os insistentes
licores Kabänen da Tilde
e bolos da Gertrud[16]
e compra de cigarros;
—
No hospital
a palavra mágica
B.L.Z.[17]

foi escrita e apagada
novamente
do meu horizonte
—
L.K.A.[18]
de B.L.Z.
até o hospital de campanha
Tiraspol
Dores durante a

[16] Gertrud (1909-1999) era irmã de Heinrich Böll.

[17] Trem Contingente para Feridos.

[18] Compartimento para levemente enfermos.

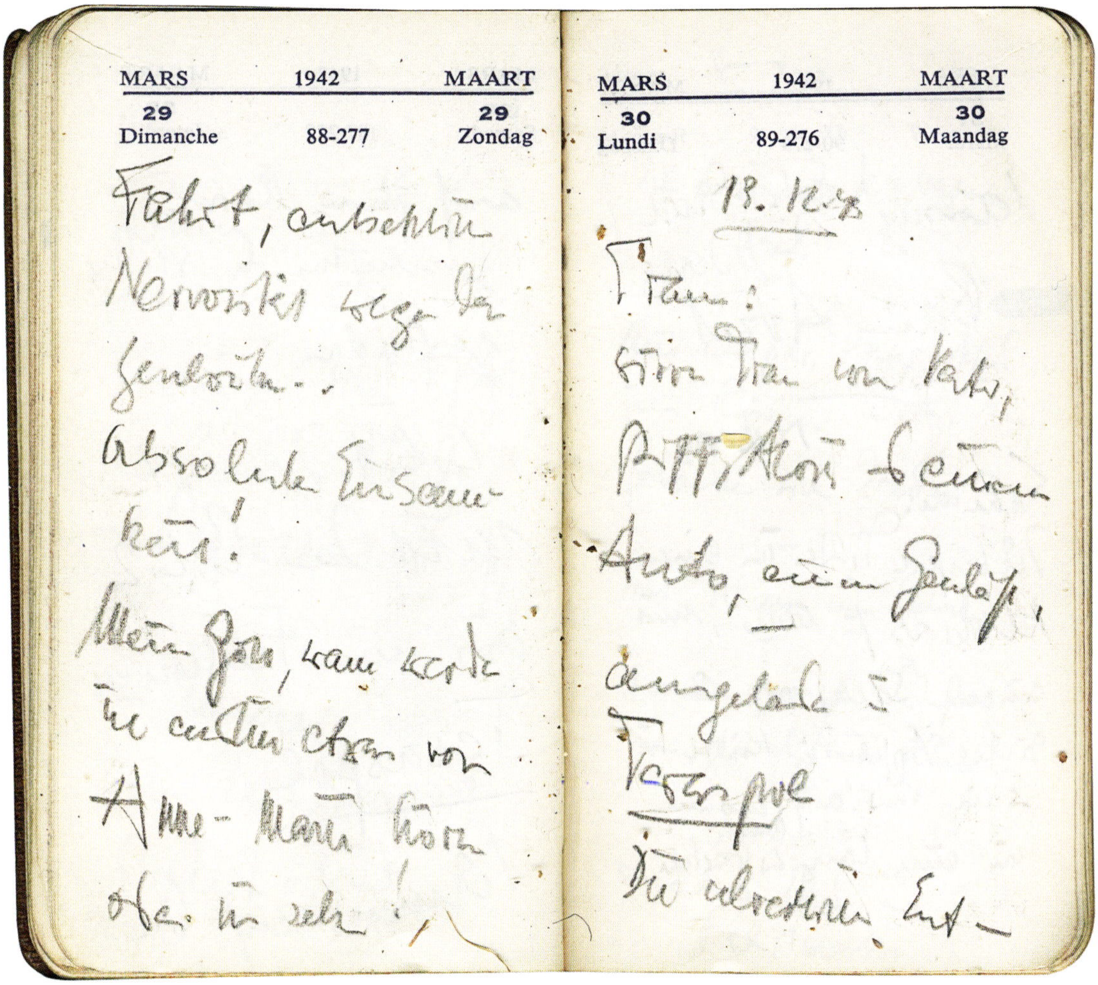

viagem, tremendo
nervosismo por causa da
[xxx]
absoluta solidão!
Meu Deus, quando é que
terei novamente notícias de
Anne-Marie
ou voltarei a vê-la!

13.12.43
Sonho:
sonho confuso com papai,
Piff, Alois e um
carro, uma loja,
—
Desembarcado em
Tiraspol
O horrível des-

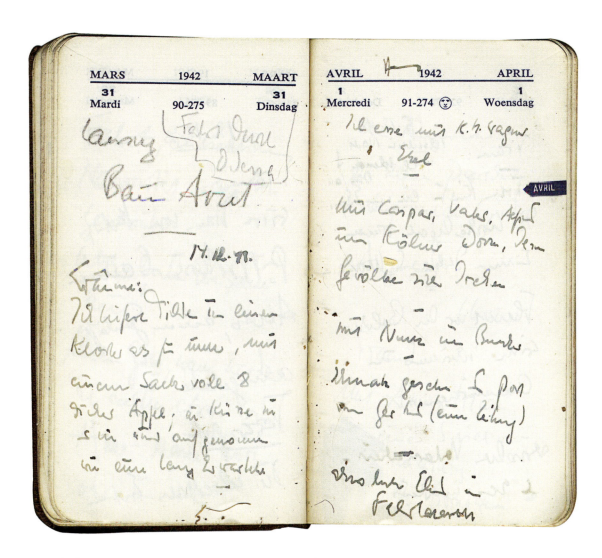

piolhamento
Viagem a
Odessa
No médico
—
14.12.43
Sonhos:
Interno Tilde num
convento
para sempre, com
um saco cheio contendo 8
maçãs grandes; eu a beijo
e ela é acolhida
como se muito aguardada
—

Almoço com K. H. Wagner[19]
Nojo
—
Com Caspar, papai, Alfred[20]
na Catedral de Colônia, cujas
abóbadas giram
—
com [xxx] no bunker
—
vi [xxx] e correspondência
de Gertrud (um jornal)
—
pobreza total no
hospital de campanha

[19] Karl-Heinz Wagner, amigo de Heinrich Böll, colega do Staatliches Kaiser-Wilhelm-Gymnasium.

[20] Irmão mais velho de Heinrich Böll, Alfred (1913-1988), também chamado de "Fips".

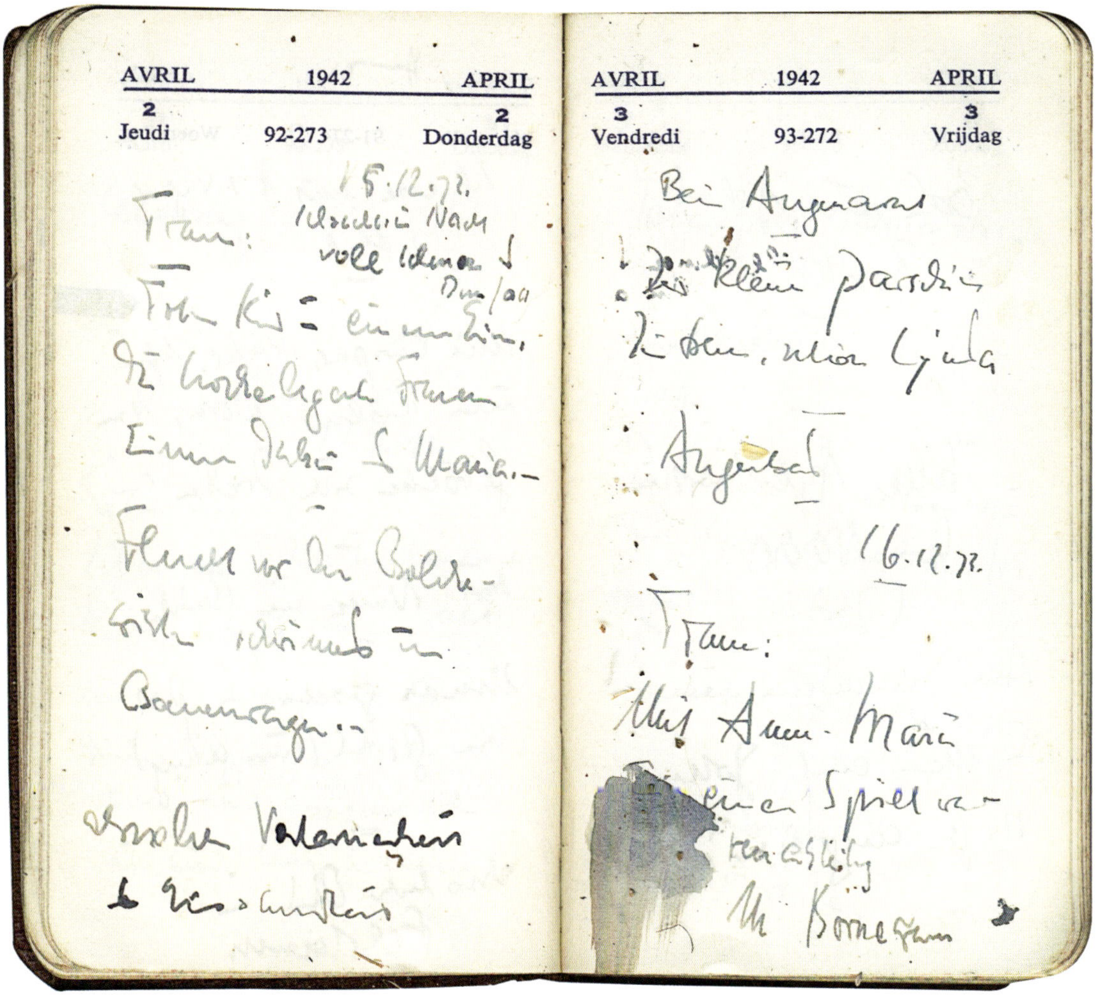

15.12.43
Sonho:
noite horrível
cheia de dores e
diarreia
—
Criança morta num balde
as mulheres elegantíssimas
[xxx] e Maria. —
—
Fugindo dos bolcheviques
nadando na
carroça de camponês
desamparo e solidão
absolutos

No oftalmologista
—
O pequeno Parschin
a pequena, linda Lydia
—
Oftalmologista
—
16.12.43
Sonho:
Com Anne-Marie
na seção de brinquedos de uma loja
M Bornemann[21]

[21] Amiga de Annemarie Böll.

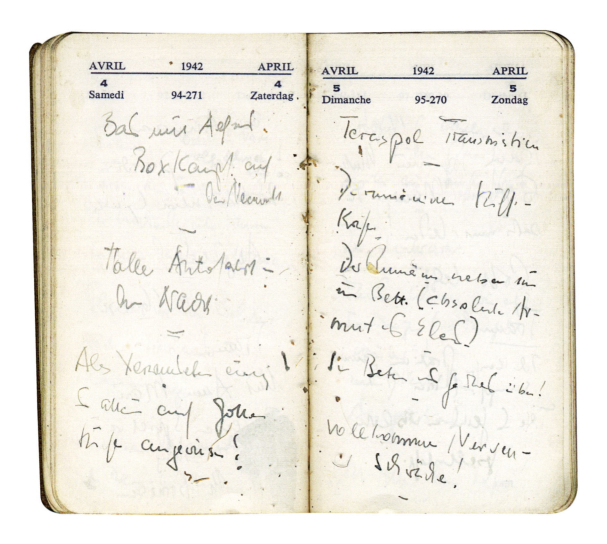

Bar com Alfred
Luta de boxe no
Neumarkt[22]
—
sensacional viagem de carro
à noite
—
Como um ferido, contando
única e exclusivamente
com a ajuda de Deus!
—

Tiraspol Transnístria
—
Auxiliares da Romênia
O romeno do meu lado
na cama (pobreza absoluta
e miséria)
exercitar a oração e a paciência!
—
fraqueza completa dos nervos!
—

[22] Praça importante no centro de Colônia.

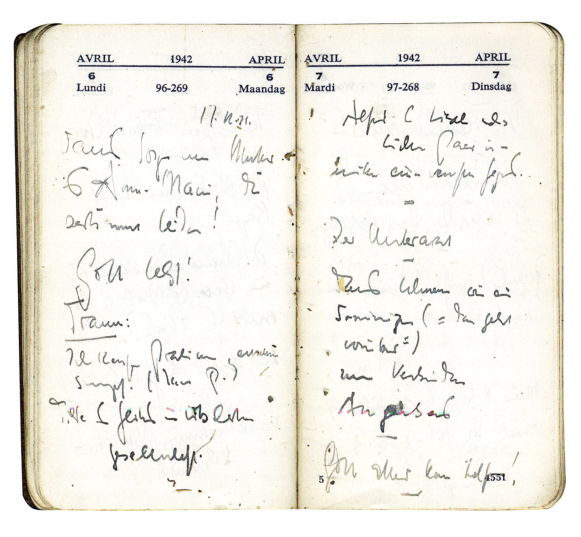

17.12.43
persistentes preocupações com
   mamãe
e Anne-Marie, que
com certeza estão sofrendo!
Deus vive!
Sonho:
Compro bombons terrivelmente
melecados (então P.)
Tilde e Gertrud na pior das
companhias
—

Alfred e Lisel[23] como
casal amoroso no meio
de um bairro de má reputação
—
O médico assistente
—
dores constantes como um
insano ("já vai
passar")
para a bandagem
Banho ocular
—
Somente Deus pode vir em
   meu auxílio!
—

[23] Alfred era irmão de Heinrich, e Elisabeth Böll era filha de Aloys Böll – por sua vez, irmão de Viktor – e de Petronella Böll (nome de solteira: Bultmann).

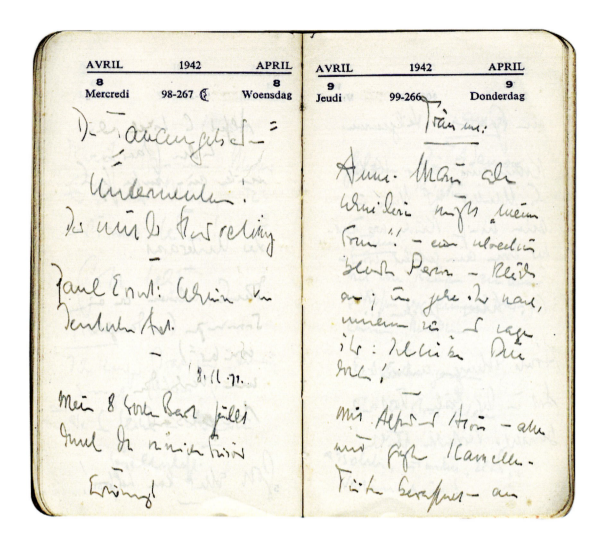

Os subumanos
"que dão o tom"!
Aquele com o machucado na mão
—
Paul Ernst: *Lektüre von
   deutscher Art*.[24]
—
18.12.43
Minha barba de 8 semanas cai
via barbeiro russo
—
Despiolhamento!

Sonhos:
Anne-Marie como
costureira tira medidas de "minha
mulher"! — uma pessoa loira
horrorosa — experimenta
o vestido; me aproximo,
a abraço e digo
a ela: mas eu te
amo!
—
Com Alfred e Alois — todos
munidos com grandes
sacos de caramelos —

24 Paul Ernst. *Lektüre von deutscher Art* [Leitura no estilo alemão]. Munique: Albert Langen/Georg Müller Verlag, 1942 [1ª ed. 1928].

participando de uma procissão.
—
Comunhão com papai
e mamãe e [xxx] em
uma igreja local, onde em seguida
se distribuía comida
—
Vi o sargento Scheer!!!
—
Assustadores apartamentos de
　médicos
Visitei um médico nos arredores de
　Colônia. Ficar ferido

19.12.43
Li: *Die Adamowa*[25]
Kipling
—
Sonho:
Me encontrei com o Kempen
em frente a um
santuário abandonado
—
Vi E. [xxx]
—
depois viajei de submarino
—
solidão absoluta, miséria,
abandono!
—

[25] Erwin Wickert. *Die Adamowa* [A Adamowa]. Stuttgart: Hohenstaufen-Verlag, 1940.

"Criou arbusto espinhoso para o camelo, forragem para a vaca e o fiel coração materno para o filho"[26]
Kipling
20.12.43
O marinheiro Paul
O russo do meu lado!
A saudade de
Anne-Marie, da
vida, está me matando
desespero absoluto
"O senhor volta com certeza"
Semen Kramarenko me oferece chá
— Deus vive!
21.12.43
26 anos
Sonho: Vejo Anne-Marie, bem elegante
muito bonita com a Tilde
Eu a espero num apartamento espaçoso, e ela chega

[26] Citação de Rudyard Kipling. Os livros da selva. Capítulo 12: "Shiva e o gafanhoto. Canção que a mãe de Toomais cantava para o bebê".

os sonhos se tornam cada vez mais
  confusos, de modo que
de manhã sumiram de minha
lembrança.
Recordação terrível das
posições de Bogilew
—

A noite e o frio
A latrina
—

Daria 1 ano de minha
vida, se pudesse somente
ver Anne-Marie uma vez que fosse
a saudade me mata

a russa, que é parecida com
  tia Paula
Vera! A intérprete, uma estudante
  bolchevique
Mulheres, homens e crianças
  russos-alemães que se consultam
  com os médicos
—

"Deus é espírito, e é necessário que
  os seus adoradores o adorem em
  espírito e em verdade!" João 4:24
—

22.12.43
Bem provável que Semen Kramarenko minta

Sonho: confuso, estou trabalhando com Alfred numa obra importante em uma posição superior.

—

O balbucio se torna insuportável
Os "que dão o tom"
O médico-chefe

—

Stifter: *Bergkristall*
Brigitta
Narrenburg[27]

"Oh, quão sagrado, oh, quão sagrado deve ser o amor do cônjuge, e quão pobre é você, que nada desse amor reconheceu e se deixou, quando muito, cativar pelo fogo opaco da paixão"[28]
Stifter

• Kramarenko conta sobre o Natal na Ucrânia em 1917

—

27 Títulos de contos de Adalbert Stifter.

28 Citação do conto "Brigitta". Adalbert Stifter. *Gesammelte Werke*. Capítulo 4, "Steppengegenwart". Frankfurt: Insel, 1959, vol. 2: Estudos II, p. 251.

O barbeiro russo, a
russa, que enfeita a árvore de Natal
Rastelnaja
—
23.12.43
No sonho converso com Alfred, e ele me assegura que em casa todos vivem e estão com saúde
Wedderkopp: *Die falsche Note*[29]
Colônia

Tilde numa certa relação com o açougue Camps[30]
—
Alois me dá de presente uma cigarreira de madeira
—
A catação de piolhos
Deus vive,
Deus vive
Anne-Marie
Minha vida!

[29] Hermann von Wedderkop. *Die falsche Note. Ein Musikroman* [A nota errada. Um romance musical]. Zurique: Scientia, 1940.

[30] Açougue Wilhelm Camps ficava em Colônia (Heumarkt 14).

Na carta do front n. 709, de 25.12.1943, Böll relata: "Na cama ao lado está deitado um russo, um cossaco, um dos que foram feridos entre nós, ele se chama 'Kramarenko'. Nós nos comunicamos com gestos e fragmentos, um sujeito incrível, sobre o qual eu bem que gostaria de escrever, se pelo menos tivesse papel", *CF*, p. 970.

Heinrich Böll no apartamento da rua Kleingedank, que foi destruído no contexto da "Operação Milênio"

O apartamento ficava na Neuenhöfer Allee 38. Após a morte de sua avó Maria Hagen, em 1936, Annemarie Böll inicialmente habitou dois quartos em um sótão na rua Vor den Siebenburgen 22, em 1940, e então se instalou à rua Kleingedank 20. Depois que esse apartamento se tornou inabitável, em virtude da destruição causada pelo ataque aéreo de maio de 1942 – após uma breve acomodação junto com os sogros (Karolingerring 17) –, ela passou a residir, desde 1º de julho de 1942, nesse apartamento da Neuenhöfer Allee, no bairro Sülz, em Colônia.

24.12.43
<u>Sonho</u>: Conto de emigração.
Estou fazendo compras de Natal numa livraria
—
- em nosso apartamento, com Anne-Marie... —
O genro na
— livraria
No meio da tarde: "presentes natalinos" à la militaire prussienne

São distribuídos livros o que acontece com [xxx]
—
Cantando canções de Natal, entre outras evidentemente "Edelweiß", "Fern bei Sedan"
—
Nós venceremos a guerra, pois, com um braço, os feridos
 já estão polindo
suas botas e lavando seus colarinhos"
então [xxx] para

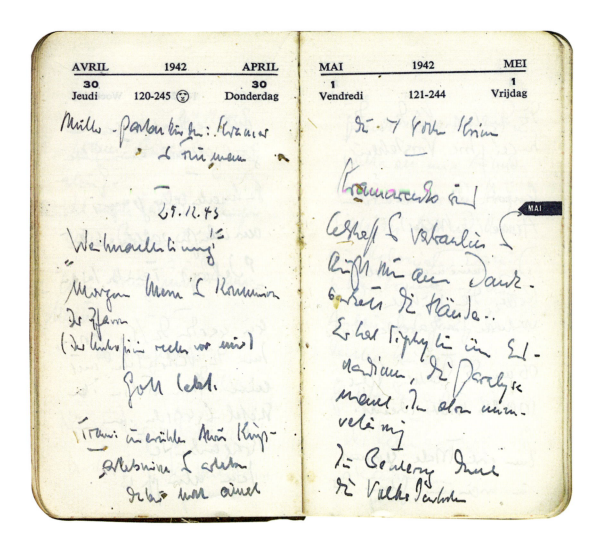

Müller-Partenkirchen: *Kramer e Friemann*[31]
—
25.12.43
"Clima natalino!"
De manhã missa e comunhão
O padre
(O sargento à minha direita)
Deus vive.
Sonho: conto para Alois
  as vivências da guerra
  e nisso torno a vivenciar
as 4 semanas na Crimeia
—
Kramarenko fica
animado e confiante e
me beija as mãos
com gratidão…
Ele tem sífilis terminal,
a paralisia
torna-o um pouco menos confiável
—
A troca de presentes entre
os alemães étnicos[32]

[31] Fritz Müller-Partenkirchen. *Kramer & Friemann. Eine Lehrzeit* [Kramer & Friemann. Um aprendizado]. Gütersloh: Bertelsmann, 1942 [1ª ed. 1920].

[32] Designação para os mais diversos grupos que viviam para além das fronteiras da Alemanha daquele período, de ascendência alemã, mas – ao contrário dos chamados "*Auslandsdeutschen*" [alemães com residência fora do país] – não tinham o status da nacionalidade.

as crianças alemãs, os
cantores, "A superiora"

—

Presentes do Exército romeno
 (o major)

—

A Cruz Vermelha
romena, a irmã de Bucareste,
linda e de meia-idade

—

Será que o exército alemão
não vai nos dar nada?

—

No meu cérebro pela primeira vez
ocorre o

pensamento realista de que
talvez pudesse
após a guerra
viver com Anne-Marie
aqui no Leste
uma existência colonial...
assistindo aos cânticos
das crianças alemãs...
Deus vive, preciso me lembrar

—

O caucasiano
Rachmann
Goladin

Em trecho da carta do front n. 711, de 31.12.1943, ele diz: "Sinto falta do Reno, da Alemanha, mas com frequência penso na possibilidade de uma vida colonial aqui no Leste após vencida a guerra..."; *CF*, p. 972.

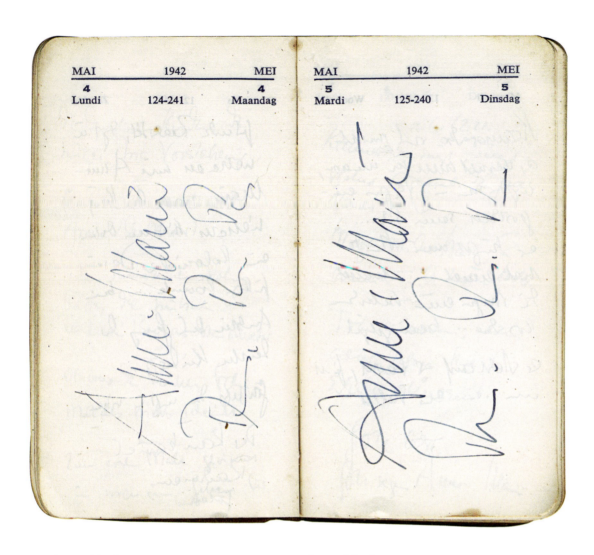

Anne-Marie
Meu bem, meu bem, meu bem

Anne-Marie
Meu bem, meu bem, meu bem

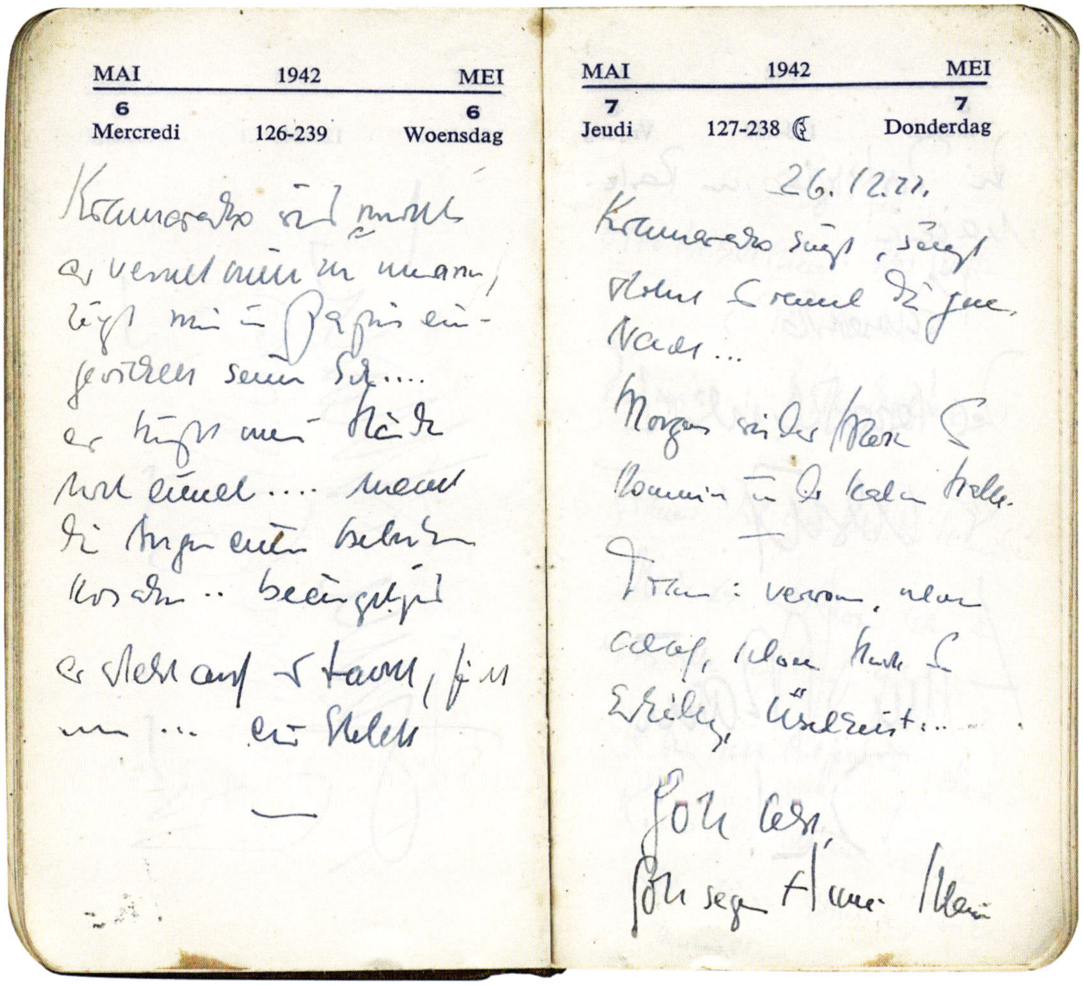

Kramarenko fica "desanimado"
tenta me abraçar
me mostra seu s...
embrulhado em papel
Beija minhas mãos
mais uma vez... encena
olhares de cossaco
bêbado... assustador
Se levanta e dança, cai
para um lado... um esqueleto
—

26.12.43
Kramarenko canta, canta
geme e fuma a noite
inteira...
De manhã novamente missa e
comunhão no pavilhão frio.
—
Sonho: confuso,
Sono, tosse insistente e
frio, náusea...
Deus vive,
Deus abençoe Anne-Marie

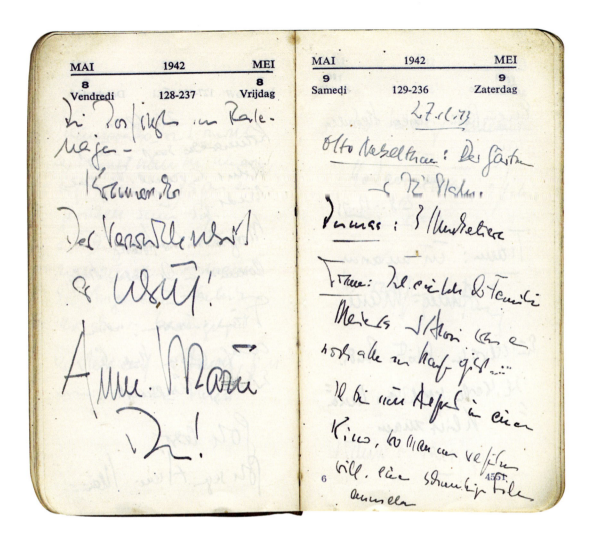

O correio fica em Ratenaja
—
Kramarenko
O homem ferido grita
com raiva!
Anne-Marie
Meu bem!

27.12.43
Otto Nebelthau: *Der Gärtner und die Statue*[33]
Dumas: *3 mosqueteiros*[34]
—
Sonho: Conto para a família Meier e Alois tudo o que ainda há para comprar... Estou com Alfred num cinema, onde querem nos persuadir a assistir a um filme sujo

[33] Otto Nebelthau. *Der Gärtner und die Statue: die Geschichte einer Liebe* [O jardineiro e a estátua: uma história de amor]. Hamburgo, Berlim, Leipzig: Hanseatische Verlagsanstalt, 1930.

[34] Alexandre Dumas. *Die drei Musketiere* [Os três mosqueteiros]. Em nova tradução e com prefácio de Edmund Th. Kauer. Berlim: Juncker, 1937.

Eugen Roth: *Einen Herzschlag lang*[35]
—
28.12.43
Sonho: abraço
Anne-Marie
Um livro fraco e bobo:
Im Westen wohl was Neues
Klietmann[36]
—

O habilidoso médico assistente
—
Dor nos testículos, aparentemente uma hérnia
—
Manifestação de desespero
—
29.12.43
Sonho: exaurido

[35] Eugen Roth. *Einen Herzschlag lang. Neue Geschichten* [Uma longa pulsação. Novas histórias]. Bertelsmann, 1942. (Coleção Kleine Feldpost)

[36] Franz Arthur Klietmann. *Im Westen wohl was Neues. Contra Remarque* [Há algo de novo no front, sim. Contra Remarque]. Berlim: Nonnemann, 1931.

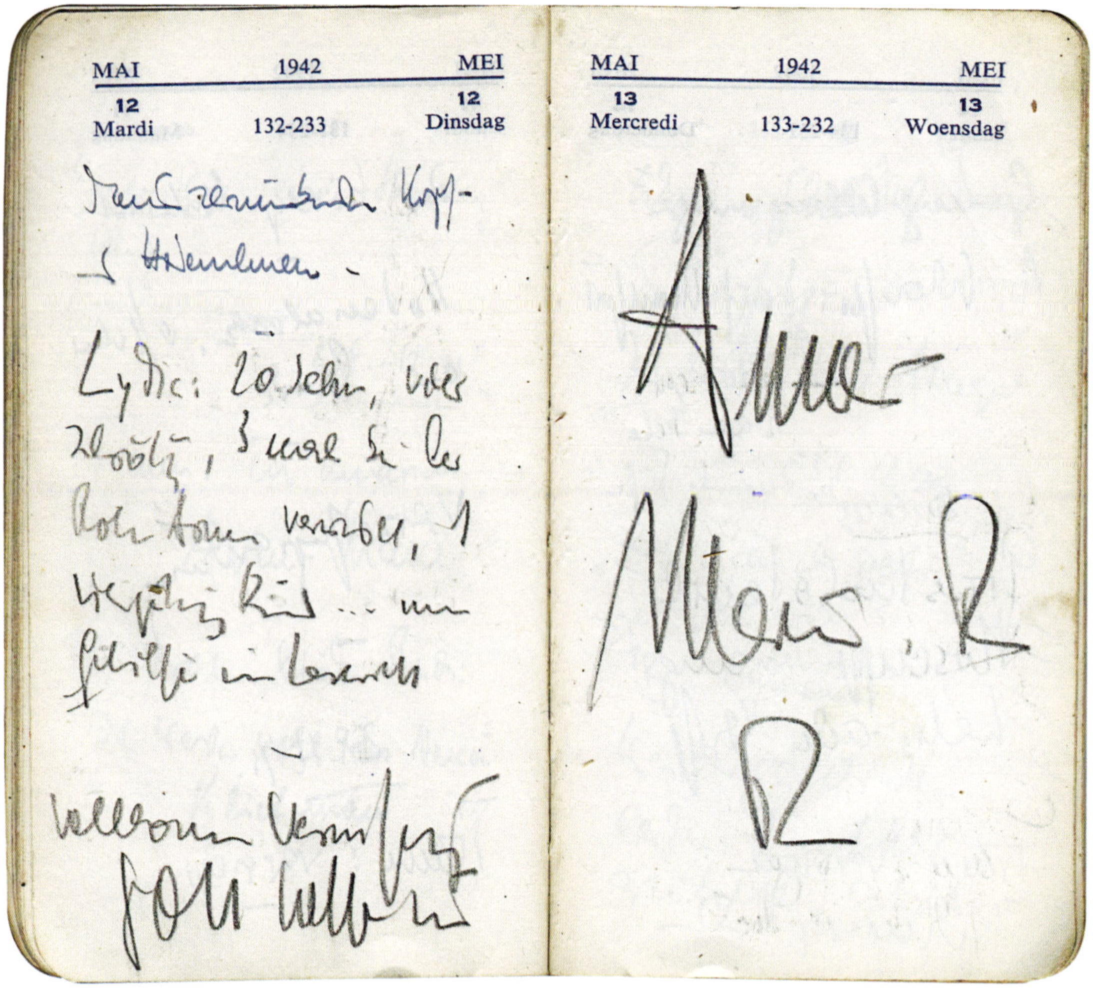

cabeça persistentemente cansada e
dor nos testículos —
—
Lydia: 20 anos, primorosa
beleza, ferida 3 vezes no
Exército Vermelho, 1
filhinho de quatro anos... agora
assistente no hospital
—
desespero completo
Valha-me Deus

Anne-
-Marie, meu bem,
meu bem

"[xxx]"
A. Schaeffer: *Josef Montfort*[37]
— *Traugott*[38]
Die arme Seele[39]
Die tanzenden Füße[40]
30.12.43
"Graslandodeurli"[41]
"Hosenpfüderiangst"[42]
"[xxx]"
[xxx]
[xxx]

Dor, vertigem e esgotamento
Der Kölner Stadt-Anzeiger[43]
31.12.43
"Rotschwänzliparti"[44]
"vogeliwohl"[45]
Camenzind[46]
Histórias femininas
até 1 hora
[xxx], terríveis

[37] A. Schaeffer, *Josef Montfort*. Leipzig: Insel, 1918.

[38] Max Übelhör. *Traugott oder Deutschland über Alles* [Traugott ou Alemanha acima de tudo]. Konstanz: Oskar Wöhrle, 1924.

[39] Heinrich Lersch. *Die arme Seele. Gedichte vom Leid des Krieges* [A pobre alma. Poemas do sofrimento da guerra]. Mönchen-Gladbach: Sekretariat Soz. Studentenarbeit, 1917. Vide recomendação da leitura a Annemarie Cech na carta do front de 5.11.1940; *CF*, p. 124.

[40] A. Schaeffer. *Die tanzenden Füße* [Os pés dançantes]. Leipzig: Reclam, 1925.

[41] Do suíço-alemão, junção dos termos "Grassland" e "*odeur*" (algo como "cheirinho de grama") [N.T.].

[42] "Hosenpfüder", em suíço-alemão. Descreve o constrangimento de um garotinho vestindo suas primeiras calças.

[43] Jornal de Colônia fundado em 1876 como suplemento do *Kölnische Zeitung*. [N.T.]

[44] Em suíço-alemão: Partido do Galinho Vermelho.

[45] Expressão em suíço-alemão: "fique à vontade", "sinta-se em casa".

[46] Possivelmente se trata do escritor suíço Josef Maria Camenzind (1904-1984).

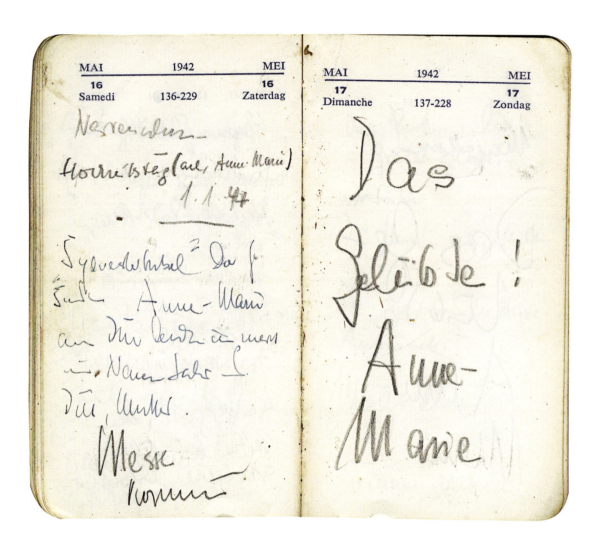

Dores nos nervos.
- Aniversário de casamento (ah, Anne-Marie)
1.1.44
"Festa de réveillon" dos convalescentes
Anne-Marie
é em você que penso
primeiro no novo ano, e
em você, mamãe
Missa
Comunhão

Os
votos!
Anne-
-Marie

O casamento religioso de Annemarie e Heinrich Böll foi, no dia 31.12.1942 na igreja St. Paul, à rua Vorgebirg. O casamento civil [foto] foi no dia 6.3.1942 em Colônia, na Kölner Rathaus, durante uma semana de licença para a ocasião (de 2 a 9.3.1942).

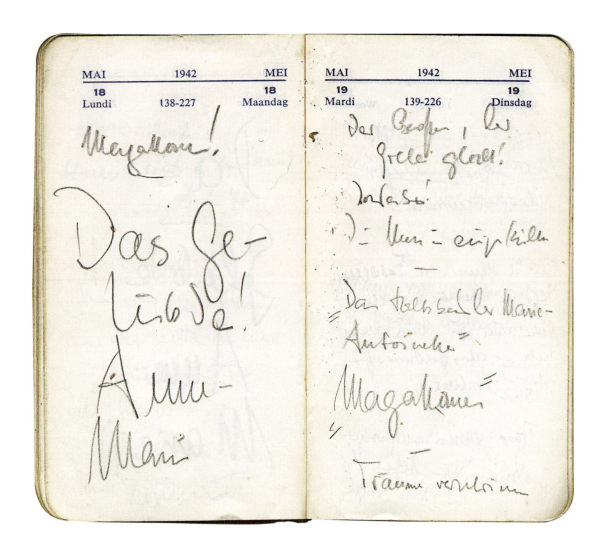

Magalhães!
—
Os votos!
Anne-
-Marie

O bêbado que
se parece com a Grete!
[xxx]
O mundo em frio de gelo
—
"O colar de Maria Antonieta"[47]
Magellan[48]
—
Sonhos se borram

47 Provavelmente se trata do romance *O colar da rainha*, de Alexandre Dumas.

48 Stefan Zweig. *Magellan. Der Mann und seine Tat* [Magalhães – o homem e o seu feito]. Viena/Leipzig: Reichner, 1938.

2.1.44
Nervosismo, lamentável
aparência de cadáver!
—
À noite, a dolorosa constatação
de que desde há muitas semanas
não rezo
por Alois... justo por
Alois! Horrível!
Sonho: sem foco, [xxx]
Pedidos de Alfred e
o "[xxx]"

Contos sobre ratos
camundongos e cobras
———
Presentes do coronel
romeno
—
3.1.44
Sonho com Von Kempen
e Bolling[49], sonhos agradáveis
em que me {entendo}
bem com V.K.
dores angustiantes, nervos
absolutamente transtornados

[49] Colega de Heinrich Böll no Staatliches Kaiser-Wilhelm--Gymnasium.

Kramarenko se torna desagradável,
tonto, emporcalhou
minha cama
—
Lá fora no corredor
esbraveja com tudo, consigo
para ele uma injeção de morfina.
—
O médico!?!?
Merimée: *Carmen*
—

Πᾶσα γυνὴ χόλος
ἐστίν; ἔχει δ' ἀγαθὰς
δύο ὥρας
τὴν μίαν ἐν θαλάμῳ,
τὴν μίαν ἐν θανάτῳ.[50]
—
4.1.44
Sonho confuso com mamãe
e papai, sentados em casas
destruídas, precariamente
ajambradas...
Os Barrings[51]

[50] Prosper Mérimée. *Carmen*. Stuttgart: Reclam, 2011, p. 3. A novela de Prosper Mérimée tem início com a epígrafe de Palladas: "Toda mulher é amarga como o fel; mas ela tem duas boas horas, uma na cama, outra na tumba".

[51] William von Simpson. *Die Barrings* [Os Barrings]. Potsdam: Rütten und Loening, 1937.

Ah, preciso orar
mais, mais por Anne-Marie
Anne-
-Marie
minha vida!
Minha vida.
—
O livro: *Der Enkel*[52]
Continuar *Die Barrings*[53]
Simpson

5.1.44
Sonho maluco: Num transporte
perco a minha
bagagem, sou deixado para trás
pelo sargento Genreith,
acabo chegando a um hotel e ali
nas garras da "Locandeira de
Mollière"[53], que de súbito
se chama Therèse, me
{engambela} e me
promete a {continuação}
da conversa; além disso então

[52] William von Simpson. *Der Enkel* [O neto]. Potsdam: Rütten & Loening, 1943. O romance compõe a continuação de *Os Barrings*.

[53] Jogo de palavras que recorre ao topônimo da costa francesa La Mollière d'Aval, onde Heinrich Böll esteve estacionado de julho a outubro de 1943; sobre isso, conferir as cartas do front n. 582 a 647; *CF*, pp. 814-909. Na carta 582 de 14.7.1943, Heinrich Böll fala de "um bar pequeno e simpático, cuja questionável proprietária ao mesmo tempo era quem lavava nossa roupa suja" (*CF*, p. 815); ele se refere ao Café La Potinière, que se localizava em Mollière d'Aval.

brinco com crianças
—
Deus vive
Anne-Marie!
- Transferência para Odessa
A estação em
Rasdelnaja
A viagem com
a estudante Vera

que recebe medonho
tratamento dos
2 Kapos.[54]
—
A semelhança da paisagem
em torno de Odessa com a
do entorno de Colônia (Grüngürtel)
me faz mal
—
Odessa
casario escuro
e ruas
lamacentas

[54] Kapo era como os oficiais da SS designavam um prisioneiro de campo de concentração que prestava serviços administrativos e de supervisão dos trabalhos forçados de prisioneiros comuns.

Na carta do front n. 713, de 4.1.1943, Böll escreve: "Amanhã saio desse hostil hospital de caserna e retorno à Unidade de Neurologia em Odessa. Espero que reine mais silêncio lá, que não seja outra pocilga com 22 homens como essa!", *CF*, p. 973. O registro documentado em *Nachweisung über etwaige Aufnahme in ein Standort-, Feld-, Kriegs- oder Reservelazarett* sobre a entrada de Heinrich Böll no Hospital Militar 2/606 – Unidade de Neurologia – é de 6.1.1944. As instalações do hospital ficavam numa fileira de edifícios ao longo do bulevar Francuzkij, originalmente casas de repouso.

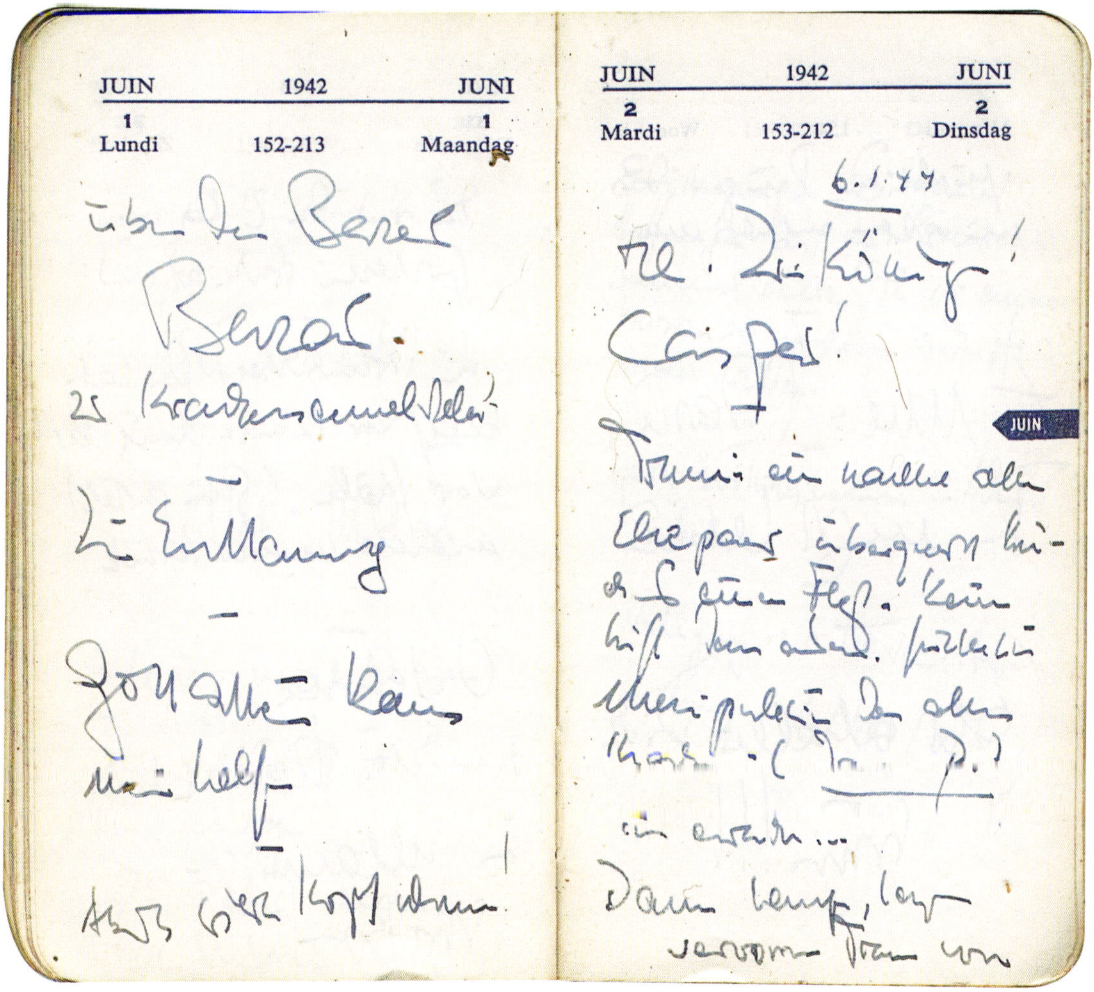

sobre o bazar
Bazar
do Posto de Atendimento
 de Enfermos[55]

—

O despiolhamento

—

Venha Deus em
meu auxílio

—

À noite dor de cabeça atroz!

6.1.44
Três Reis Magos!
Gaspar!

—

Sonho: um [xxx] casal
idoso atravessa um rio
rastejando. Um não ajuda
o outro. Medonha
manipulação dos velhos
[xxx] (então P.)
acordo...
Em seguida sonhos confusos
demorados, demorados

[55] Localizado na região da praça da estação ferroviária de Odessa.

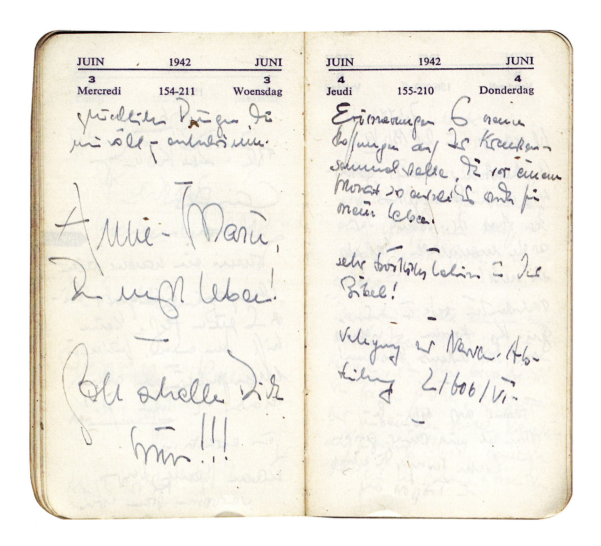

com coisas boas, que
me [xxx] completamente
—
Anne-Marie
Você precisa viver!
—
Deus a proteja
por mim!!!

Memórias e novas
esperanças no
Posto de Atendimento de Enfermos,
aquele que há
um mês foi crucial para
minha vida.
—
leitura muito reconfortante da
Bíblia!
—
Transferência para a unidade de
doenças dos nervos 2/606/IV[56]
—

[56] Ver nota na p. 96.

7.1.44
Irmã Erna da unidade VI:
O exame é inconclusivo
portanto estou "saudável"
O médico dr. Bach o
primeiro médico humano, muito,
muito simpático!
É provável que vá ao
gen. Kp. e talvez
lá obtenha a licença médica!
—
Sonho: primeiramente [xxx]
  entrevero
com uma certa
Yvette [xxx], que estivera
antes em Tréport

o quartel-general em minhas mãos
(estranho!)
depois numa livraria,
onde compro
grande quantidade de maravilhosos
artigos de papelaria e
lindos, lindos livros,
"mergulho"!!
Então estou com um amigo
desconhecido num
hotel, que contudo está vigiado!
Nós sabemos todavia que num hotel
em frente há um espetáculo de
variedades (!!!), decidimos
ir lá, despistamos

a guarda, portando
o capacete ao contrário
e nos fazendo passar por jesuítas (!)
... e assim que nós então
acabamos de sair do hotel
da rua lateral em frente
Anne-Marie e Marie
Rogier[57] zanzando por ali!

—

Portanto pude ver Anne-Marie,
Anne-Marie
em seu casaco preto de inverno
e o gorro de pele
Anne-Marie

no meio do dia ataque aéreo!
em meio ao mais belo brilho de sol,
quente e radiante!

—

8.1.44
sonho confuso
[xxx]
Dor de cabeça

—

O médico simpático

[57] Família do vice-diretor Robert Rogier, moradores da rua Gustav 45, bairro Sülz, em Colônia, cuja filha era amiga de Mechthild Böll. Após a Primeira Guerra Mundial, essa família migrara de Bromberg para Colônia.

9.1.44
Sensível restabelecimento e descanso na unidade de doenças dos nervos
Irmã Erna
—
Estou louco de novo, espero, cismo com loucuras, calculo
—
pensamentos profundos em Anne-Marie
—

Deus seja misericordioso conosco
—
10.1.44
Sonho confuso, mas uma boa história
Filme: *Tonelli*[58]
—
O primeiro filme em 7 meses
—
Que Deus tenha misericórdia de nós

[58] Dirigido por Viktor Tourjansky, da produtora Bavaria, trata-se de um filme policial sobre um crime no meio artístico, com os atores Ferdinand Marian, Winnie Markus, Mady Rahl, Albert Hehn e Leo Peukert. Estreou em 12.7.1943.

Paust: *Land im Licht*[59] — horroroso
Zapolska: *Frau Renas Ehe*[60] —
  pavoroso romance do início do
  século
—
11.1.44
sem mais esperanças!
Provável transferência para L.K.A.[61]
Sonho: Aula muito
torturante e demorada, despertar
desagradável

Ah, ah, Anne-Marie,
meio ano
—
Meio ano
desde que
me despedi de
Anne-Marie em Bonn,
naquela noite magnífica
—
Wenn wir alle Engel wären[62]
O beijo por 240 mil marcos
—

[59] Otto Paust. *Land im Licht* [País iluminado]. Berlim: Limpert, 1937.

[60] Gabriele Zapolska. *Frau Renas Ehe* [O casamento da sra. Rena]. Berlim: Oesterheld, 1913.

[61] Trem Contingente para Feridos (cf. nota 15, p. 68).

[62] Adaptação do romance homônimo de Heinrich Spoerl, o longa-metragem – produção de Carl Froelich-Tonfilm GmbH sob a direção de Carl Froelich – mostra a vida cotidiana na Renânia e conta, entre outros atores, com Heinz Rühmann, Leny Marenbach, Harald Paulsen e Lotte Rausch.

12.1.44
—
Sonho: sonho mais longo e confuso, lembro somente que que vi uma agência de correio, depois de terem ~~me~~ enviado pela companhia 15 marcos!
—
Depois disso, dúvida, agonia e dor
—
Que Deus me ajude
—

transferido para L.K.A.
Viagem passando por Odessa
—
A fábrica
As casas
A gente
—
Venha Deus em meu auxílio
—

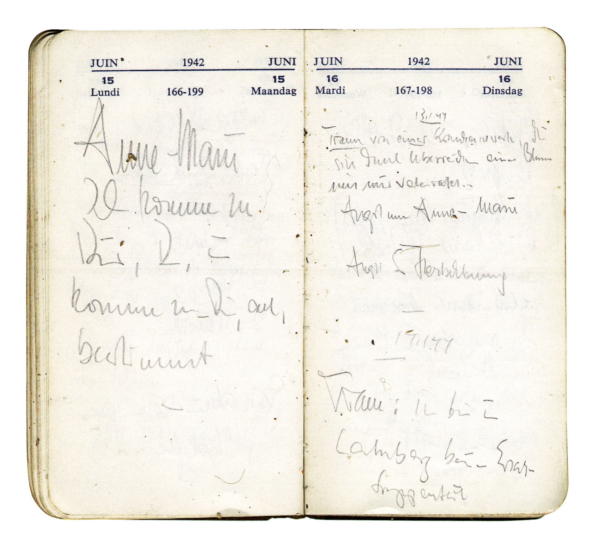

Anne-Marie
Irei ao seu
encontro, minha cara,
irei ao seu encontro, querida,
com certeza
—

13.1.44
Sonho com uma enfermeira que
por entregar uma flor
é minha esposa...
Preocupação com Anne-Marie
—
Preocupação e ansiedade
—
14.1.44
—
Sonho: estou em
Lemberg na unidade de reserva
 da tropa

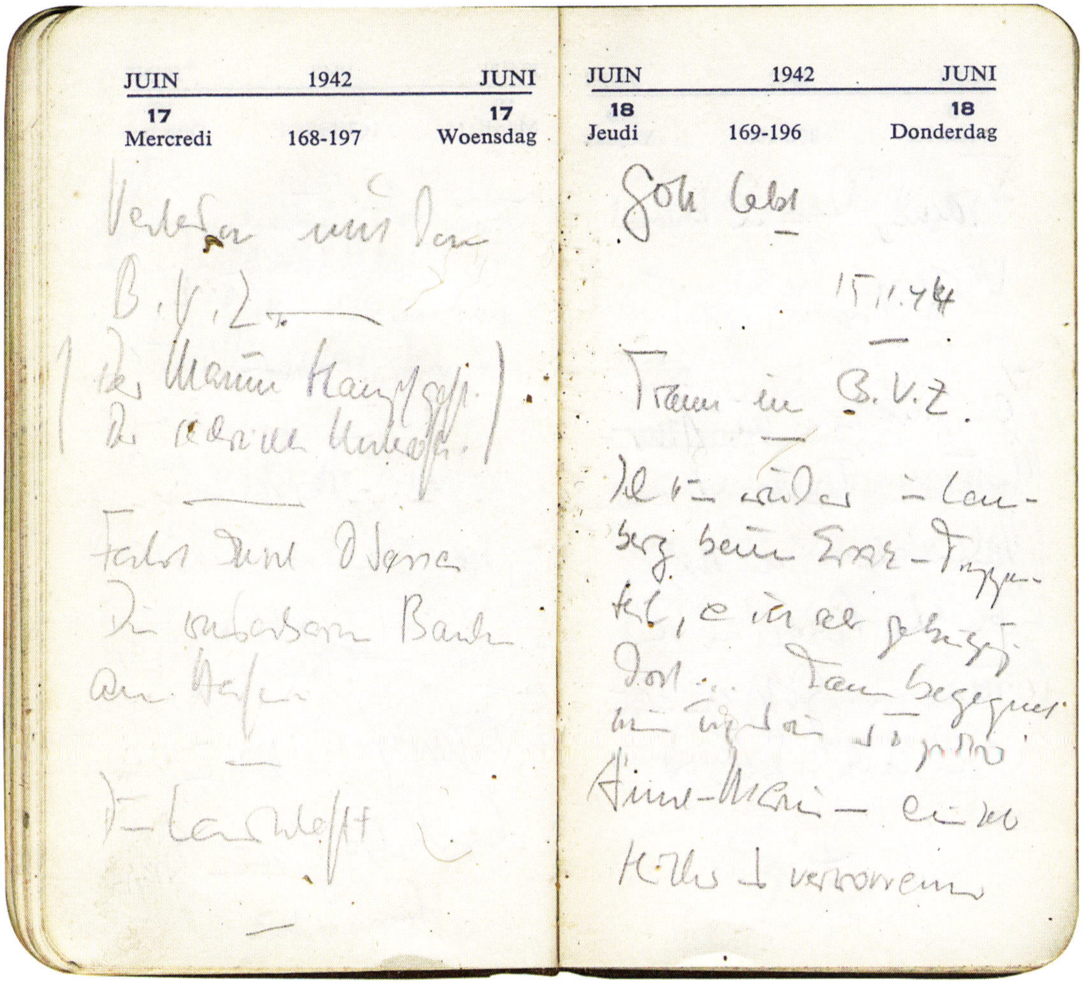

Embarque no
B.V.Z. —
[O cabo-chefe da Marinha
o terrível sargento]
—

Viagem passando por Odessa
As belas construções
perto do porto
—

A paisagem
—

Deus vive
—
15.1.44
Sonho no B.V.Z.
—

Estou novamente em Lemberg
na unidade de reserva da tropa,
lá é muito montanhoso
... Então me encontrei
de algum modo e em algum lugar
com Anne-Marie — um sonho
muito [xxx] e confuso

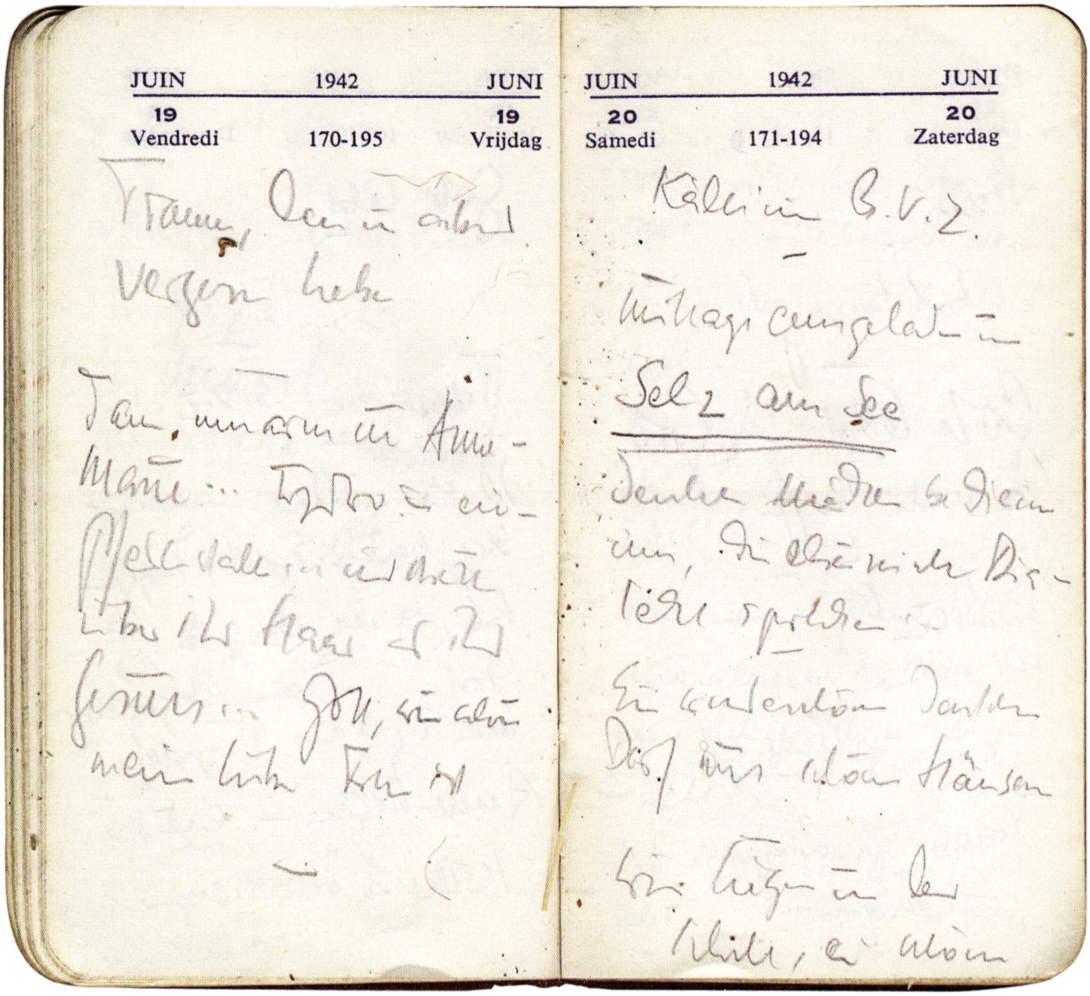

que à noite tinha
esquecido
—
então abraço Anne-
-Marie... Em algum lugar num
estábulo de cavalos... e lhe acaricio
os cabelos e as
faces... Deus, que linda
é minha querida esposa
—

Frio no B.V.Z.
—
À tarde desembarquei em
Selz am See
umas moças alemãs
falantes do dialeto da
Alsácia estão nos servindo
—
Um lindo vilarejo alemão
com belas casas
—
Nós estamos na
escola, uma bela

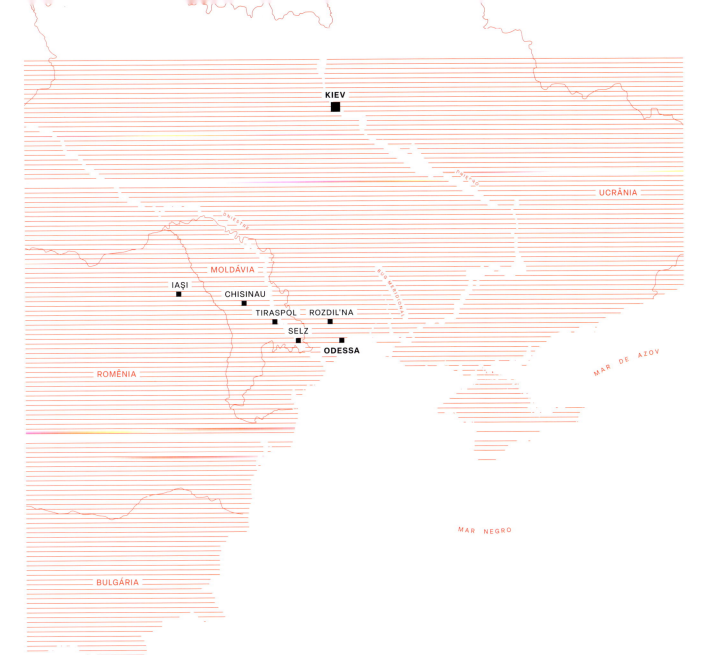

Heinrich Böll faz descrições sobre isso em *Visão geral* (p. 339). – Pequena cidade na Transnístria ("terra além [isto é, a leste] do Dniestre"). Transnístria designa a região administrada pela Romênia entre 1941 e 1944, com área de cerca de 42 mil km² entre o Dniestre e Bug meridional, com aproximadamente 2 milhões de habitantes (ucranianos, russos, alemães, búlgaros, poloneses e tártaros do mar Negro). Depois de 1944, a área passou à Ucrânia. Em 1943, viviam ali cerca de 130 mil descendentes de alemães, divididos em três áreas de assentamento do país: ao norte de Tiraspol, Glückstahler (aqui as comunidades de colonos de Bergdorf, Neudorf, Glückstahl, Kassel), Kutschurganer e Großliebentaler na área da grande Odessa (com as comunidades colonas de Estrasburgo, Baden, Selz, Kandel, Freudental, Alsácia, Mannheim, Mariental e outras), Beresan na parte central (com as comunidades de colonos de Rastatt, Munique, Worms, Rohrbach, Speyer, Landau, Karlsruhe, Sulz e Hoffnungsburg). – Vide também a carta do front n. 720, de 15.1.1944: "Nós nos encontramos numa aldeia bem alemã, as casas são fantasticamente belas e coloridas, e as pessoas falam o dialeto da Alsácia. Há um bom vinho tinto à venda, já provei e me interessa experimentar suficientemente"; *CF*, p. 980.

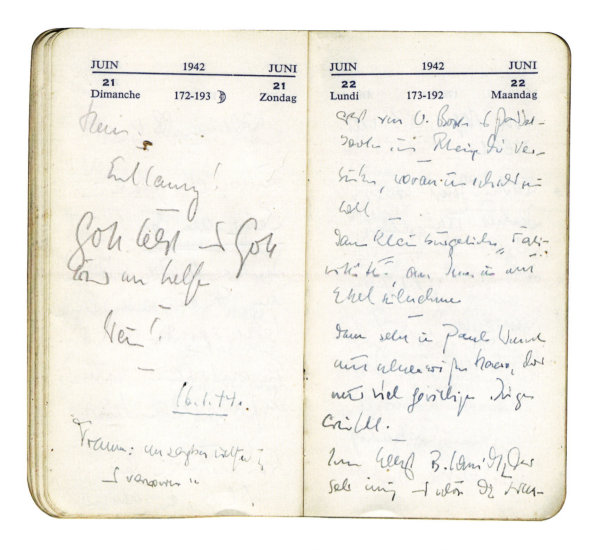

casa.
Despiolhamento!
—
Deus vive e Deus
há de vir em meu socorro
—
Vinho!

16.1.44
Sonho: indescritivelmente diverso e confuso

primeiro com submarinos e canoas
no Reno, que afundam,
e a culpa devia ser minha
—
depois "comemorações"
pequeno-burguesas,
das quais participo com nojo
—
então vejo Paul Wunsch[63]
com cabelo branco como a neve,
  que compartilha comigo vários
  assuntos de muita gravidade.
—
E no final B. Schmitz[64], que
celebra bem íntimo e bonito o
  casamento

63 Irmão de Willi Wunsch; vide nota das pp. 35 e 46.

64 Desconhecido.

de Alfred e ? consumado.
—
Despertar com barulheira
dos alemães
—
17.1.44
À noite, transportado de caminhão
para Estrasburgo, lá
espera no hospital,
então para a estação de trem
com B.V.Z. para

Tiraspol
Sonho: Estou fazendo compras
com Jaqueline em Odessa,
mais tarde nós dormimos
profundamente, enrolados em
 cobertas,
um ao lado do outro,
Alois vem e
nos separa, a sra.
Meiers[65] aparece como
"Deus ex machina"
e então à tarde
encontro todos para cumprimentos

[65] Possível referência à mãe de Maria – essa última, a esposa de Alois Böll, irmão de Heinrich.

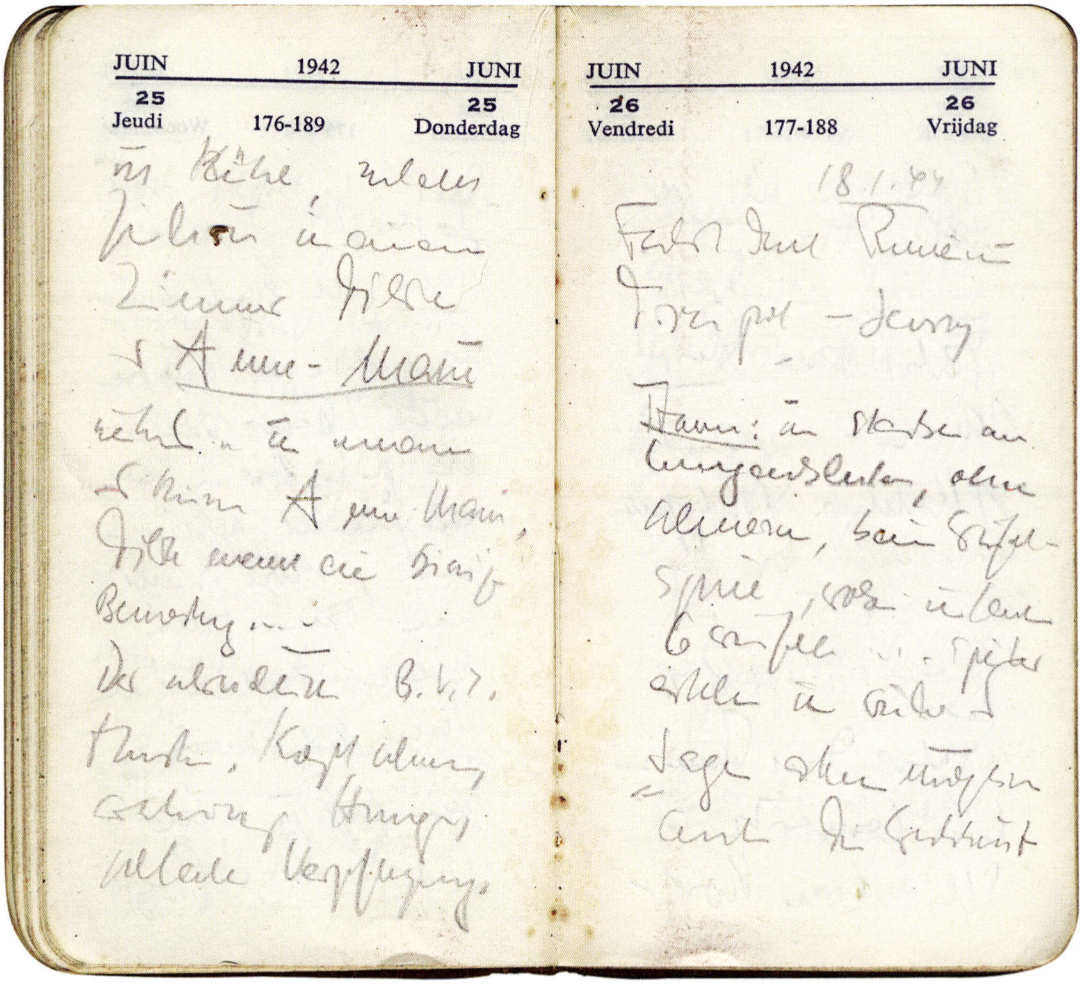

na cozinha, por último
[xxx] numa
sala Tilde
e Anne-Marie
[xxx]... abraço
e beijo Anne-Marie,
Tilde [xxx]
Acolhimento...
—
O terrível B.V.Z.
Tosse, dor de cabeça,
esgotamento, fome
comida ruim.

18.1.44
Viagem pela Romênia
Tiraspol–Jassy
—
Sonho: estou morrendo de
hemorragia pulmonar, sem
dores, jogo dados,
e tiro somente
6... depois
me levanto de novo e
"abençoo" toda a gente,
inclusive os seguranças

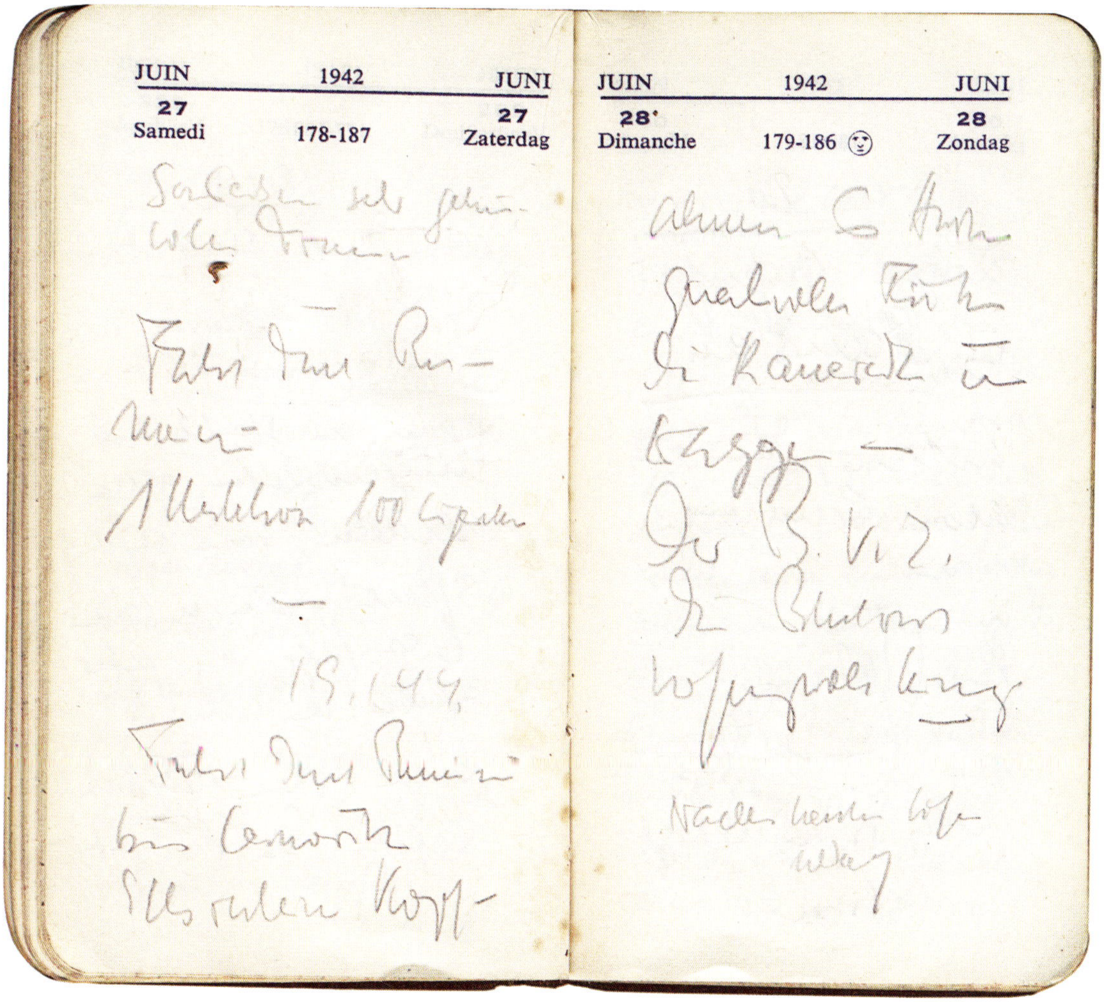

sonho
estranho e muito misterioso
—
Viagem pela Romênia
1 cueca 100 cigarros
—
19.1.44
Viagem pela Romênia
até C[z]ernowitz
terríveis dores de cabeça

e tosse
costas torturantes
os camaradas no
vagão —
O B.V.Z.
a morcela
promissora [xxx]
—
À noite [xxx]-
mensagem

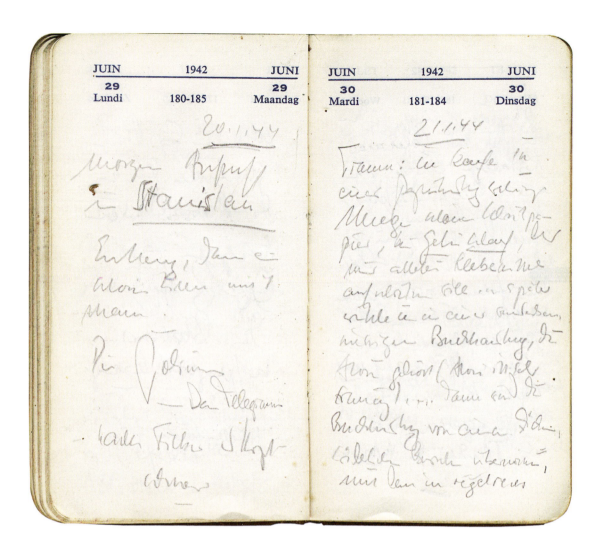

20.1.44
Chegada a Stanislau
pela manhã
———————
Despiolhamento, então uma
lauta refeição com 4
pessoas
—
Os policiais
— O telegrama
febre alta e dor de cabeça
—

21.1.44
Sonho: compro numa
papelaria uma absurda
quantidade de bonitos papéis de carta,
no [xxx], que
quer me impingir toda sorte de
itens adesivos... aí
revolvo numa livraria
grande e maravilhosa de propriedade
de Alois (Alois está muito
triste)... então a livraria é
"assumida" por um sujeito gordo
e desagradável,
com quem literalmente

luto corpo a corpo,
atirando nele "[xxx]-
catálogos", e nisso
minha experiência militar
vem a calhar...
Mais tarde certa
"família distinta" desempenha um
 papel — então vamos todos juntos
à igreja, onde minha "noiva"
 — um ser desconhecido —
recostada a um pilar está à
minha espera. Da livraria
salvo ainda um pequeno volume de
Trakl e Verlaine
—

dilacerante [xxx], dor,
esperanças e desespero.
—
22.1.44
—
Sonho: {Dia da Família}
no salão do Gürzenich, onde
acontece uma briga feia,
em que mamãe é
atacada. Tilde e eu

De acordo com o registro *Nachweisung über etwaige Aufnahme in ein Standort-, Feld-, Kriegs- oder Reservelazarett*, Heinrich Böll deu entrada no dia 20.1.1944 no Hospital Militar 3/601. A saída com a observação "à tropa de reserva" está datada de 23.2.1944. Vide também a nota da p. 135.

corremos lá
para acudir,
mas não dá para passar
pela multidão.
Depois saio para correr de camisa
e shorts
por estradas vicinais,
mas uns meninos de rua
ficam me jogando
pedras...
—
Então vejo

Anne-Marie, ela
possui uma lojinha.
Aparentemente eu havia tido uma
　discussão ou uma briga
com ela, pois adentrei
a lojinha, a fim de me
reconciliar com ela;
mas não tinha chance,
porque estavam sempre chegando
novos clientes, e eles
nos atrapalhavam. Anne-
-Marie vendeu tudo

com a maior indiferença
bem abaixo do preço.
Mas sinto como
se eu agora tivesse sido ouvido
—
[xxx] me foi
permitido ver
Anne-Marie
—
As mulheres polonesas
—
Fome!

O médico, a visita!
—
Deus nos ajude a
sair dessa
confusão.
—
23.1.44
Estou definhando
pouco a pouco.
—
24.1.44
—
À noite oração profunda
por muito tempo

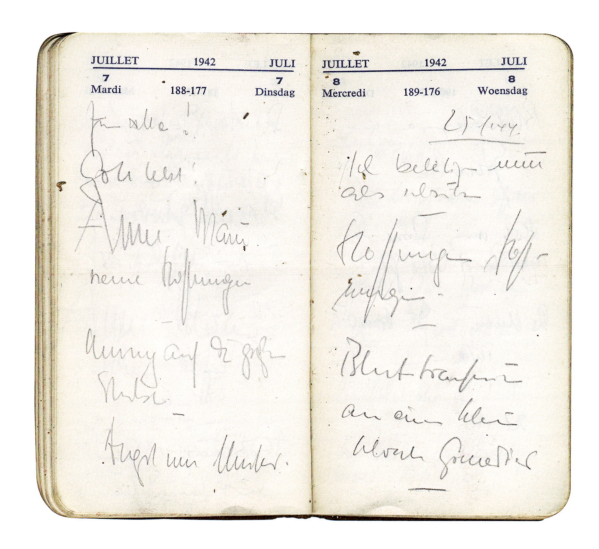

em prol de todos!
Deus vive!
Anne-Marie
novas esperanças
—
Transferência para o quarto grande
—
Preocupação com mamãe

25.1.44
Tenho atuado como escriturário
—
Esperanças, esperanças.
—
Transfusão de sangue para um miúdo e adoentado granadeiro
—

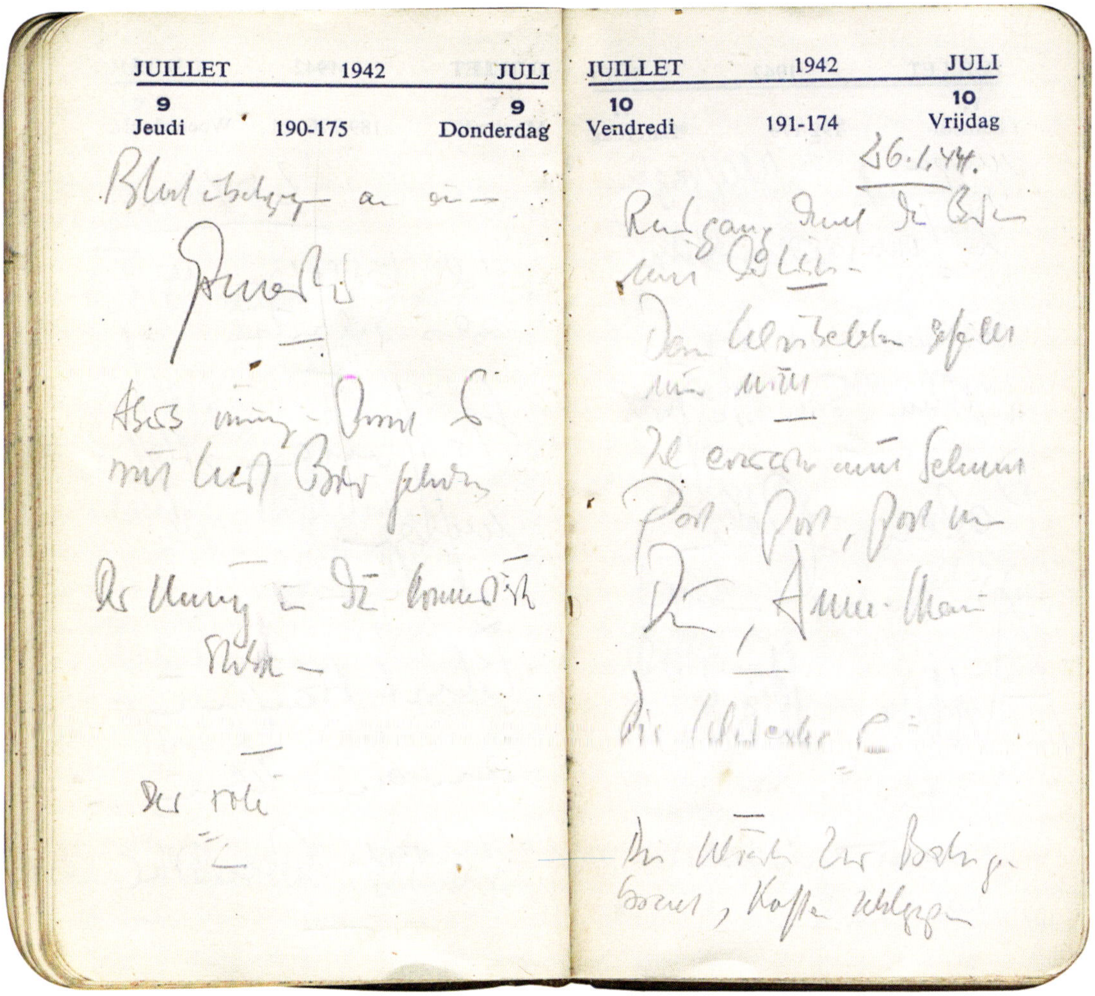

Transfusões de sangue para um
[xxx]

—

À noite [xxx] e
bebeu cerveja com gosto

—

Mudança para o quarto
comunista —

—

O "vermelho"

—

26.1.44
Batendo de porta em porta
com a lista.

—

A experiência como escriturário não
   me agrada

—

Com saudade espero
carta, carta, carta
sua, Anne-Marie

—

A irmã "C"

—

Levei a irmã para a estação,
precisei arrastar

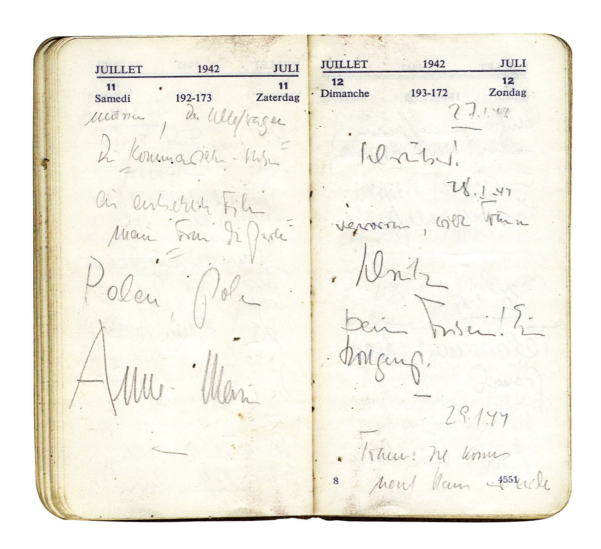

a mala, o vagão-leito
As "[xxx]-cabines"
um filme horrível
Meine Frau, die Perle[66]
Polônia, Polônia
Anne-Marie
—

27.1.44
Escriturário!
28.1.44
sonhos embaralhados, confusos
Schmitz
no barbeiro! Um
deleite
—
29.1.44
Sonho: Chego
em casa e sou

[66] Filme alemão de 1936-1937: *Meine Frau, die Perle* [Minha esposa, a pérola], dirigido por Alwin Elling. [N.T.]

recebido com hostilidade
e tenho que dormir com Anne-Marie
num berço infantil
minúsculo.
—
30.1.44
Telegrama: todos
com saúde
No cinema ucraniano:
- Heinz Rühmann

Saudade de você,
Anne-Marie.
Meu bem, Anne-Marie
—
A freira e a moça de ascendência alemã
—
Na casa dos soldados a terrível rotina de quartel.
—

Provavelmente se refere ao filme sob a direção de Géza von Bolváry baseado na novela homônima do dramaturgo austríaco Johann Nestroy. Trata-se de uma comédia sobre a aventura de "Lumpacivagabundus" [Lumpaci, o vagabundo], com Paul Hörbiger, Heinz Rühmann, Hans Holte, Hilde Krahl e outros. Estreou em 12.2.1937. – Vide carta do front de 30.1.1944: "hoje à noite fui a um cinema ucraniano ao acaso, correndo o risco de não entender nada. [...] Mas o filme foi projetado em alemão com legendas em russo, um antigo filme com Rühmann-Hörbiger, que me divertiu demais, realmente excepcional. Chorei de tanto rir: era ridículo, mas engraçadíssimo". *CF*, p. 988.

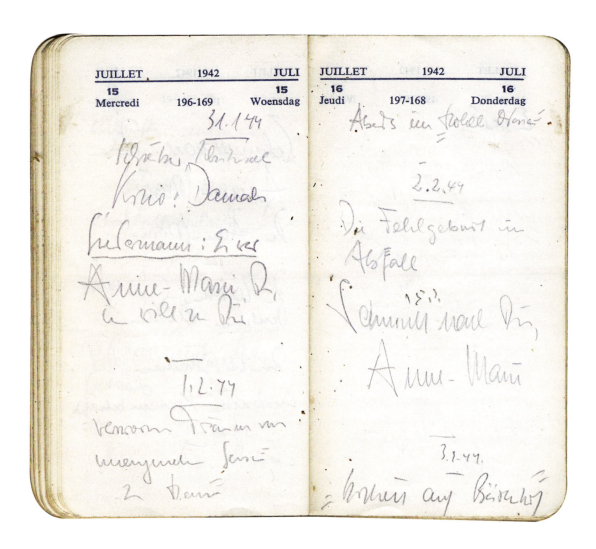

31.1.44
Escriturário, [xxx]
Cinema: *Damals*[67]
Sudermann: *Es war*[68]
Anne-Marie, minha querida,
quero encontrá-la
—
1.2.44
sonhos confusos com
"cenas" desagradáveis
em casa

À tarde no "Hotel Odessa"
—
2.2.44
Aborto no
lixo
[xxx]
Saudade de você,
Anne-Marie
—
3.2.44
Hochzeit auf Bärenhof[69]

JUILLET	1942	JULI	JUILLET	1942	JULI
17 Vendredi	198-167	**17** Vrijdag	**18** Samedi	199-166	**18** Zaterdag

Es war

67 *Damals* [Outrora] é um filme policial produzido pela UFA com cenas da sociedade europeia-sul-americana, cuja história se passa em ambientes médicos e da vida noturna. Sob a direção de Karl Ritter, com Zarah Leander, Hans Stüwe, Hilde Körber, Herbert Hübner, Viktor Janson, Ernst Sattler, Agnes Windeck, entre outros atores. Estreou em 3.3.1943.

68 Hermann Sudermann. *Es war* [Era]. Stuttgart/ Berlim: Cotta'sche Buchhandlung, 1923. (Sob a direção de Clarence Brown [EUA], essa novela foi adaptada ao cinema mudo em 1926 sob o título *Flesh and the Devil* [A carne e o diabo], com Greta Garbo no papel principal. [N.T.])

69 *Hochzeit auf Bärenhof* [Casamento no Bärenhof]. Filme ambientado na década de 1890, em meio a oficiais militares e burgueses de alta classe, é uma história de amor. Produzido pela UFA, dirigido por Carl Froelich, estreou em 8.6.1942. No elenco, estavam Heinrich George, Paul Wegener, Ilse Werner, Alice Treff, Ernst Rotmund e Hugo Froelich.

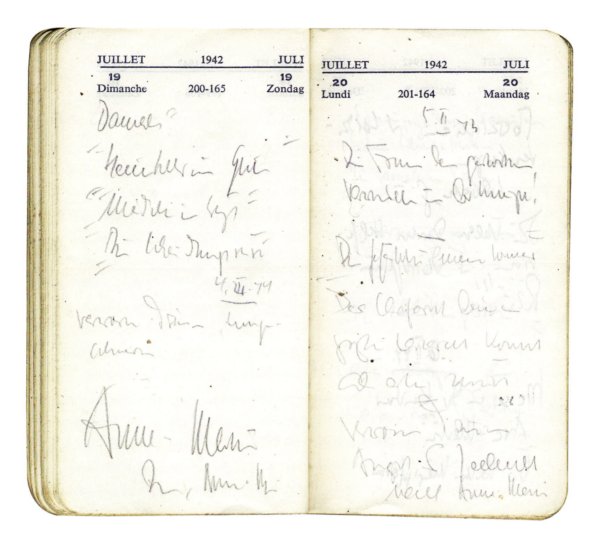

Damals
Heimkehr ins Glück[70]
Mädchen in Weiß[71]
Scheidungsreise[72]
4.2.44
sonhos confusos, dores pulmonares
Anne-Marie,
meu bem, Anne-Marie

5.2.44
A mulher do granadeiro falecido
no bar!
—
"A companheira do meu [xxx]"
O médico-chefe [xxx]
grande hospital é a primeira
lembrança que ocorre
do confuso sonho
Medo e saudade de Anne-Marie

70 *Heimkehr ins Glück* [Retorno à felicidade]. Filme de comédia dirigido por Carl Boese em 1933, com Luise Ullrich, Paul Hörbiger, Heinz Rühmann e Wolfgang Staudte.

71 *Mädchen in Weiß* [Moças em branco]. Dirigido por Viktor Janson em 1936, esse filme ambientado no meio social e artístico tem no elenco Maria Cebotari, Iwan Petrovitch, Hilde von Stolz e Georg Alexander.

72 *Scheidungsreise* [Viagem de divórcio]. Filme de comédia sobre casamento, dirigido por Hans Deppe. Estreou em 18.11.1938 e tinha no elenco, entre outros atores, Viktor de Kowa, Heli Finkenzeller, Hilde von Stolz, Max Gülstorff e Hans Olden.

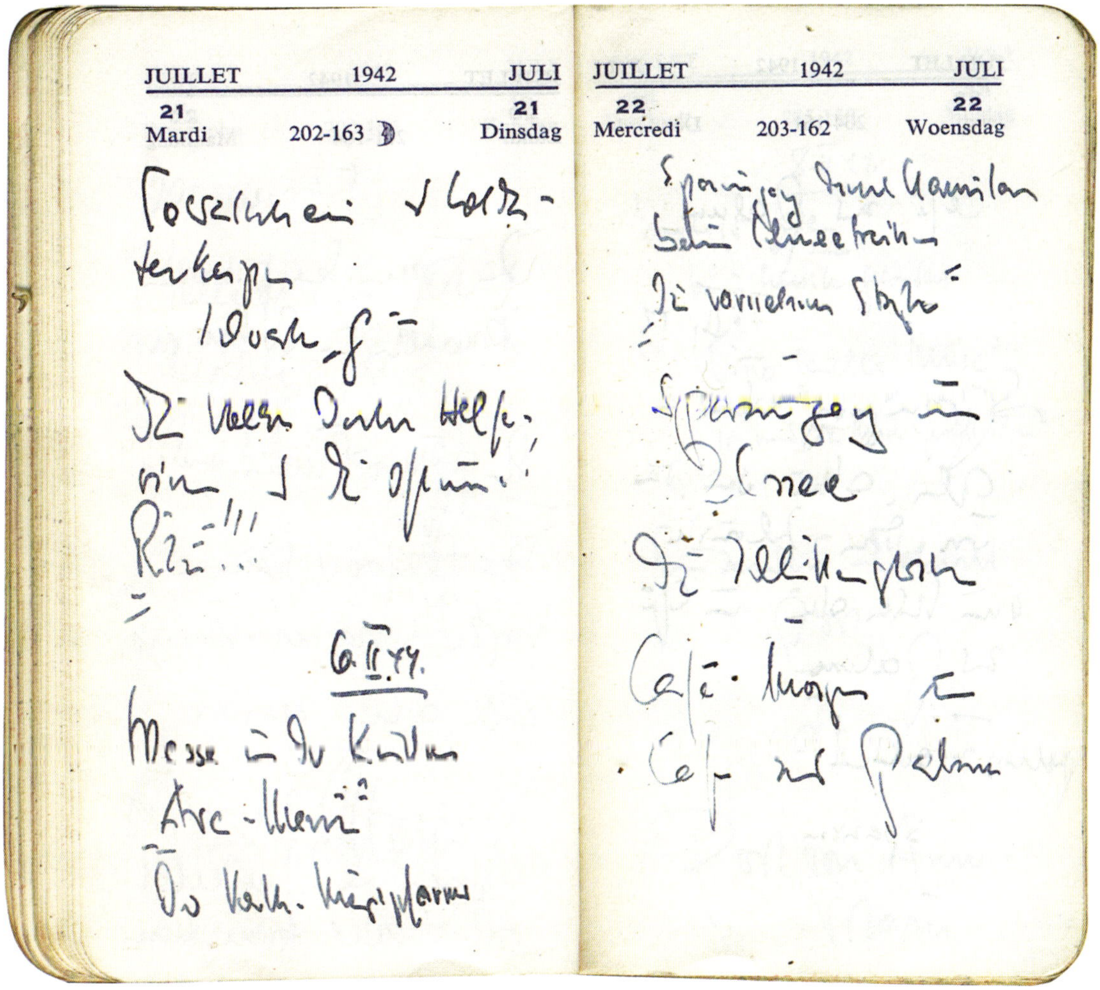

Lares e bares de soldados
Irmã "G"
a ajudante do povo alemão
e a [xxx]
"[xxx]"!!!
6.2.44.
Missa na igreja
"Ave-Maria"
O capelão militar católico

Caminhada por Stanislau
em meio à ventania
"As ruas elegantes"
—
Passeio na neve
Sinos de trenós
—
Pela manhã café
no Café zur Palme

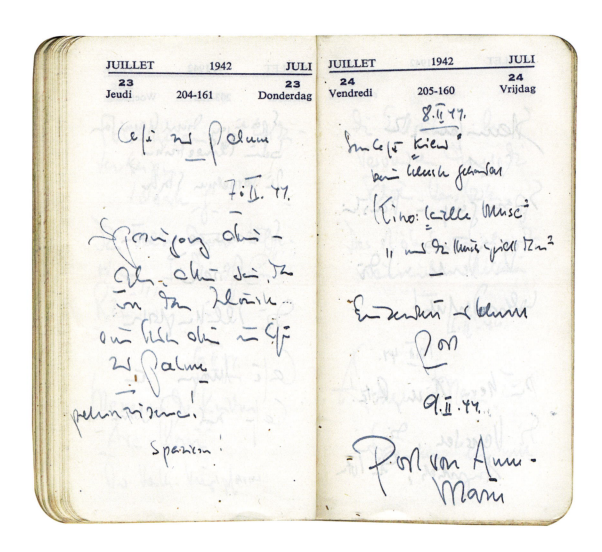

Café zur Palme
—
7.2.44.
Passeio solitário —
ah, estar só é
a coisa mais linda...
uma hora solitário no Café zur Palme
—
[xxx]!
Passear!

8.2.44.
No Café "Kiew"
pechinchando com o sapateiro
Cinema: *Leichte Muse*[73]
Und die Musik spielt dazu[74]
—
Solidão e saudade
Correspondência
—
9.2.44.
Correspondência de Anne-Marie

73 *Leichte Muse* [Musa leve]. Tendo como mote o ambiente artístico, essa comédia estreou em 10.10.1941, sob a direção de Arthur Maria Rabenalt. Contava no elenco com os protagonistas Willy Fritsch e Adelheid Seeck, além de Willi Rose, Paul Hoffmann, Fritz Odemar e Anja Elkoff.

74 *Und die Musik spielt dazu* [Ao mesmo tempo tocava uma música]. Comédia que estreou em 8.6.1943, com Maria Andergast, Vivi Gici, Hans Schott-Schöbinger e Georg Alexander. Direção de Carl Boese.

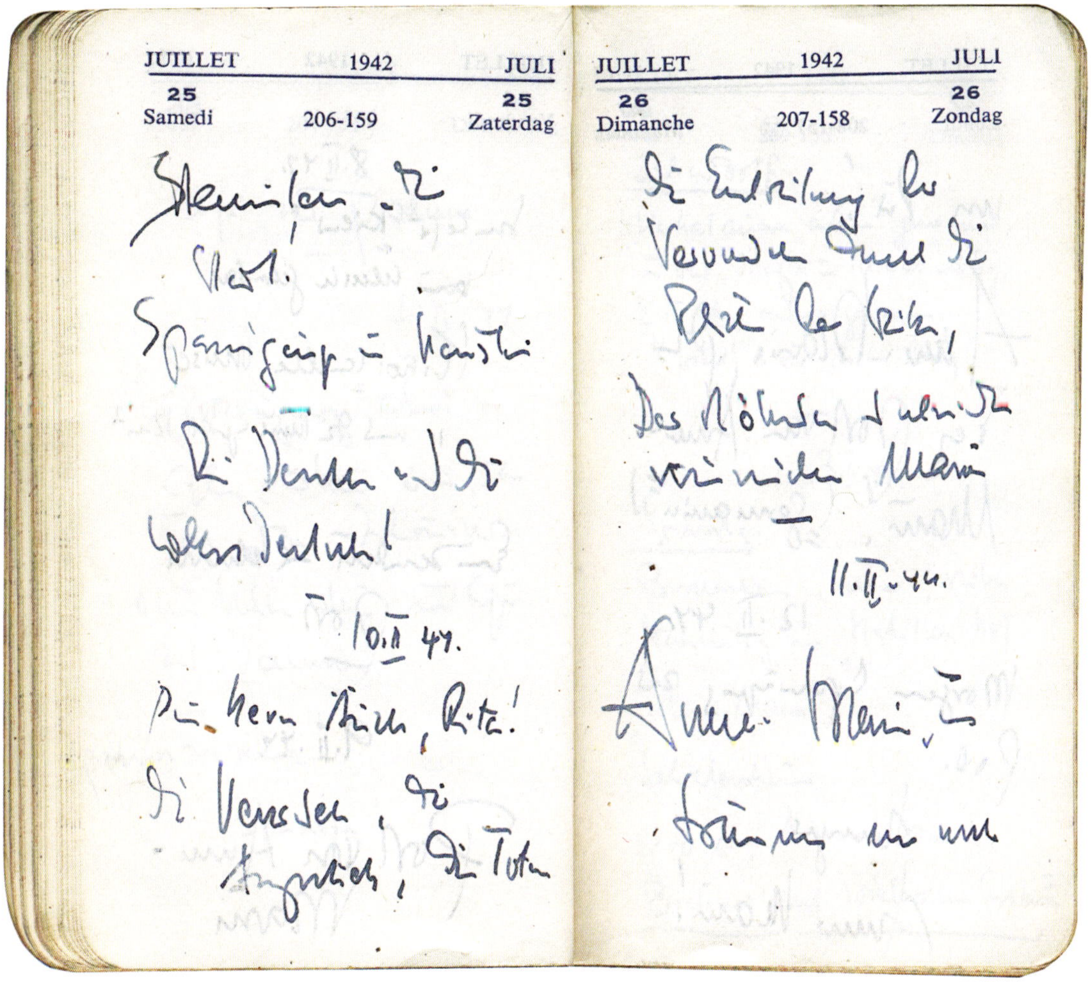

Stanislau — a
cidade!
Passeio em Stanislau
—
Os alemães e os
descendentes de alemães
—
10.2.44.
Os senhores médicos, Rita!
os feridos, os
aflitos, os mortos

a profanação dos
feridos pelo
olhar das mulheres,
O gemido e [xxx]
[xxx]
—
11.2.44.
Anne-Marie, você
é a única nos

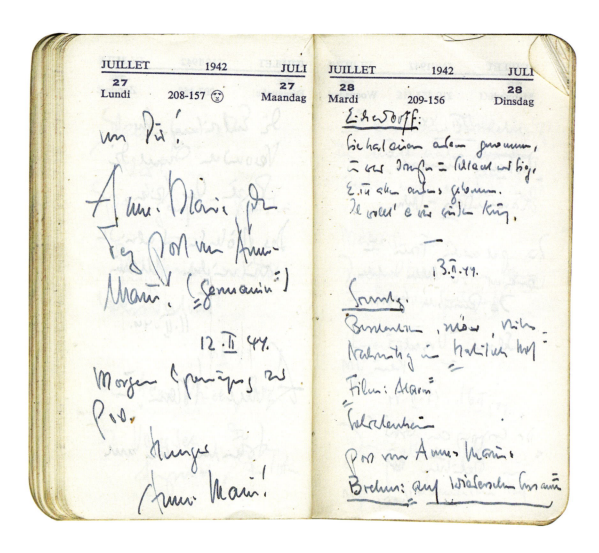

meus sonhos!
Anne-Marie, todo
dia carta de Anne-
-Marie ("Germania")
12.2.44.
De manhã caminhada até o
correio.
Fome
Anne-Marie!

Eichendorff:
Ela tomou outro por esposo,
Estive longe em luta e disputa,
Assim tudo aconteceu de outro jeito.
Quisera fosse novamente o início da
 guerra.[75]
—
13.2.44.
Domingo
Tarde contemplativa, bonita e
 sossegada no "[xxx] Hof"
Filme: *Alarm*[76]
Casa dos soldados
Carta de Anne-Marie
Brehm: *Auf Wiedersehen, Susanne!*[77]

[75] Trecho do poema "A última saudação", de Joseph von Eichendorff. (Os versos de Eichendorff são ligeiramente diferentes. [N. T.])

[76] *Alarm* [Alarme]. Filme detetivesco dirigido por Herbert B. Fredersdorf; estreou em 31.1.1941, tendo no elenco Karl Martell, Hilde Sessak, Maria von Tasnady, Paul Klinger e Rudolf Platte.

[77] Bruno Brehm. *Auf Wiedersehen, Susanne!* [Tchau, Susanne!]. Munique: R. Piper & Co., 1939.

14.2.44
—
Diskretion — Ehrensache[78]
[xxx]
—
A mulher polonesa no
hospital, descendentes de alemãs
As russas Hiwis
—
Irmã "Ursula"
nenhuma correspondência
15.2.44
Dr. Crippen an Bord[79]
no [xxx] Hof
nenhuma correspondência

a constatação maravilhosa de que
não preciso ir para [xxxx]
[xxx]
porém para [xxx]
—
Bens mercantes
Comércio obscuro à noite
em companhia obscura
—
Leitura
16.2.44.
Die goldene Stadt[80]
"Stanislau Hof"

[78] *Diskretion – Ehrensache* [Discrição, questão de honra]. Comédia com Heli Finkenzeller, Hans Bolt, Ida Wüst, Theo Lingen e Rudolf Platte, com estreia em 23.8.1938. Produção da Bavaria-Filmkunst GmbH e direção de Johannes Mayer.

[79] *Dr. Crippen an Bord* [Dr. Crippen a bordo]. Direção de Erich Engels, tendo no elenco Rudolf Fernau, René Deltgen, Anja Elkoff, Gertrud Meyen e Paul Dahlke. Filme de crime e aventura, produzido em Praga, com estreia em 6.11.1942 em Dresden. — Conforme a programação do cinema no *Pariser Zeitung* (Jornal Parisiense) de 2.6.1942, o filme esteve em cartaz no Rex, 9 Boulevard Poissonnière, no período de 2 a 8.2.1942. — Consulte a respeito a carta do front n. 439, de 2.2.1943; *CF*, p. 607.

[80] *Die goldene Stadt* [A cidade dourada]. Drama de costumes dirigido por Veit Harlan, estreou em 24.11.1942, tendo no elenco Kristina Söderbaum, Rudolf Prack, Paul Klinger, Kurt Meisel e Inge Drexel.

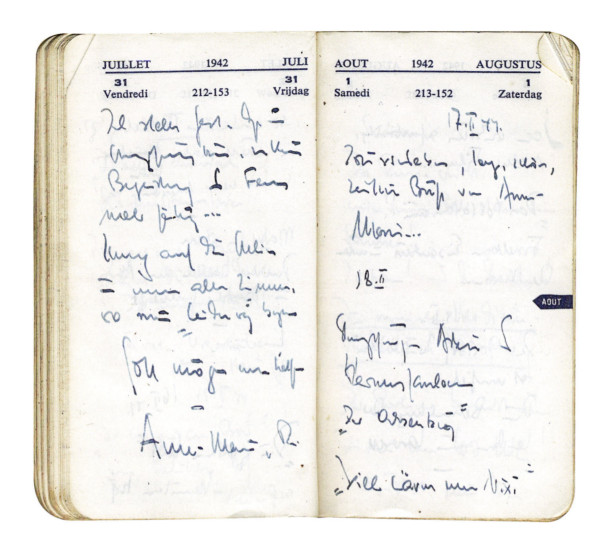

Percebo que
sou um cético,
incapaz de qualquer
entusiasmo e alegria...
Transferência da enfermaria
ao meu antigo quarto
onde inicia minha "via dolorosa"
Deus me ajude
—
Anne-Marie, meu bem

17.2.44.
Duas maravilhosas cartas, longas,
 belas,
carinhosas de Anne-
-Marie...
18.2
Trabalho chato e
ócio
Der Ochsenkrieg[81]
Viel Lärm um Nixi[82]

[81] *Der Ochsenkrieg* [A guerra dos bois]. Com direção de Hans Deppe e produção da UFA, esse filme de amor é uma adaptação do romance homônimo de Ludwig Ganghofer, que teve no elenco Elfriede Datzig, Paul Richter, Ernst Sattler e Thea Aichbichler.

[82] *Viel Lärm um Nixi* [Muito barulho por Nixi]. Comédia de aventura ambientada na Itália, com direção de Erich Engel, que tem no elenco Jenny Jugo, Otto Gebühr, Hans Adalbert Schlettow, Maria Krahn e Ernst Rotmund. Estreou em 19.2.1942.

realmente um bom filme,
   agradável...
A casa dos soldados!!
Terrível solidão durante a missa...
19.2.
O padre, que de repente caiu morto.
Tratamento de cadáveres no hospital
—

[xxx]!
O russo está morrendo!
sob a cama dele estão seus sapatos!
[xxx]! e o berlinense!
A russa estudante de medicina!
Natascha!
O berlinense levou 600 marcos
   da prostituta!!!
ele me conta isso

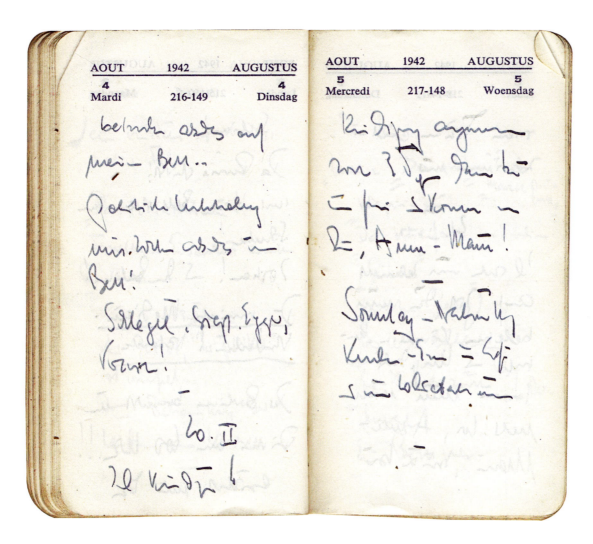

embriagado numa noite
em cima da minha cama...
à noite debate político
com Jochen
na cama!
Schlegel, Siegt, Egger,
[xxx]!
—
20.2
Peço licença médica!

• Pedido de licença aceito
mais 3 dias e então
estou livre e retorno para
você, Anne-Marie!
—
Domingo à tarde
Bolo e comida no café
e na casa dos soldados
—

Anotação referente à alta do hospital militar no dia 23.2.1944; vide nota à p. 135.

meus sonhos me
"escapam"
21.2.44.
Espero saudoso
pela correspondência, que poderia
me revigorar... Desassossego
e ansiedade
não me abandonam mais,
Anne-Marie,
até estar

com você...
Leituras: *Pariserinnen*[83]
de Marcel Prévost
"Wagnerinne"
"Das Kirchenfest von St. Julien"
"Sühne"
"Letzter Rat"
"Der letzte Liebhaber"
"Er kommt zurück"
(Der General)
"Ein Beichtvater"

[83] Marcel Prévost. *Pariserinnen* [As parisienses]. Munique: Albert Langen, 1908. [Orig. Lettres des Femmes]. Os títulos arrolados na sequência do diário se referem a capítulos desse livro.

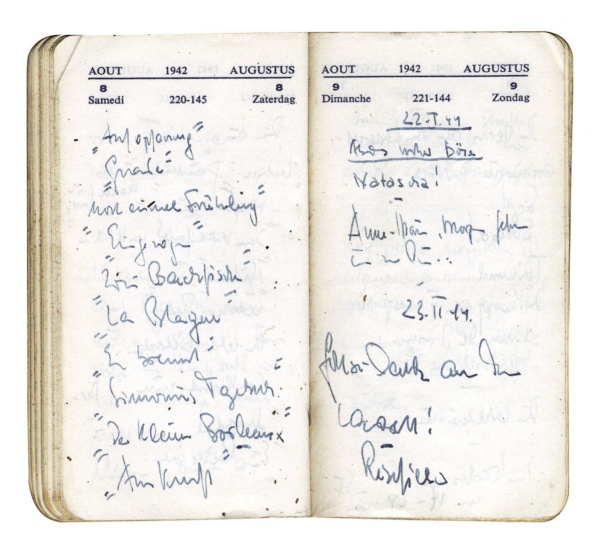

"Aufopferung"
"Gnade"
"Noch einmal Frühling"
"Eingezogen"
"Zwei Backfische"
"La Blage"
"Es brennt"
"Simonis Tagebuch"
"Der kleine Bordeaux"
"Auskunft"

22.1.44[84]
Na noite anterior
Natascha zangada!
Anne-Marie, amanhã vou
ao seu encontro...
23.2.44.
Graças a Deus estou fora
do hospital![85]
—
Ansiedade antes da viagem

[84] Correto: 22.2.44.

[85] Alta do hospital militar em Stanislau.

Os "senhores" do hospital
demonstram gratidão
Sigl!
Schleg[xxx]!
Thimmel!!
A luta pelo pacote do Führer[86]
e [xxx]
Sargento Eben do 3/601
—
A contadora
—
Na sala de espera
das 11h às 24h em S.F.[87]

No S.F. À meia-noite, partida de
St[anislau].
Meio-dia Przemysl
—
Calculando quantos dos 50
licenciados de fato
viajam do front — 6!
Lemberg... a garota elétrica
e os sargentos.

[86] De 1942 a 1944, os soldados alemães da Wehrmacht e demais militares recebiam um pacote de alimentos assim que cruzassem a fronteira do Reich em licença domiciliar.

[87] *Schnellzug für Fronturlauber*: trem rápido para licenciados do front. [N.T.]

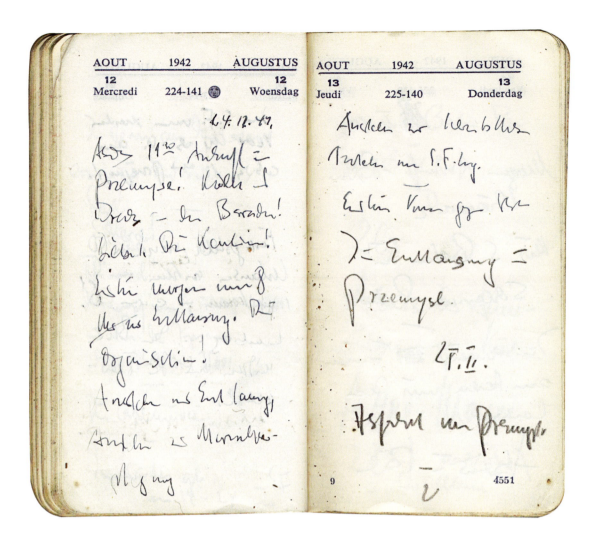

24.2.44
À noite, às 11h30, chegada a
Przemysl! Frio e
sujeira na barraca!
Ladrões! A cantina!
Finalmente de manhã às 8
horas o despiolhamento. A
organização!
Enfileirado para o despiolhamento,
Enfileirado para a ração para a
  marcha

Enfileirado para o escritório
Enfileirado para o S.F.
—
[xxx] contra [xxx]
O despiolhamento em
Przemysl
25.2.
Partida de Przemysl
—

26.2.44.
De manhã chegada a Berlim Schönweide
Com o S Bahn[88] até a estação Schlesische
—
A moça ruiva de Aachen com o soldado
- À noite em Colônia

Hannover, Berlim, a região do rio Ruhr
—
26.
à noite com Anne-Marie em Colônia
Anne-Marie
27... na missa vespertina...

[88] S Bahn são trens regionais rápidos. [N.T.]

Após receber alta do Hospital Militar 3/601 em Stanislau no dia 23.2.1944, Heinrich Böll segue para Colônia e Ahrweiler, passando por Przemysl–Berlim–Hannover no sábado, dia 26.2.1944, lá permanecendo até a viagem para se juntar à tropa de reserva em St. Avold no dia 1.3.1944. – A respeito de Ahrweiler, vide nota da p. 149.

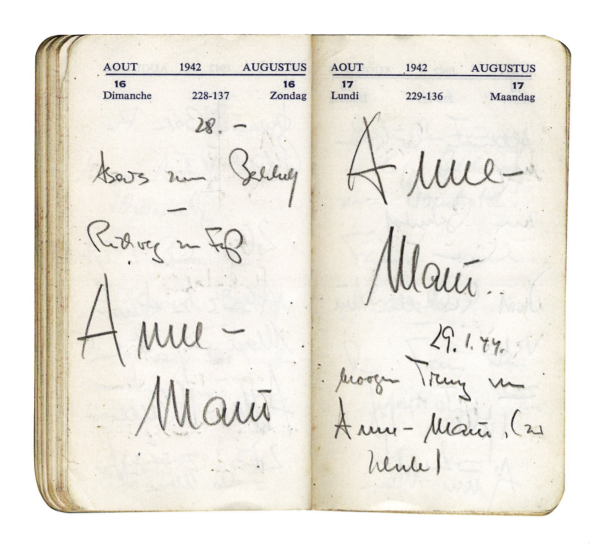

28. —
Para a estação à tarde
—
Caminho de volta a pé
Anne-
-Marie

Anne-
-Marie...
29.1.44[89]
de manhã separação de
Anne-Marie
(foi para a escola)

[89] Correto: 29.2.44.

Sozinho no apartamento...
a caminho da estação ferroviária

—

Lá reencontro com
papai...

—

Tilde

—

Anne-Marie

Refeição em meio a escombros
no Café Reichard,[90]
no Domhotel![91]
Viagem para
Ahrweiler!

—

A mulher do
morto na guerra, os
cachorros!

[90] Café tradicional, em frente à fachada oeste da catedral de Colônia.

[91] Em frente à fachada sul da catedral de Colônia fica o Domhotel, construído entre 1890 e 1893 em estilo novo gótico. Após ter sido atingido na Segunda Guerra Mundial, teve construção simplificada.

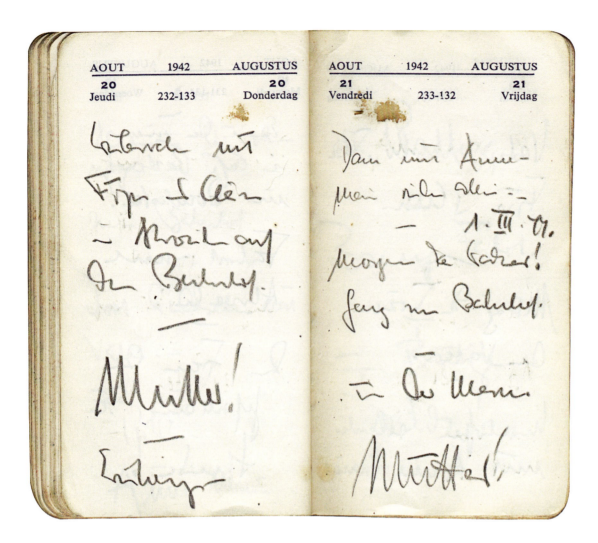

Reencontro com
Fips e Cläre[92]
em Ahrweiler na
estação de trem.
—
Mamãe!
—
Conversas

Então voltar sozinho para
 Anne-Marie...
— 1.3.44.
De manhã o despertador!
Ida à estação
—
na missa
Mamãe!

92 Alfred e sua esposa, Cläre Böll. Sobrenome de solteira: Meiers.

Partida para St. Avold, a fim de se juntar à tropa de reserva do 485º Batalhão.

Papai, mamãe, Tilde Fips e Cläre.

—

Ao meio-dia as lágrimas de papai!

—

Inesperado reencontro com Anne-Marie

em Remagen

—

Receosa viagem.

—

em Bingerbrück!

Sobre isso, vide a retrospectiva publicada em 1985, "Carta para meus filhos ou quatro bicicletas": "Deve ter sido em outubro ou setembro de 1944, ao baldear na estação ferroviária de Remagen, vindo de Munique ou Viena, eu estava descendo as escadas que conduziam à passagem subterrânea para pegar o trem para Ahrweiler, e Annemarie e sua mãe desciam em frente as escadas que levavam à mesma passagem subterrânea, e nós nos encontramos no túnel! Não sei se vocês podem entender, depois de quarenta anos nossos corações ainda palpitam, sim, nossos corações palpitam quando passamos pela estação ferroviária de Remagen", *EC* 23, p. 246.

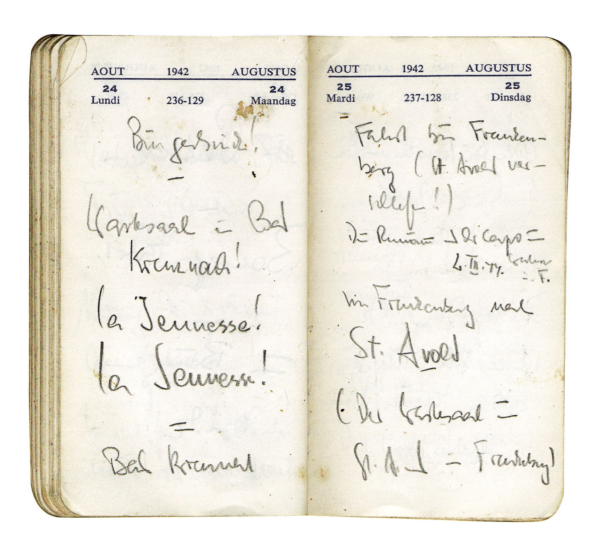

Bingerbrück!
—
Sala de espera em Bad
Kreuznach
la Jeunesse![93]
la Jeunesse!
=
Bad Kreuznach

Viagem até Frankenberg
(dormi e perdi St. Avold!)
A romena e o Kapo na
sala de espera em F.
2.3.44.
de Frankenberg a
St. Avold
—
(A sala de espera em
St. Avold em Frankenberg)

[93] A juventude!, em francês.

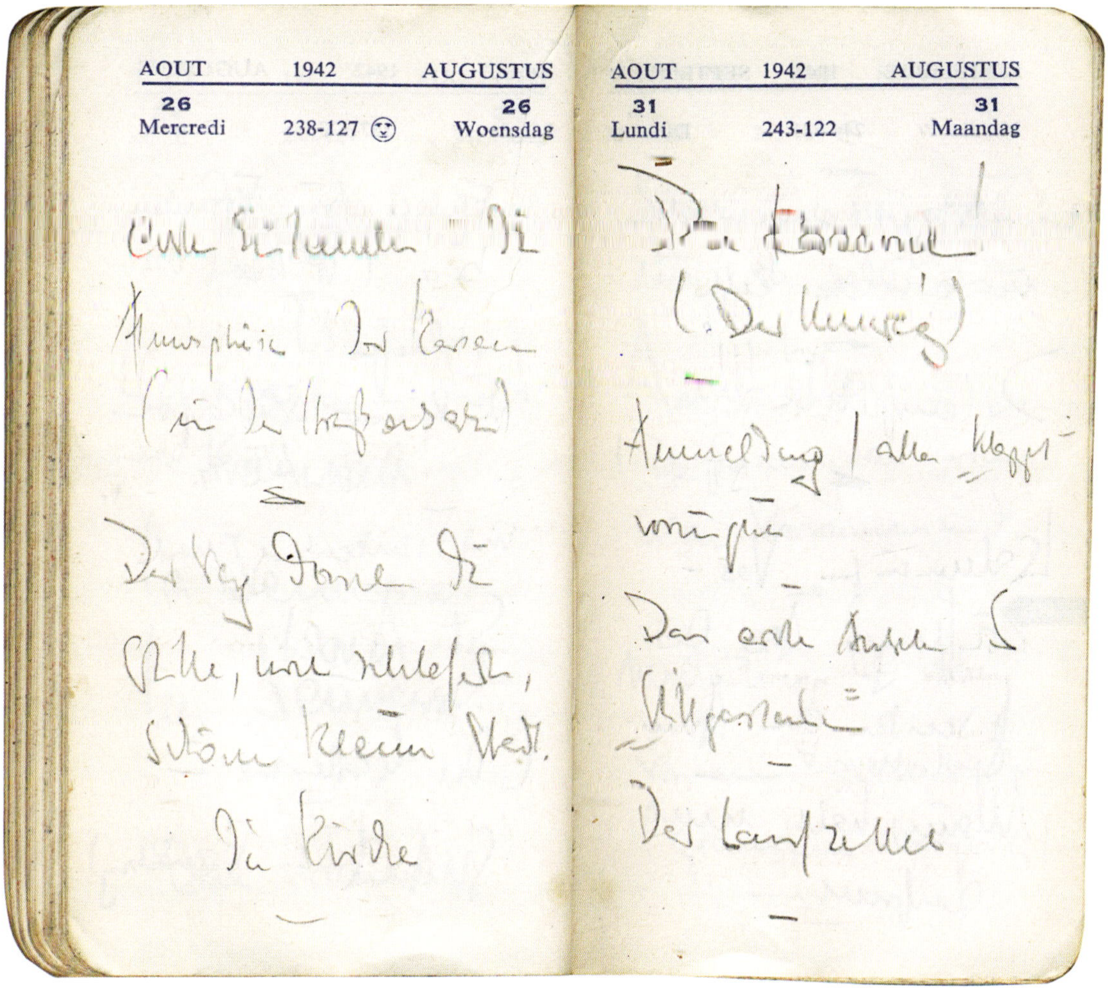

primeira imersão na
atmosfera da caserna
(no bonde elétrico)
—
O caminho pela pequena cidade
  bonita, tranquila, ainda
  adormecida
a igreja
—

A caserna![94]
(O desvio)
—
Inscrição/tudo "dá certo"
ótimo
—
A primeira formação e
"sentido!"
—
Protocolo de tramitação
—

[94] Caserna da infantaria na região ao norte de St. Avold.

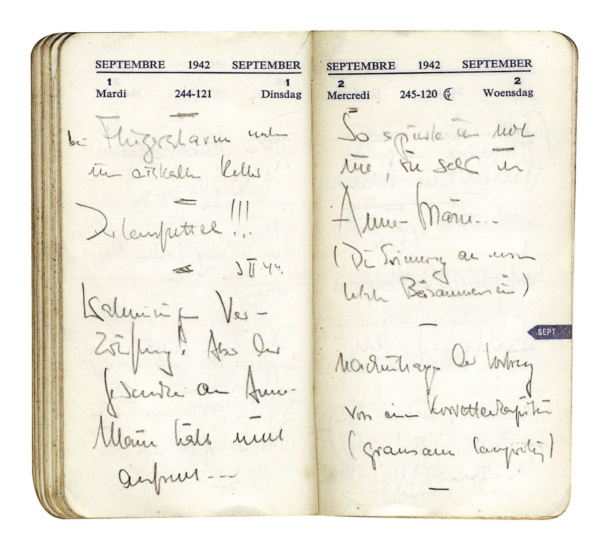

—
de noite, em caso de alarme
   antiaéreo no porão gelado
—
Protocolo de tramitação!!!
— 3.2.44.[95]
Desespero louco!
Mas o pensamento
em Anne-
-Marie me
ampara...

De tal modo eu nunca tinha
percebido quanto eu...
Anne-Marie
(A lembrança de nosso
último encontro)
—
à tarde a conferência
de um capitão de corveta
(terrivelmente monótono)
—

[95] Correto: 3.3.44.

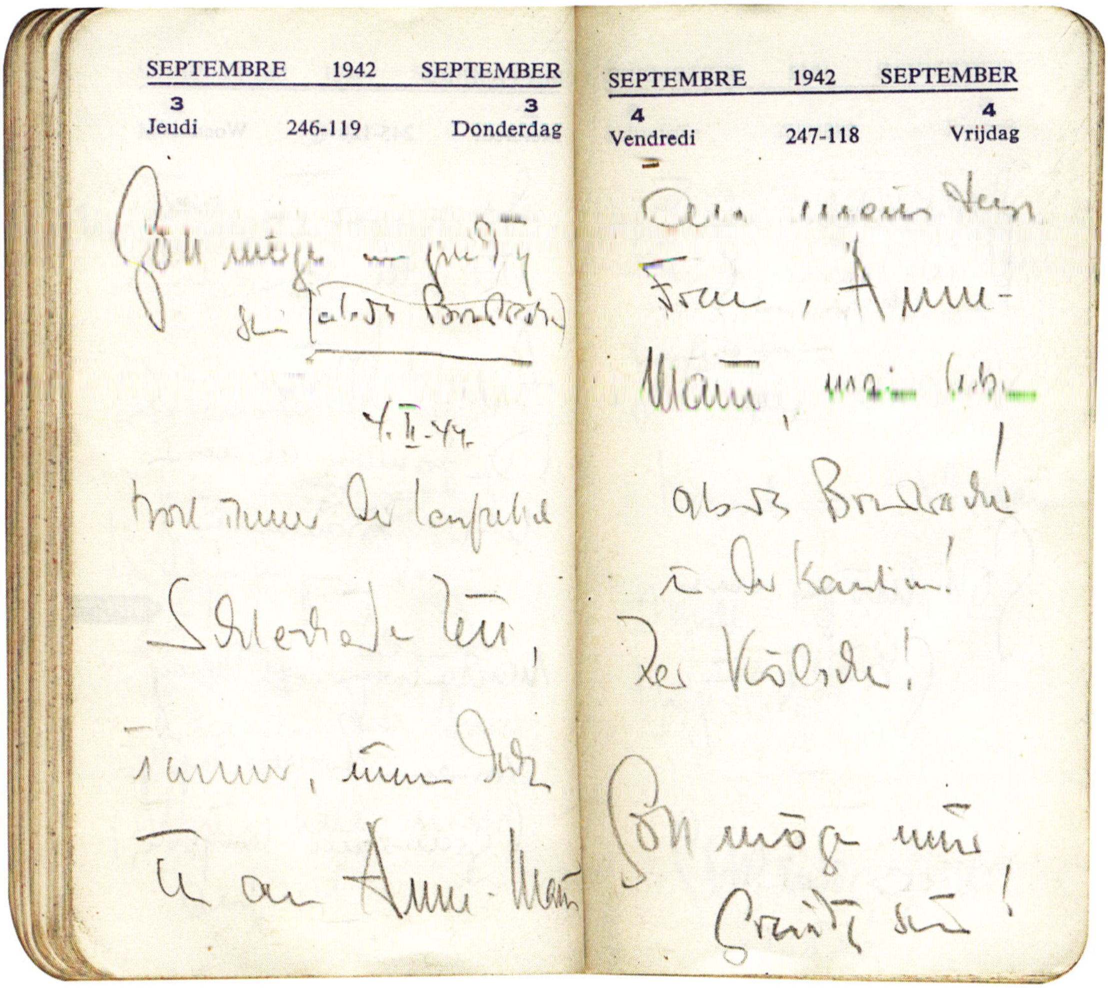

Deus tenha piedade de
mim (à noitinha, brigada de
 incêndio)
—
4.2.44.[96]
ainda o protocolo de tramitação
o tempo se arrasta,
penso sempre, sempre
em Anne-Marie

em minha cara
esposa, Anne-
-Marie, minha vida
à noitinha, brigada de incêndio!
na cantina!
Conterrâneo de Colônia!
Deus tenha piedade de
mim!

[96] Correto: 4.3.44.

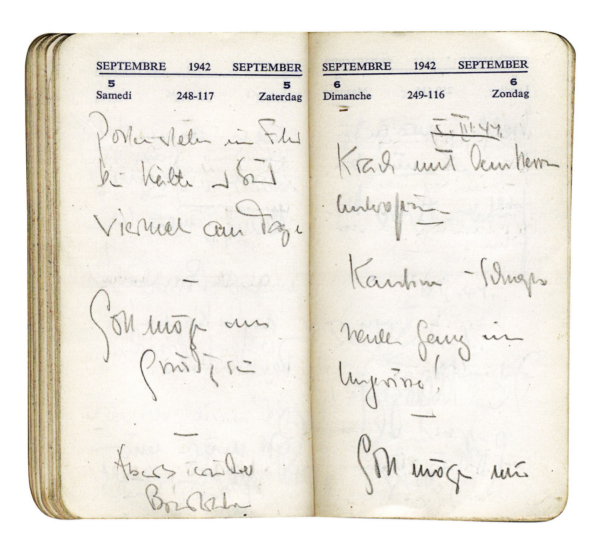

Plantão de guarda no corredor
com frio ou vento
quatro vezes por dia
—
Deus tenha piedade
de nós
—
À noitinha, novamente
brigada de incêndio

5.3.44
Briga com os senhores
sargentos
—
Cantina — aguardente
nova entrada no
incerto!
—
Deus queira vir em

meu auxílio, ter compaixão
de mim e me conduzir em breve,
em breve para
Anne-Marie...
—
5.2.44.[97]
A celebração matutina!
Deus é blasfemado sempre e

em todos os lugares!
—
Que Ele nos perdoe!
—
6.2.44.[98]
A "Sorte do cinema"
Tragödie einer Liebe[99]
O bar
Wittig

[97] Correto: 5.3.44.

[98] Correto: 6.3.44.

[99] *Tragödie einer Liebe* [Tragédia de um amor]. Produção teuto-italiana com direção de Guido Brignone e Ela Elborg, esse drama de amor tem no elenco, entre outros, Beniamino Gigli, Ruth Hellberg, Camilla Hor e Herbert Wilk. Estreou em 24.9.1943.

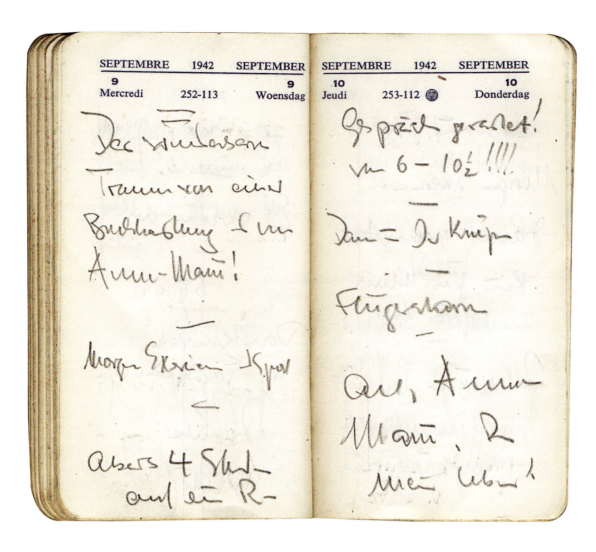

—
O sonho
maravilhoso
com uma livraria e com
Anne-Marie!
—
De manhã ginástica e esporte
—
à noite 4 horas
esperando
uma ligação a cobrar!
das 6 às 10h30!!!!
—
Então no bar
—
Alarme antiaéreo
—
Ah, Anne-
-Marie, querida,
minha vida!

7.2.44.[100]
Exercícios matinais!
depois consulta médica!
—
• nada de licença para
   restabelecimento de imediato K.V.
—
Deus tenha piedade de
mim, às vezes
penso que estou
ficando doido!

Arbitrariedade, não
suporto isso por muito tempo!
—
longas, longas horas lá fora
na friagem!
—
à tarde a horrível
limpeza das armas
—
Sargento Frey com a
Cruz Germânica!

[100] Correto: 7.3.44.

No exame médico, Heinrich Böll foi avaliado como apto para a guerra (K.V.: *kriegsverwendungsfähig*), com prejuízo da reivindicação de licença para restabelecimento (*Genesungsurlaub*). Suas férias de descanso (*Erholungsurlaub*) tiveram início no dia 11.3.1944 – de acordo com a carta do front n. 754, de 8.3.1944 (*CF*, p. 1013); nos *Diários*, vide a anotação de 10.3.1944, p. 149.

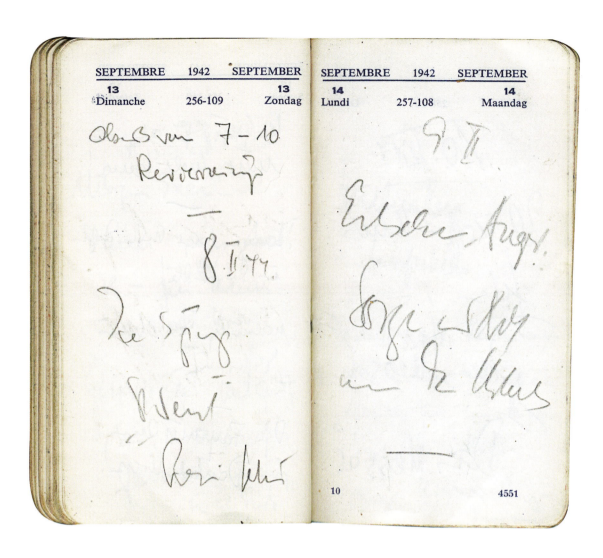

à noite, das 7 às 10
limpeza da área
—
8.2.44.[101]
A [xxx]
"estudante"
Ansiedade antes da viagem

9.2[102]
Medo terrível.
Preocupação e aflição
pelas férias
—

[101] Correto: 8.3.44.
[102] Correto: 9.3.

10.2.44[103]
Tenho permissão para sair de férias
"A faca"
"A faca"

—
À tarde
protocolo de tramitação
—
Viagem a Kaiserslautern
Kaiserslautern–Münster am Stein
Münster am Stein–Bingerbrück
Bingerbrück–Koblenz
—
à tarde em Koblenz–Remagen
Annemarie

[103] Correto: 10.3.44.

Heinrich Böll passa suas férias de descanso no Hotel Vier Winde em Ahrweiler. Desde 29.6.1943, os pais dele, juntamente com sua irmã Mechthild e também Annemarie Böll, passam a morar em um quarto duplo e dois quartos de solteiro num hotel administrado pela família Mies. Depois dos 14 dias de férias, no dia 26.3.1944, ele retorna junto com Annemarie Böll a St. Avold.

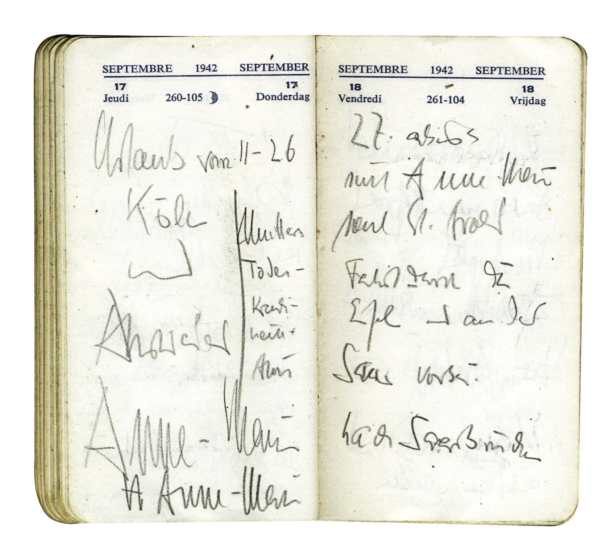

Férias de 11 a 26
Colônia
e
Ahrweiler
Anne-Marie
Ah, Anne-Marie
Mamãe com
doença
fatal +
Alois

dia 27 à noite
com Anne-Marie
para St. Avold
Viagem pela região do
Eifel e às margens do
rio Saar
até Saarbrücken

em Saarbrücken!
Viagem para St. Avold
St. Avold
À procura de um quarto!
no "Anton"
Ehrmann[104]
finalmente me sinto

na terra natal!
—
de 27 a 2 com
Anne-Marie
em St. Avold!
no Ehrmann!

[104] Restaurante de Anton Lacour, à rua Adolf Hitler 64 (atualmente, rue du Président Poincaré).

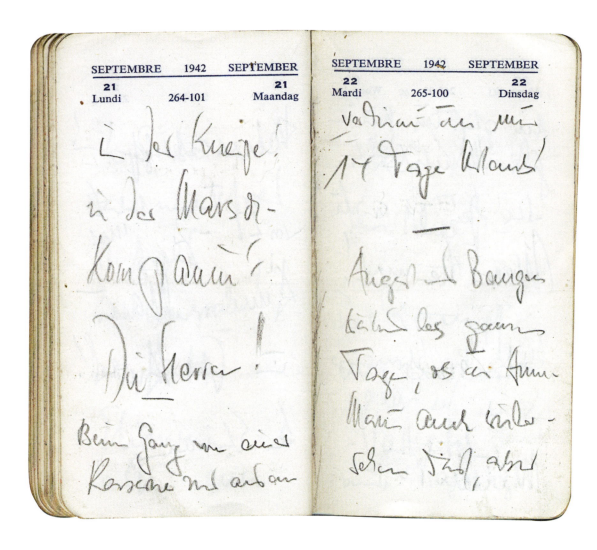

no bar!
na companhia
de marcha!
Os senhores!
—
Indo
de uma caserna para outra

"mereço"
14 dias de férias!
—
Anseio e receio
durante o dia todo,
será que me será
novamente permitido
ver Anne-Marie, mas

Böll tirou férias de 4.4 à 17.4.1944.

Pressuposta transferência do 485º Batalhão de Granadeiros de Reserva/Companhia de Convalescentes para o 465º Batalhão de Granadeiros de Reserva.

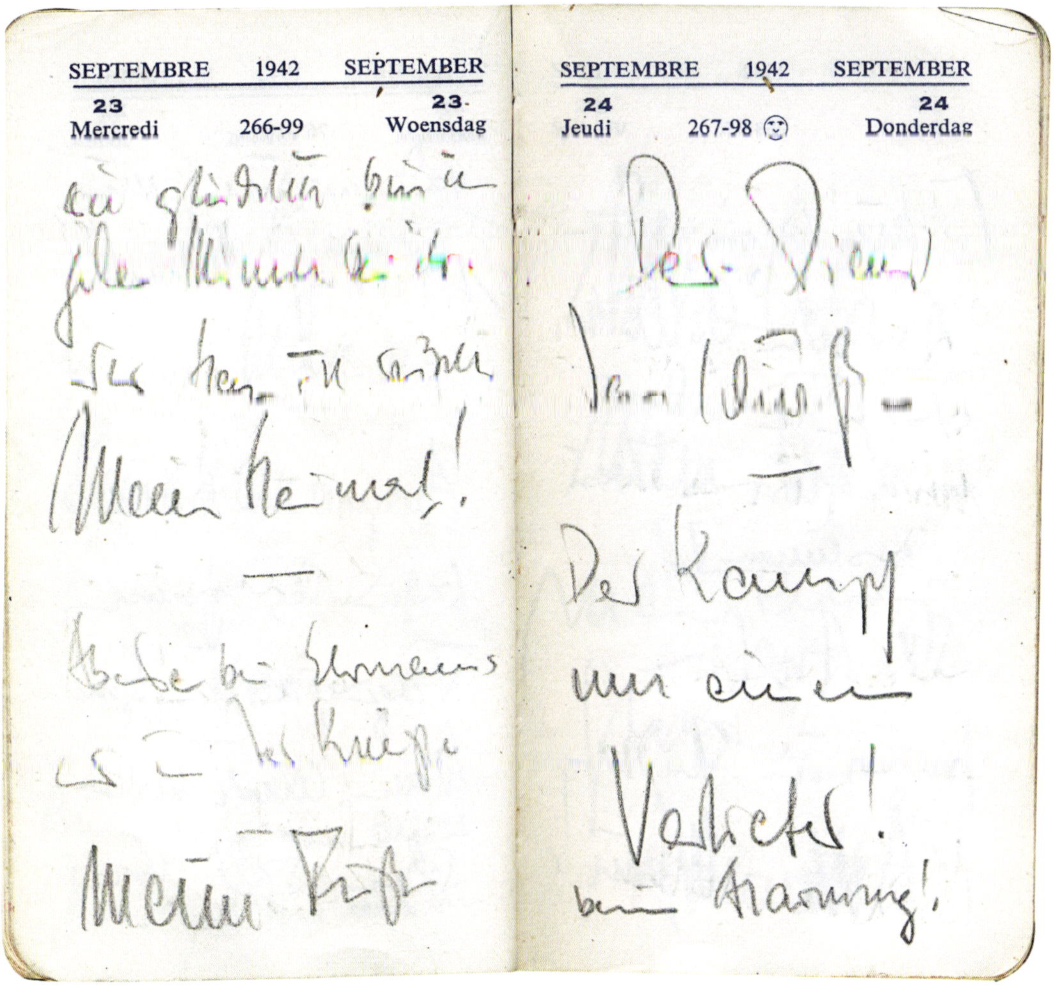

como sou feliz
cada minuto junto dela.
[xxx] coração está de volta
Minha terra!

—

À noite no Ehrmann
e no bar

—

Meus pés

Em serviço
Exercício de tiro

—

A luta
por um
substituto!
disparador de alarme!

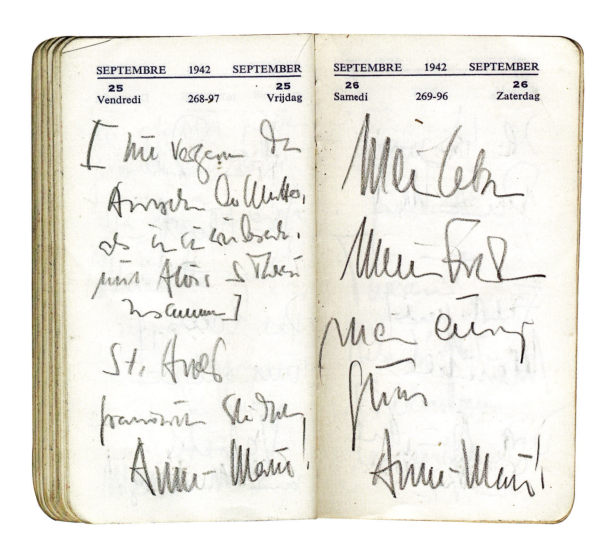

[Nunca esquecer
a aparência de mamãe,
ao revê-la
com
Alois e Theresia]
St. Avold
cidadezinha francesa
Anne-Marie!

Minha vida
Minha alegria
minha única
felicidade
Anne-Marie!

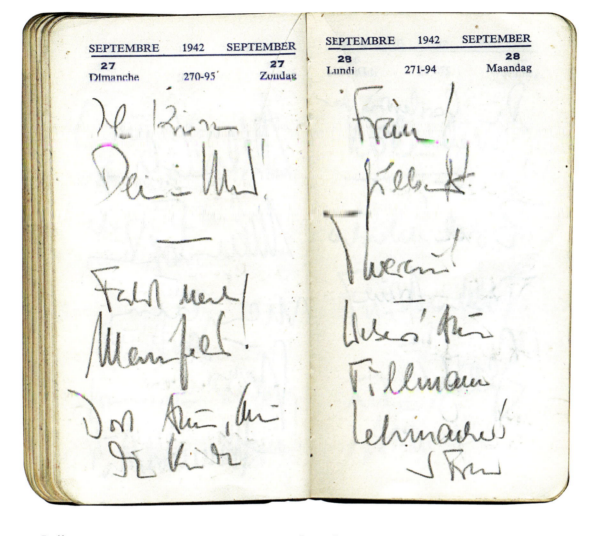

Beijo
sua boca!
—
Viagem a
Marienfeld!
Lá: Alois, Maria
e as crianças

Franz!
Gilbert!
Theresia![105]
—
Alois Weber
Tillmann
Lehmacher e a
mulher dele[106]

[105] Os três são filhos de Alois e Maria Böll.

[106] Sem informações sobre essas quatro pessoas.

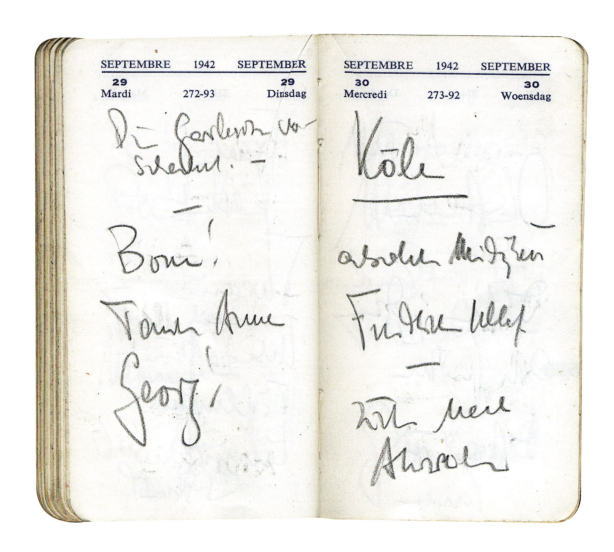

Dei o guarda-roupa de presente. —
—
• Bonn!
Tia Anne
Georg!

Colônia
absoluto cansaço
Sono sossegado
—
retorno a
Ahrweiler

Anna Maria Josephine Hermanns vivia em Bonn, era a irmã caçula dos sete irmãos da mãe de Heinrich Böll – e sua madrinha. Desde 1908 até meados de 1929 ela foi primeiramente sócia, depois proprietária, do comércio Schulze & Hermann (artigos de moda), sediado no endereço Neutor 2, depois à rua Godesberger 7 em Bonn. Georg era o filho da irmã Gertrud Böll e nasceu em 20.4.1941. Como ela foi recrutada como ajudante da Wehrmacht na França, durante esse período Georg ficou aos cuidados de Anna Hermanns.

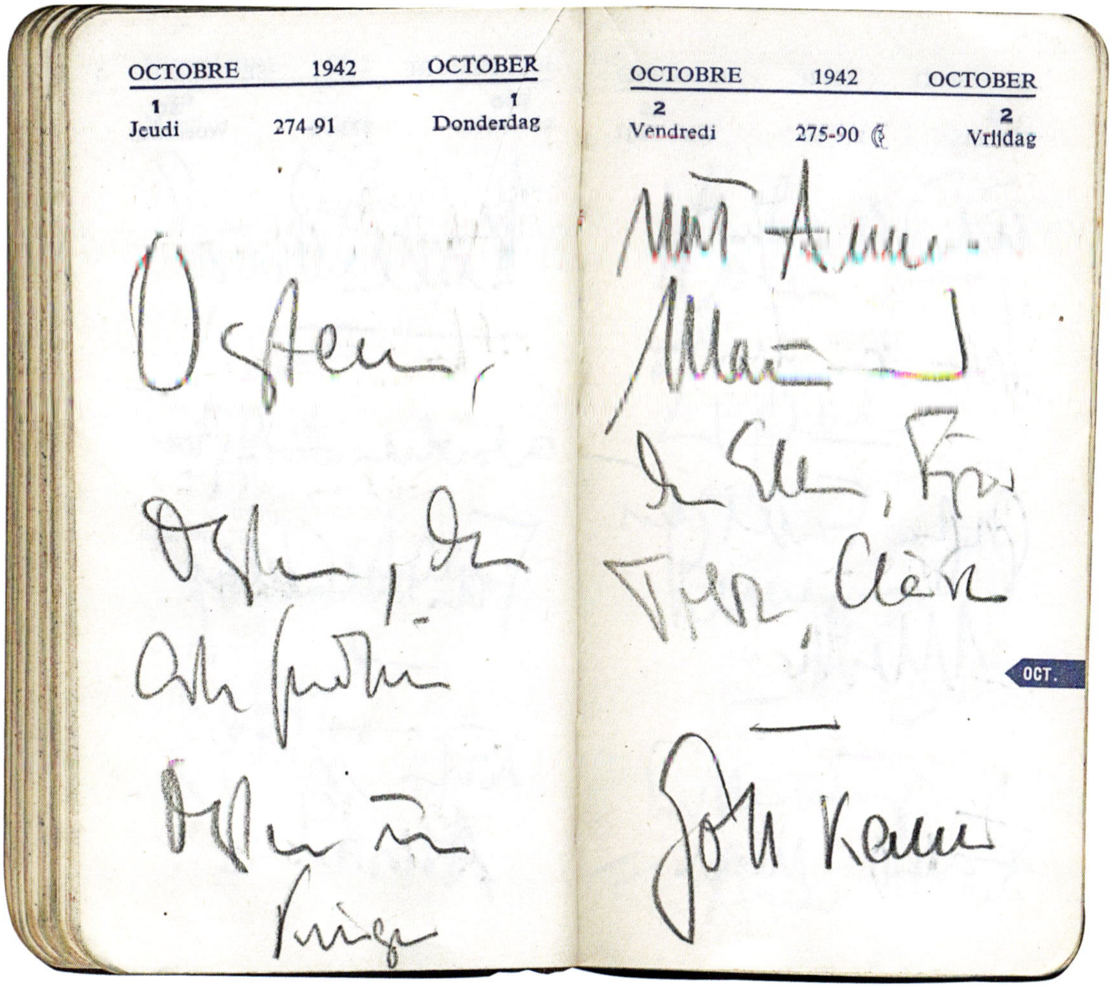

Páscoa,
Páscoa, a
primeira Páscoa
de paz
na guerra

com
Anne-Marie
e os pais,
Fips, Tilde, Cläre
—
Deus veio

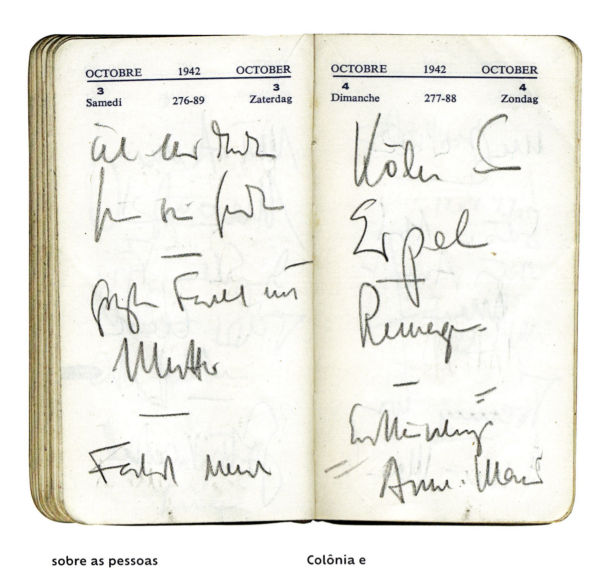

sobre as pessoas
para seu [xxx]

—

Grande receio por
mamãe

—

Viagem para

Colônia e
Erpel

—

Remagen

—

"Decepção"
Anne-Marie

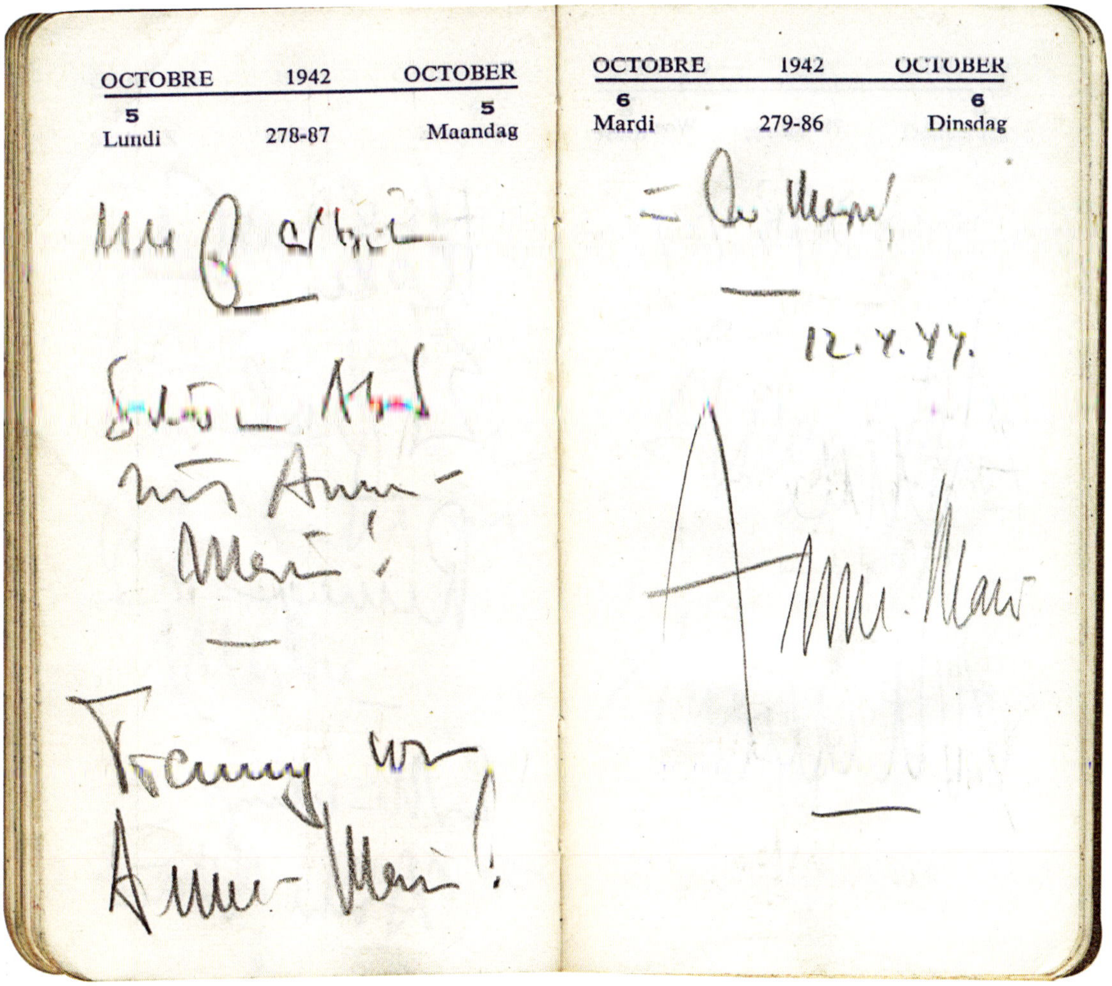

precisa trabalhar

—

Bela tarde
com Anne-
-Marie!

—

Separação de
Anne-Marie!

na missa!

—

12.4.44.
Anne-Marie

—

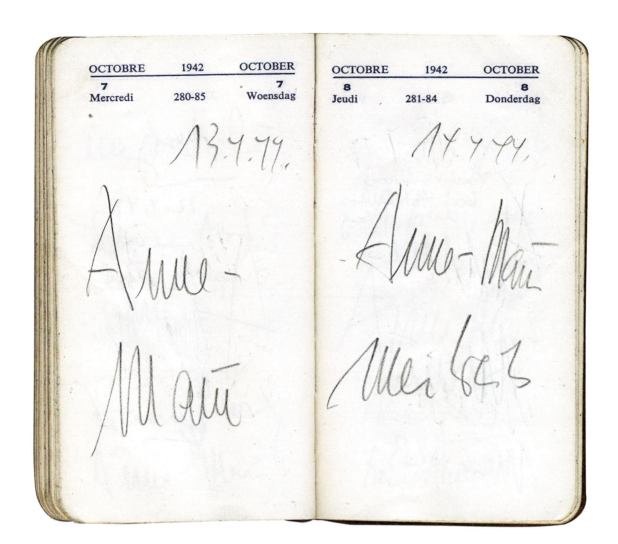

13.4.44.
Anne-
-Marie

14.4.44
Anne-Marie
minha mulher

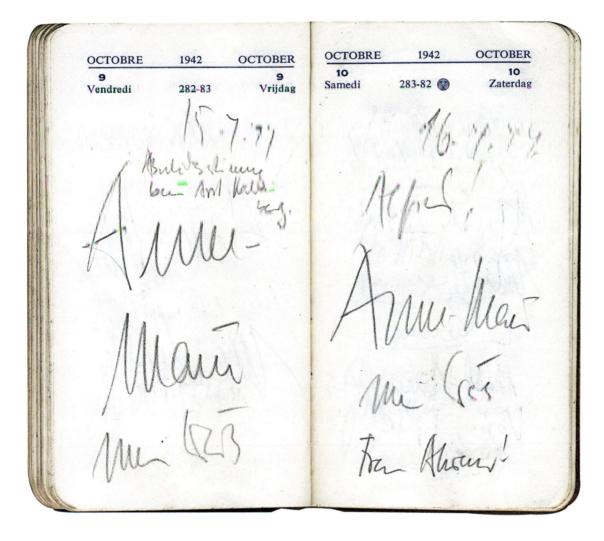

15.4.44
Clima de despedida
no médico [xxx]berg
Anne-
-Marie
minha mulher

16.4.44.
Alfred!
Anne-Marie
Minha mulher
Sra. Ahrend!

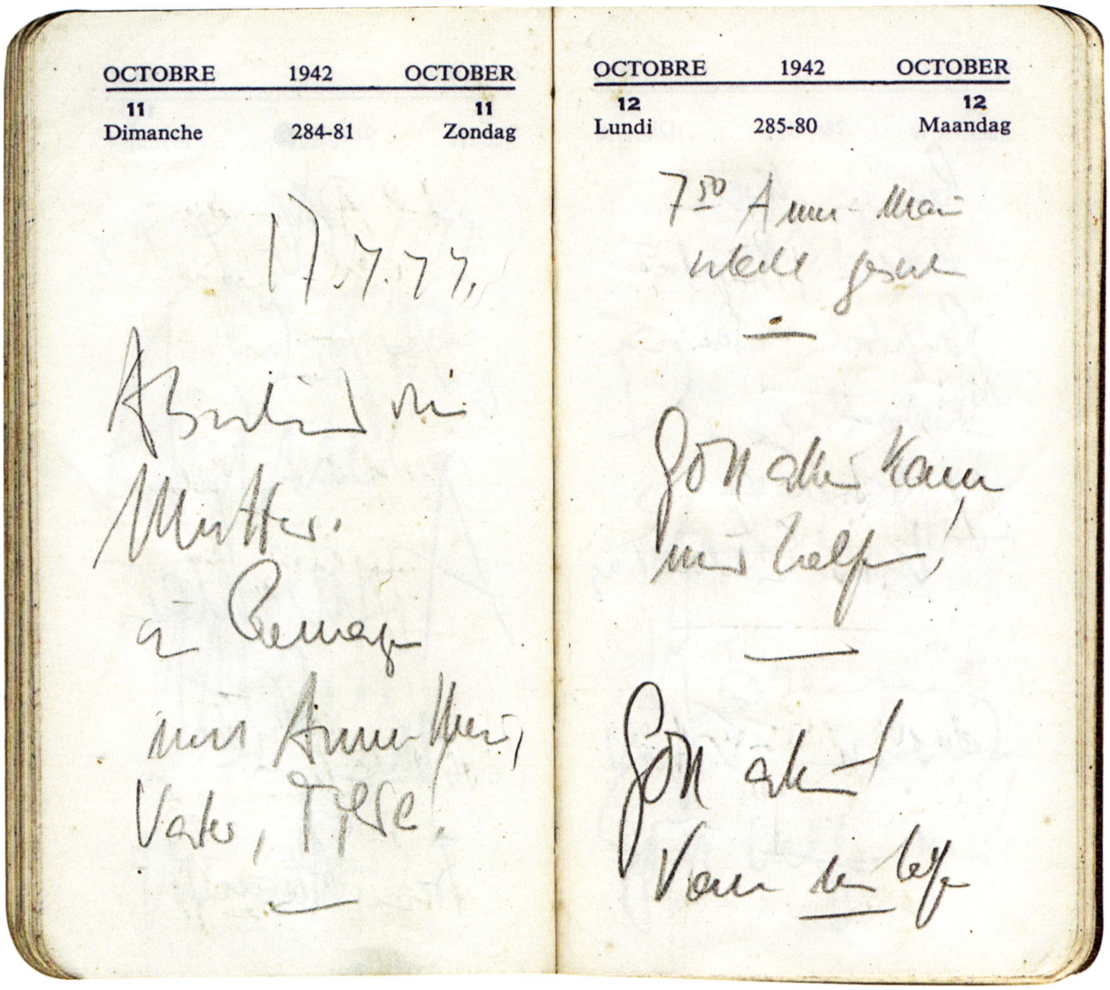

17.4.44.
- Despedida de mamãe.
Em Remagen com Anne-Marie, papai, Tilde!
—

às 7h50
última vez que vi Anne-Marie
—
Somente Deus pode me ajudar!
—
Somente Deus pode me ajudar
—

Volta para St. Avold.

Remagen Koblenz
Koblenz Bingerbrück
Bingerbrück–Saarbrücken
—
Saarbrücken
Cinema: *Ein schöner Tag*[107]
—
Saarbrücken–St. Avold
—

18.4.44.
A miséria
absoluta
nas casernas!
Deus me ajude!

[107] *Ein schöner Tag* [Um belo dia]. Filme de amor num ambiente de férias durante a guerra. Com os atores Gertrud Meyen, Carsta Löck, Sabine Peters, Günther Lüders, Karl Dannemann e Eduard Wenck. Contou com a direção de Philipp Lothar Mayring e estreou em 11.11.1943.

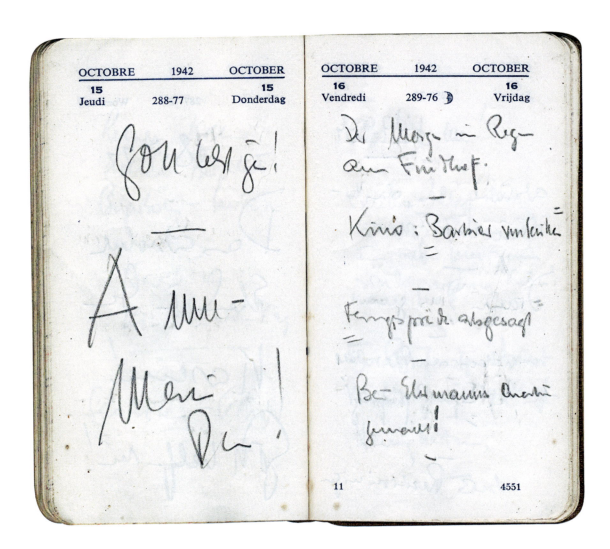

Sim, Deus existe!
—
Anne-
-Marie
meu amor!

De manhã na chuva perto do cemitério.
—
Cinema: *Barbeiro de Sevilha*[108]
—
"Ligação telefônica cancelada"
—
Me hospedei no alojamento do restaurante Ehrmann!
—

[108] Filme teuto-espanhol baseado na ópera homônima de Gioacchino Rossini, foi dirigido por Benito Perojo e K. Paul Rohnstein e estreou em 15.10.1940.

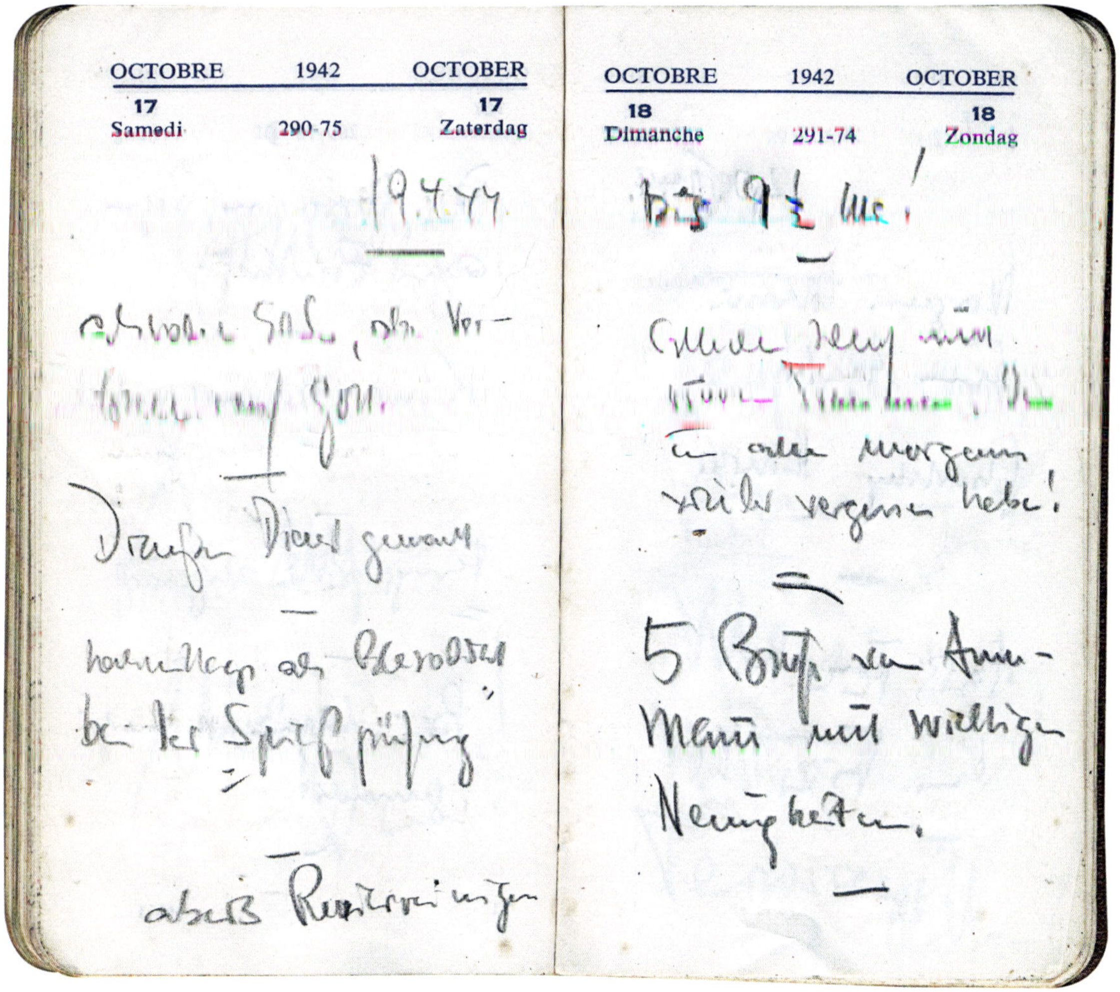

19.4.44.

—

miséria absoluta, sem confiança em Deus.

—

De serviço externo

—

a tarde como soldado de chumbo durante a "prova de lanças"

—

à noite limpeza da área

até 9h30!

—

Sono ruim com sonhos confusos, que de manhã eu tinha esquecido!

—

5 cartas de Anne-
-Marie com importantes novidades.

—

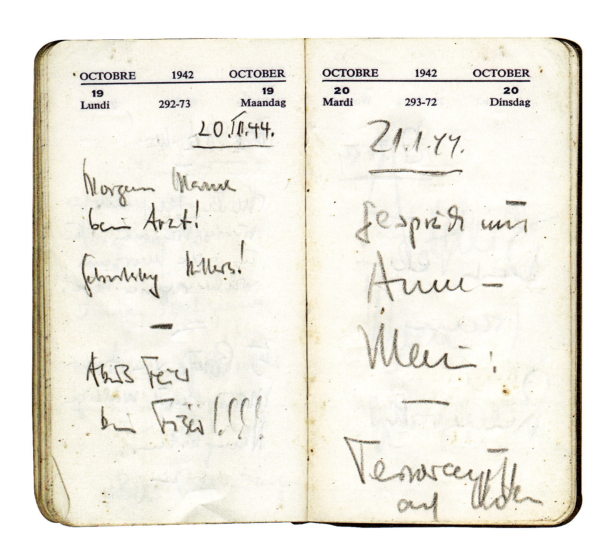

20.4.44.
De manhã consulta médica!
Aniversário de Hitler!
—
De tarde comemoração no barbeiro!!!!

21.4.44.
Conversa com Anne-Marie!
—
• **Ataque terrorista a Colônia**

Depois de quatro ataques aéreos anteriores de menor proporção (respectivamente nos dias 4, 6, 9 e 17 de abril de 1944), na noite de 21 de abril de 1944, das 1h46 às 3h43, teve então lugar um grande ataque à cidade de Colônia, quando aproximadamente 400 aviões bombardeiros lançaram 158 minas, 1.363 bombas explosivas, 130 mil bombas incendiárias de bastão e 20 mil de fósforo no centro e nas regiões oeste e norte da cidade.

22.4.44
- O telegrama Ramrath!

Anne-
-Marie
comigo!

Provável referência à notificação dos danos causados pelo ataque aéreo em Neuenhöfer Allee (Sülz, Colônia).

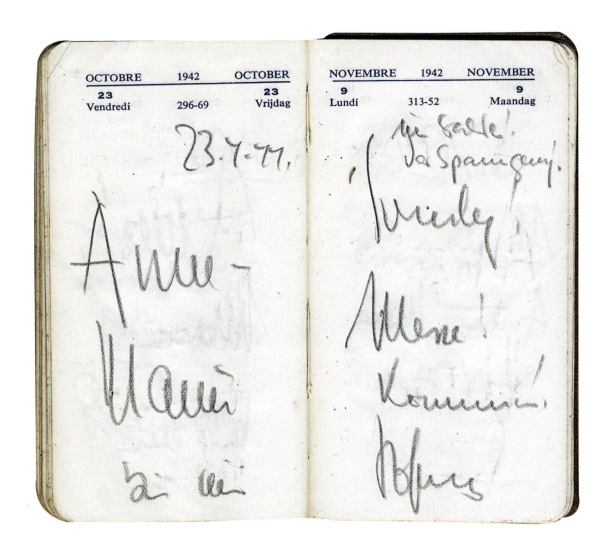

23.4.44.
Anne-
-Marie
comigo

no bosque!
A caminhada!
Domingo
Missa!
Comunhão!
Esperança

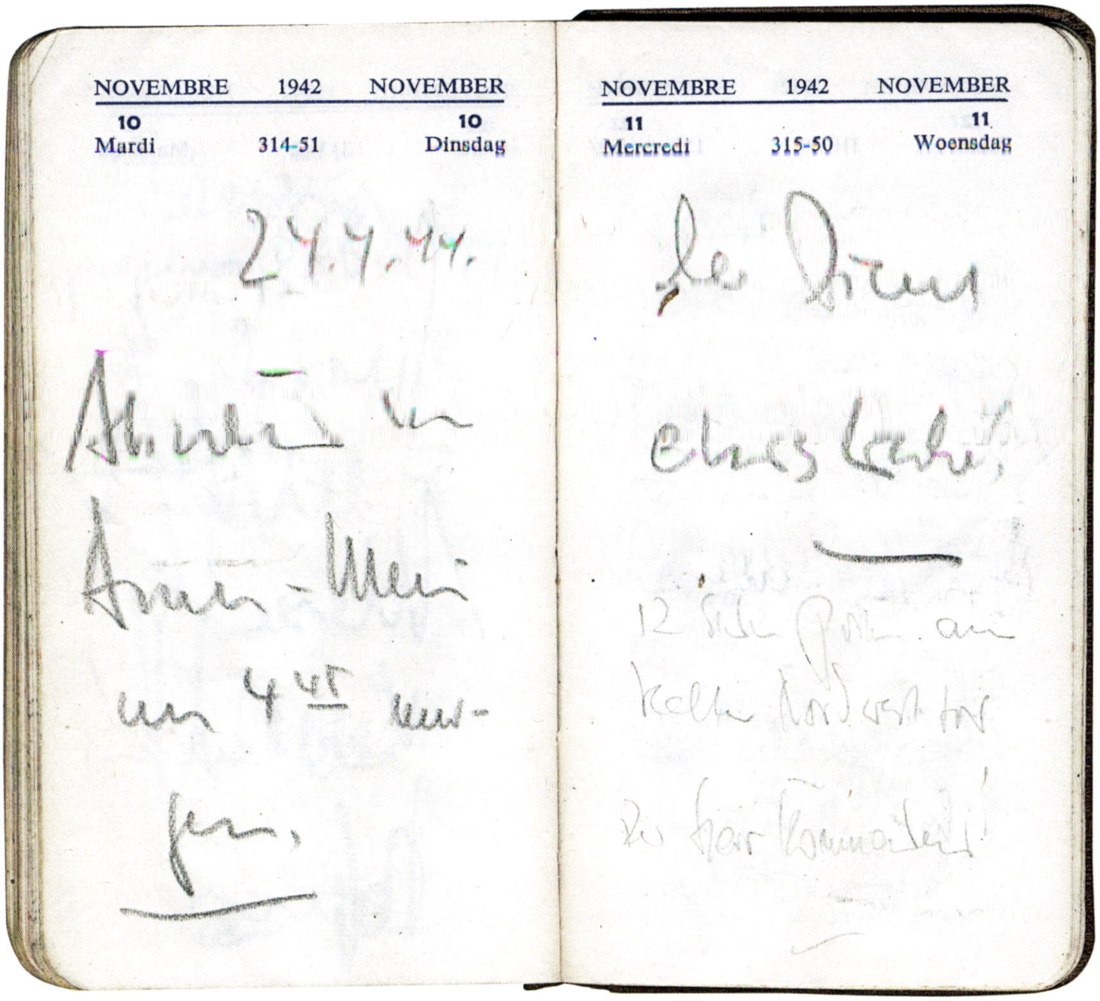

24.4.44
—
Despedida de
Anne-Marie
às 4h45 da manhã
—

plantão!
à noite guarda!
—
12 horas sentinela ao lado do
frio Portão Noroeste
—
O sr. comandante
—

25.4.44.
[xxx] plantão de guarda
Alarme antiaéreo. Insano
cansado e com frio.
Os detidos! O
sargento-maior!
À noite infrutífera tentativa
de telefonar para Anne-Marie!
filme espanhol: *Sehnsucht*

26.4.44.
Saarbrücken!
De manhã bem cedinho [xxx]!
O café da manhã!
Alarme antiaéreo em Saarbrücken,
Rusch, Hanke, Müller,
Opinski! (8 horas).
—
No ortopedista!
Os senhores artífices
e os aleijados

As próteses "de Deus"
—
Comendo pão e salsicha
com Opinski num
bar ermo! O taverneiro,
imagem arquetípica de um
cadáver!
Tentativa infrutífera de fazer uma
ligação telefônica para Anne-Marie!
No cinema: *In Flagranti*[109]

Jantar com Opinski!
Viagem de retorno a St. Avold
(o [xxx])
27.4.44
O segundo telegrama!
cabulamos a marcha!
Levando a vida na flauta!
—
A conversa com
o primeiro-tenente
Ramrath, jamais
esquecer!!!

[109] *In Flagranti* [Em flagrante], 1944, filme de Hans Schweikart. No elenco, Ferdinand Marian, Margot Hielscher e Oskar Sima.

Telegrama de Annemarie Böll
a Heinrich Böll em St. Avold,
26.4.1944

Devido aos danos causados pelo bombardeio de 21.4.1944 no apartamento em Neuenhöfer Allee 38, ao retornar de St. Avold, onde estivera de 22 a 24.4.1944 (vide p. 167), Annemarie Böll deveria declará-los devidamente e enviar uma notificação a St. Avold para que Heinrich pudesse tirar uma licença especial. Vide reprodução do telegrama de 26.4.1944 [acima]. Segundo as disposições de concessão de licença para soldados e funcionários da Wehrmacht, exércitos de campo e de reposição durante a guerra (Folha Diretiva do Exército/*Heeres-Verordnungsblatt C*, 1943, p. 528), uma licença especial para vítimas de bomba poderia vir a ser concedida pelo respectivo superior disciplinar. A duração da licença especial estava relacionada com a classificação correspondente à danificação por bomba A (caso de dano leve – apartamento ou móveis ainda utilizáveis, membros da família ilesos; até sete dias de licença, bem como, além disso, dois dias de viagem), danificação por bomba B (caso de dano médio: apartamento inutilizável, membros familiares ilesos; até catorze dias e mais dois dias de viagem) e danificação por bomba C (dano grave: apartamento totalmente destruído e membros da família gravemente feridos; até vinte dias, mais dois dias de viagem). Até outubro de 1943 a notificação do soldado prejudicado estava primeiramente sujeita à verificação do caso de danificação pela delegacia local para posterior notificação via telegrama. Uma regulamentação simplificada entrou em vigor em outubro de 1943, na medida em que as delegacias de polícia, com base na notificação (telegrama ou carta) apresentada pela família aos membros da Wehrmacht, deviam apenas verificar sua veracidade, confirmá-la com carimbo e assinatura oficial, informando se o grau de danificação seria A, B ou C (Folha Diretiva do Exército/*Heeres-Verordnungsblatt C*, 1943, p. 561). Os serviços postais estavam instruídos a encaminhar somente notificações contendo a rubrica confirmatória.

NOVEMBRE 1942 NOVEMBER
16 Lundi 320-45 16 Maandag

NOVEMBRE 1942 NOVEMBER
17 Mardi 321-44 17 Dinsdag

12 4551

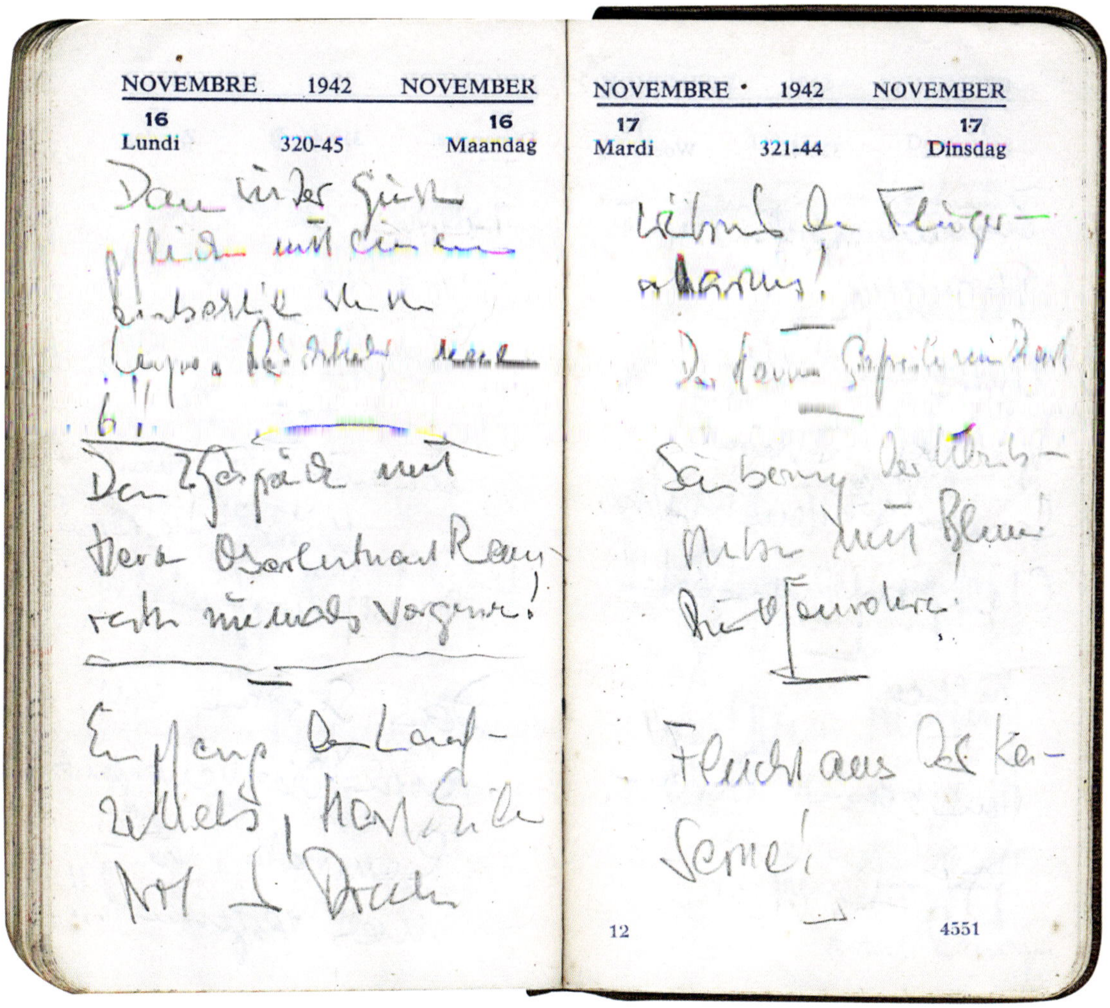

Novamente gozando
a vida com um cabo
horrendo e ignorante.
Retorno às
6!!

Jamais esquecer
a segunda conversa com
o sr. primeiro-tenente Ramrath!

Recepção do protocolo de tramitação,
pressa, precipitação,
necessidade e pressão

durante o alarme antiaéreo!
—
Os senhores cabos em serviço
—
Faxina do escritório
com flores!
Os canos do aquecedor!
—
Fuga da caserna!
—

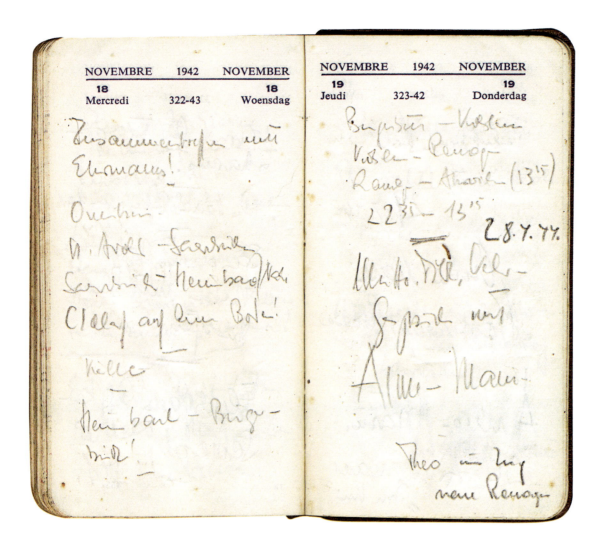

Encontro com
Ehrmann!
—
Ônibus
St. Avold–Saarbrücken
Saarbrücken–Heimbache/Vale do rio Nahe
Dormir no chão!
—
Frio
—
Heimbach–Bingerbrück!
—

Bingerbrück–Koblenz
Koblenz–Remagen
Remagen–Ahrweiler (às 13h15)
22h35 — 13h15
—
28.4.44
Mamãe, Tilde, papai —
Conversa com
Anne-Marie
Theo[110] no trem de ferro
para Remagen

110 Theo e seu irmão Peter Weidmann eram amigos que Alois Böll conhecera no movimento da juventude católica (*Sturmschar*).

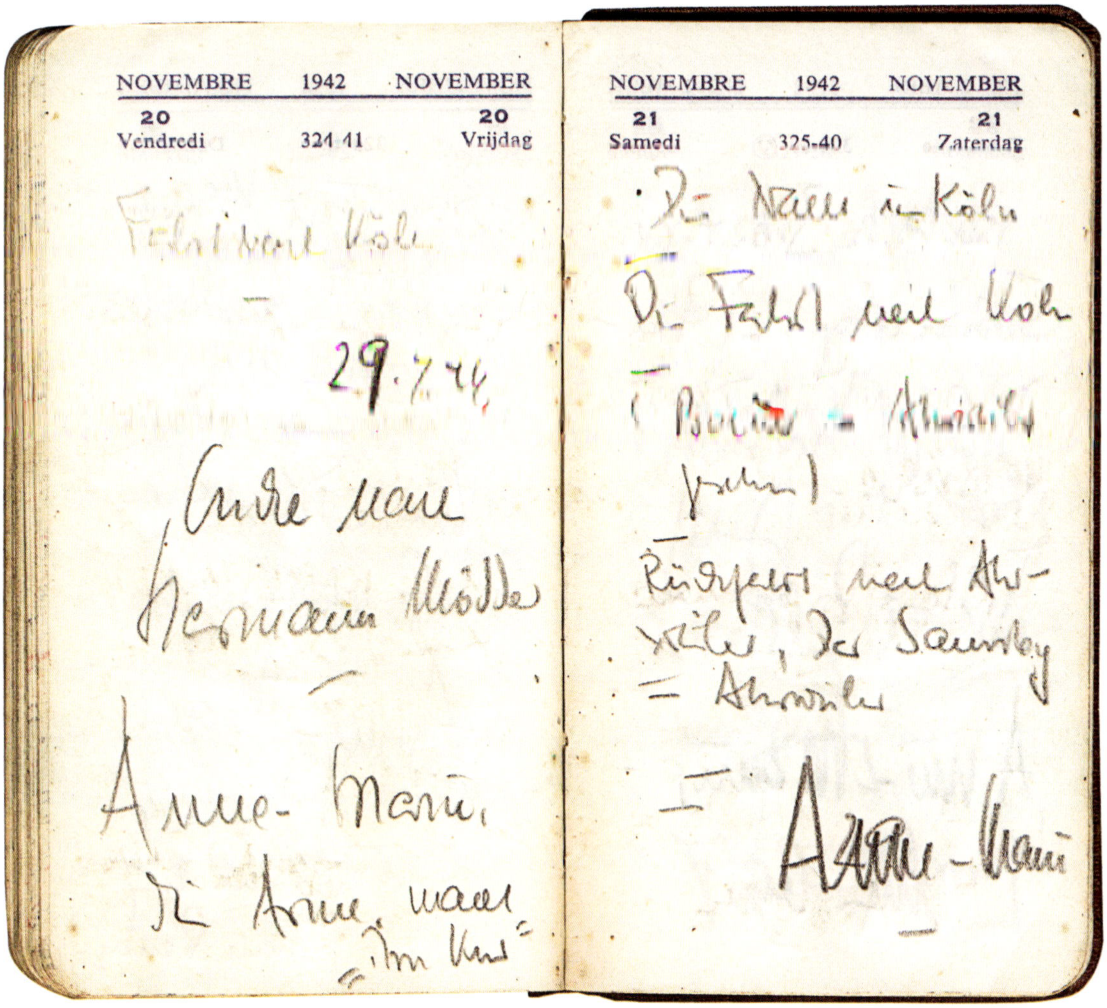

Viagem a Colônia
—
29.4.44.
Procurando
Hermann Mödder[111]
—
Anne-Marie,
a pobre está fazendo
"seu tratamento termal"

A noite em Colônia
—
A viagem a Colônia
—
(Em Ahrweiler vi
Bauer)
—
Retorno a Ahrweiler,
sábado em
Ahrweiler
—
Anne-Marie
—

[111] Colega e amigo de Alfred no Kaiser-Wilhelm-Gymnasium.

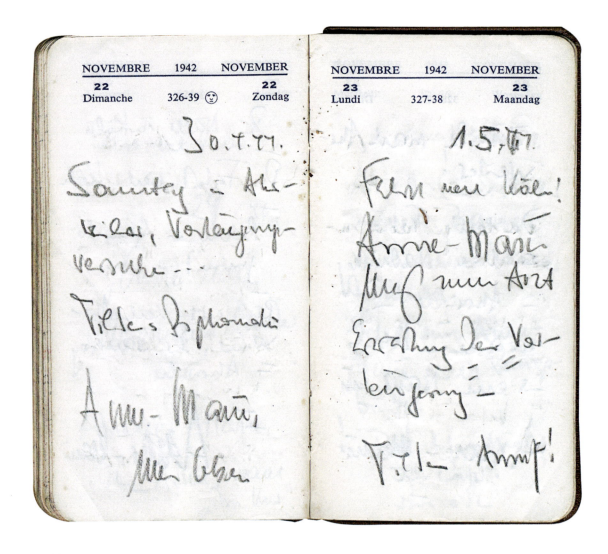

30.4.44
Sábado em Ahrweiler,
tentativa de prolongar...
A diplomacia da Tilde
Anne-Marie,
minha vida

1.5.44
Viagem a Colônia!
Anne-Marie
precisa ir ao médico
Menção do "prolongamento" —
Ligação da Tilde!

de volta a Ahrweiler!
—
Que presente foi o longo e lindo dia em Ahrweiler e ainda uma tarde e uma noite com Anne-Marie!
—

2.5.44
Despedida de mamãe
com dr. Barbel[112]!
A terrível dor
de mamãe!
Viagem com Anne-
-Marie a Bingerbrück!
Lá, parada
no café!
o descampado

[112] Sem informações.

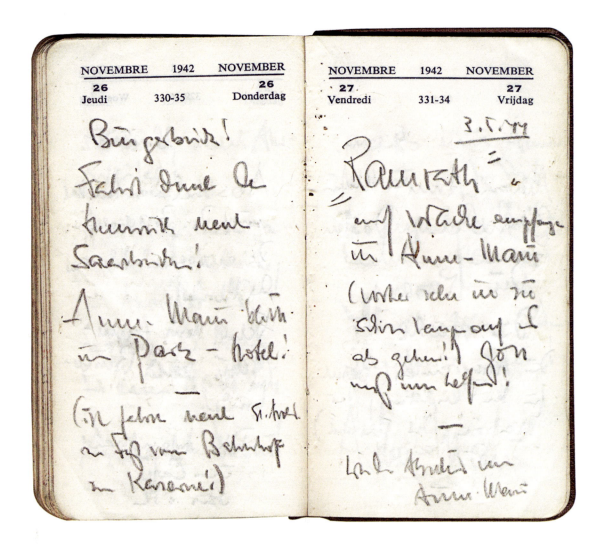

Bingerbrück!
Viagem por Hunsrück a
  Saarbrücken!
Anne-Marie se hospeda
  no Park-Hotel!
—
(viajo a St. Avold
a pé da estação de trem
até a caserna!)

3.5.44
"Ramrath"
no plantão da guarda recebo
Anne-Marie
(antes disso já a vejo
por muito tempo andando para lá e
para cá!) Deus
deve nos ajudar!
—
novamente despedida de
Anne-Marie

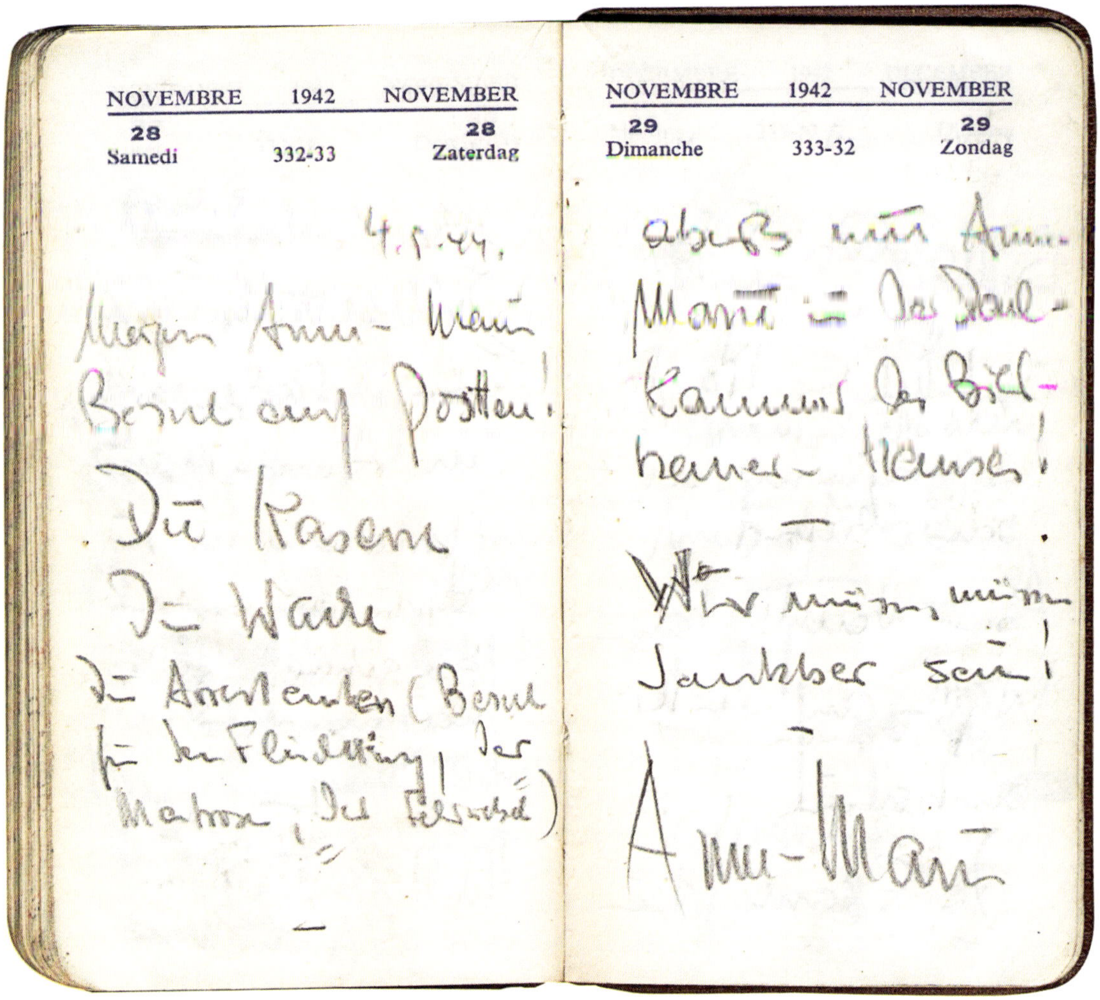

4.5.44.
De manhã visita de
Anne-Marie na guarda!
A caserna
A sentinela
Os detidos (visita
para o refugiado, o marinheiro,
o "sargento")
—

À tarde com Anne-
-Marie na mansarda
da casa do
escultor[113]!
—
Temos, temos de
ser gratos!
—
Anne-Marie

113 Sem informações.

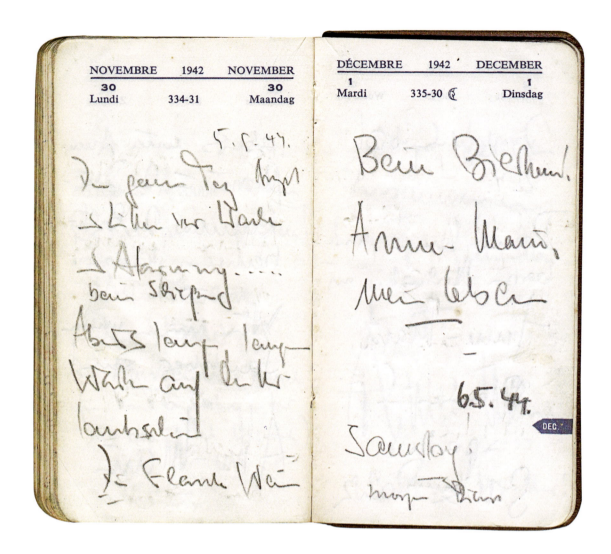

5.5.44.
O dia inteiro tremores
e medo da sentinela
e do alarme…
durante os tiros.
Noite longa, longa
espera pelo passe de férias
"A garrafa de vinho"

Na casa do escultor!
Anne-Marie,
minha vida
—
6.5.44.
Sábado!
pela manhã plantão

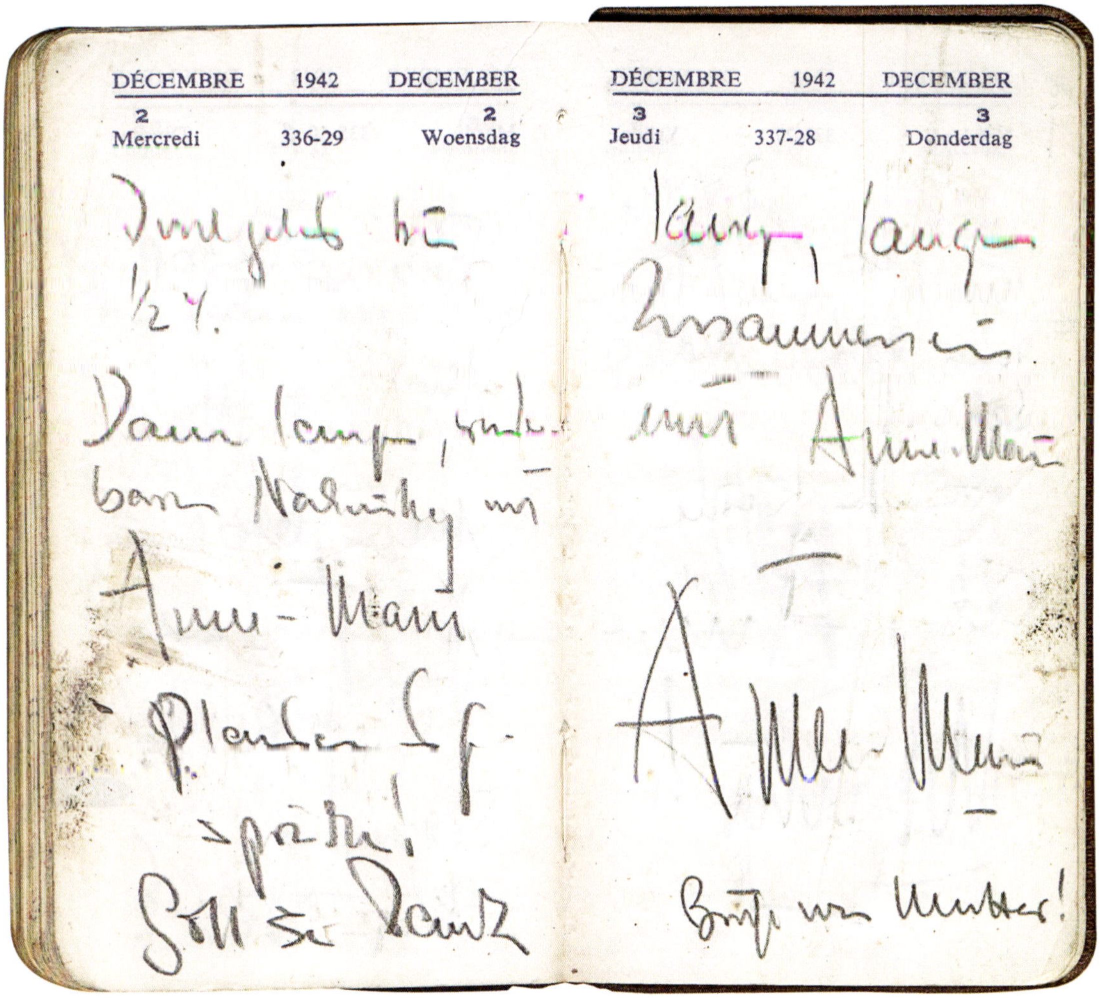

Sem pausa até
3h30 da manhã.
Depois uma tarde calma,
maravilhosa com
Anne-Marie
batendo papo e conversando sério!
Graças a Deus

longo, longo
encontro
com Anne-Marie
—
Anne-Marie
—
Carta de mamãe![114]

[114] Não disponível.

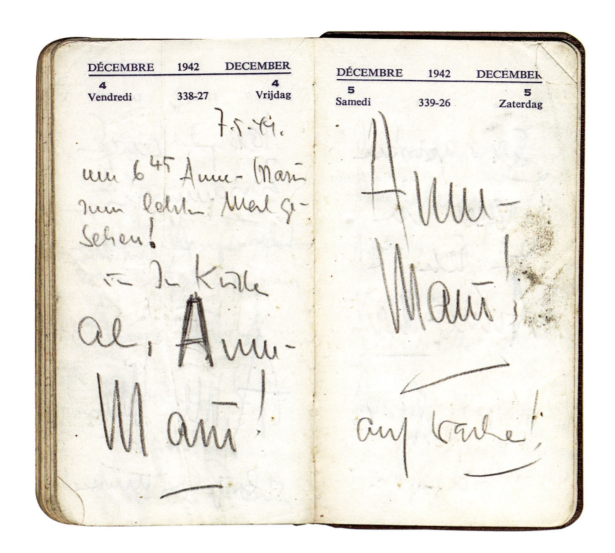

7.5.44.
às 6h45 vi Anne-Marie
pela última vez!
na igreja
ah, Anne-
-Marie!
—

Anne-
-Marie
—
de guarda!
—

Sonho muito confuso
com os
pais e
Anne-Marie
—
8.5.44.
Substituído na guarda para
o destacamento...
Serviço comunitário.
Exame.
Protocolo de tramitação.
• À noite "Timoschenko"

> Não comprovado. Böll provavelmente leu o discurso do marechal que comandou e logrou vitória na Guerra de Inverno soviético-finlandesa, pois estava disponível em alemão: *Schlussrede des Volkskommissars für die Verteidigung der UdSSR Held und Marschall der Räte-Union S.K. Timoschenko*: 31. Dezember 1940 [Discurso de encerramento do Comissário do Povo – denominação da época para ministro – da Defesa da União Soviética, herói e marechal da União dos Conselhos S.K. (abreviação para Semen Konstantinovich) Timoschenko: 31 de dezembro de 1940].

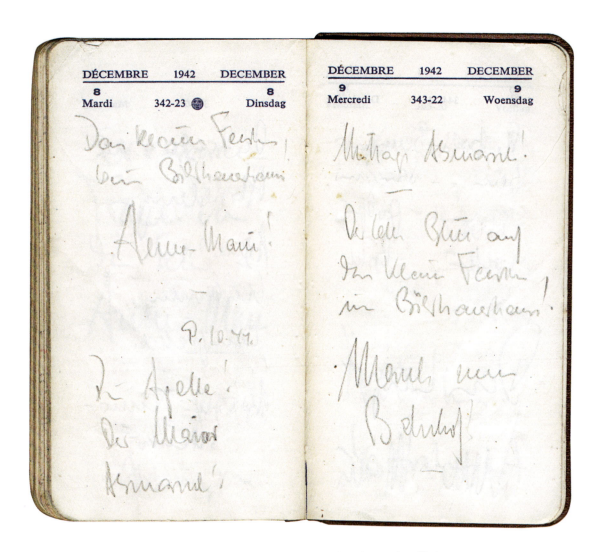

A pequena janela
perto da casa do escultor

Anne-Marie!
—
9.10.44.[115]
As chamadas!
O major
Marcha!

Marcha do meio-dia!
—
O último olhar para a
pequena janela
na casa do escultor!
Marcha para a
estação
—

115 Provavelmente 9.5.44.

Segundo um protocolo de tramitação datado de 8.5.1944, Heinrich Böll foi enviado ao Batalhão de Marcha 79/12 como atirador. O Batalhão 79 representava a equipe suplementar da 79ª Divisão de Infantaria, para a qual Böll fora designado.

St. Avold–Benningen
Benningen–Saargemünd
Saargemünd–Wölflingen
Wölflingen–Bitsch
—
O campo
Anne-Marie

à noite desolação
—
A noite
—
10.5.44
Formação
Espera

A compra conjunta de uma imensa área de 3.285 hectares, inicialmente planejada pelas autoridades alemãs para ser campo de tiro e treinamento (1900), foi depois convertida em campo de tropas perto da cidadezinha francesa de Bitsch, que desde o outono de 1940 pertencia ao distrito de Lorraine do *Gau* Westmark.

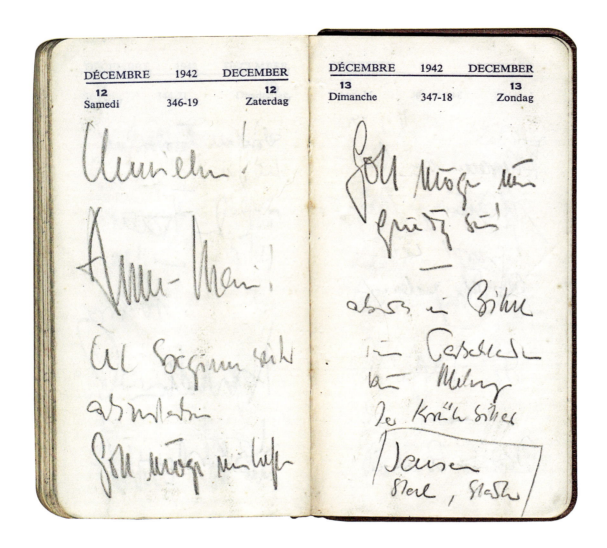

Troca de roupa!
Anne-Marie!
Começo a definhar
aos poucos
Deus me ajude

Deus tenha piedade
de nós!
—
tarde em Bitsch
na tabacaria
mediante notificação
bebidas bitters de ervas
Jansen
Stal, Stadler

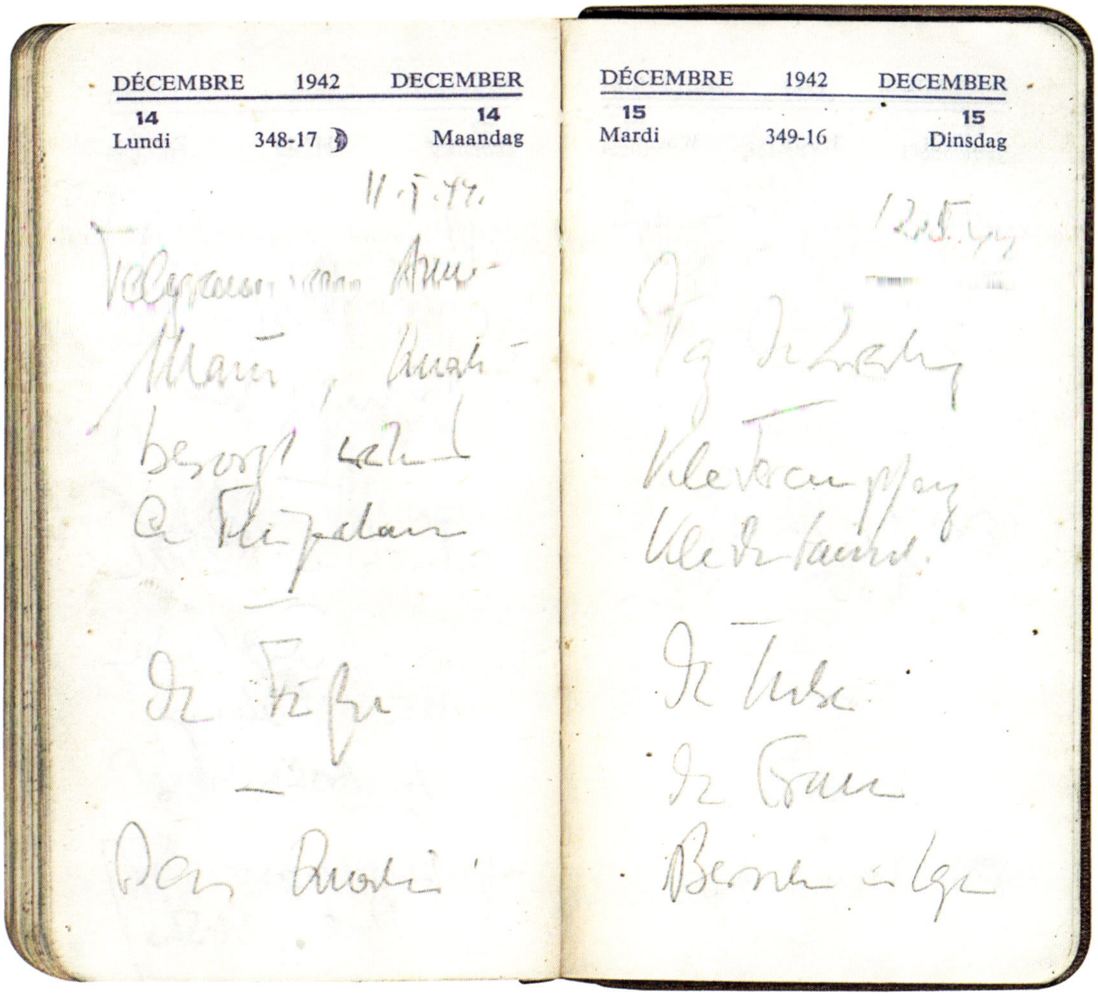

11.5.44.
Telegrama de Anne-
-Marie, providenciado
alojamento durante
o alarme antiaéreo
—
os pés
—
O alojamento

12.5.44.
- Dia da expectativa
—
Recebimento de roupa
Troca de roupa
—
o quarto
a mulher
Visita no campo

Refere-se provavelmente à visita de Annemarie Böll durante os dias seguintes em Bitsch.

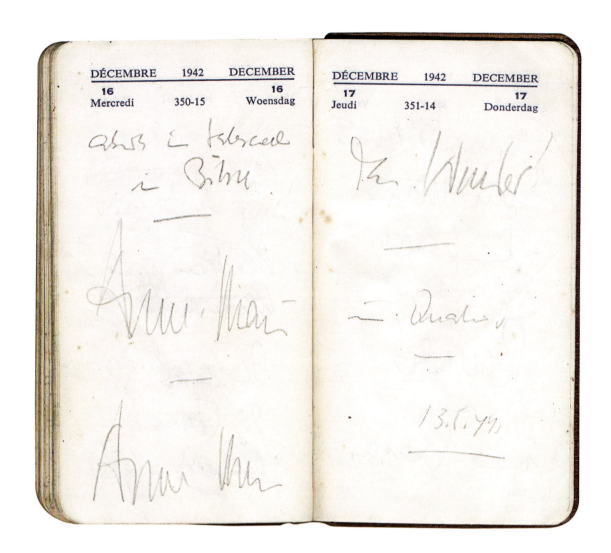

à tarde na sala de espera
em Bitsch
—
Anne-Marie
—
Anne-Marie

o milagre!
—
no alojamento
—
13.5.44.
—

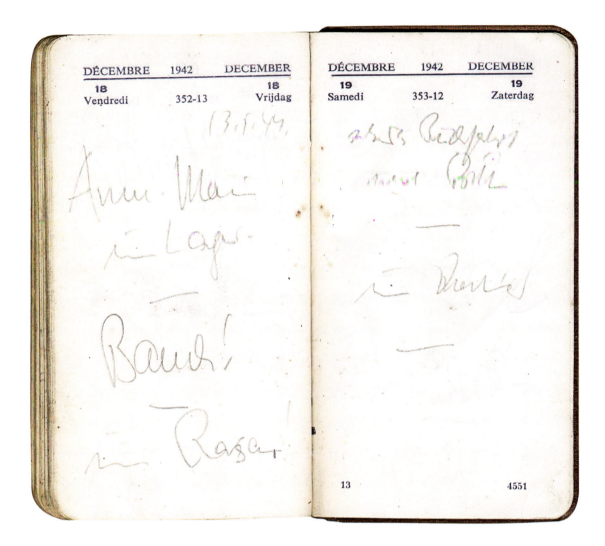

13.5.44.
Anne-Marie
no campo
—
Barriga!
—
no bazar

à noite viagem de volta
a Bitsch
—
no alojamento
—

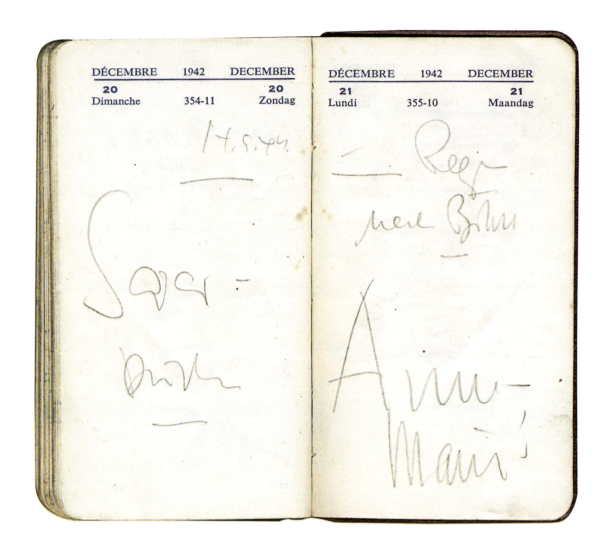

14.5.44.
Saarbrücken
—

— na chuva
para Bitsch
—
Anne-
-Marie!

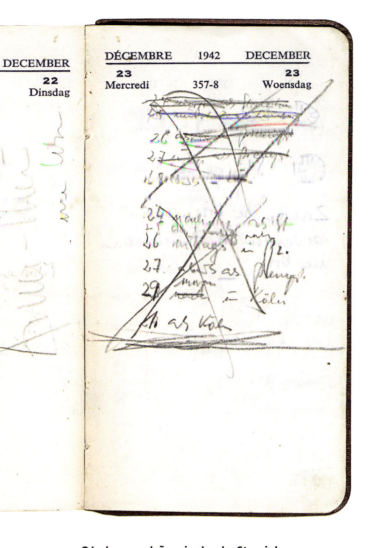

Anne Marie
Anne-Marie
- minha vida

24 de manhã saindo de Stanislau
25 [xxx] saída de Lemberg
26 à tarde para Przemysl
saindo de manhã de Przemysl
28 à tardinha em Colônia
24 à tarde saindo de St
25 partida de Lemberg para
26 à tarde em Pz.
27 à noite partida de Przemysl
29. de manhã em Colônia
1. partida de Colônia

A sequência cronológica do Diário continua na p. 231.

Poço de argila

Poço de pedra

Números para topônimos significam a posição de disparo na cidade

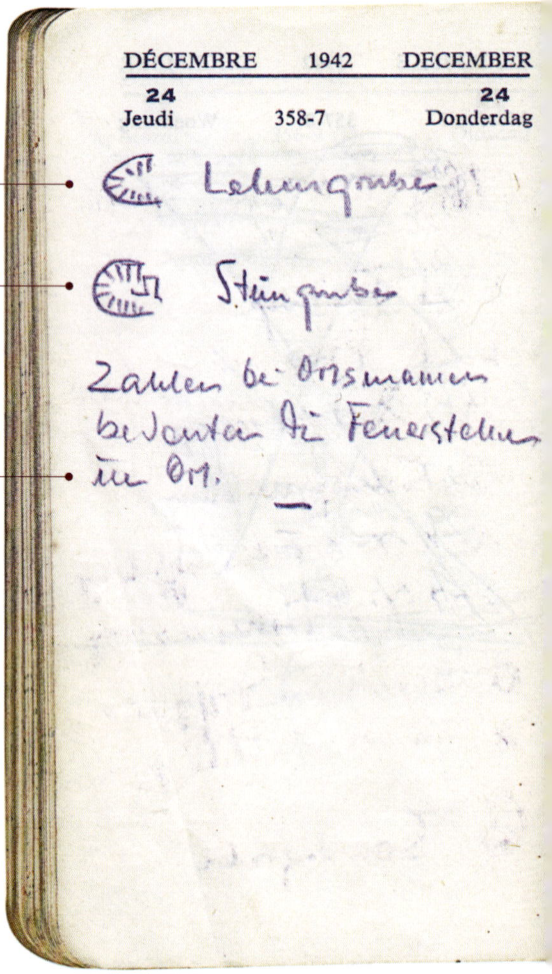

DÉCEMBRE 1942 DECEMBER
24 24
Jeudi 358-7 Donderdag

Lehmgrube

Steingrube

Zahlen bei Ortsnamen bedeuten die Feuerstellen im Ort.

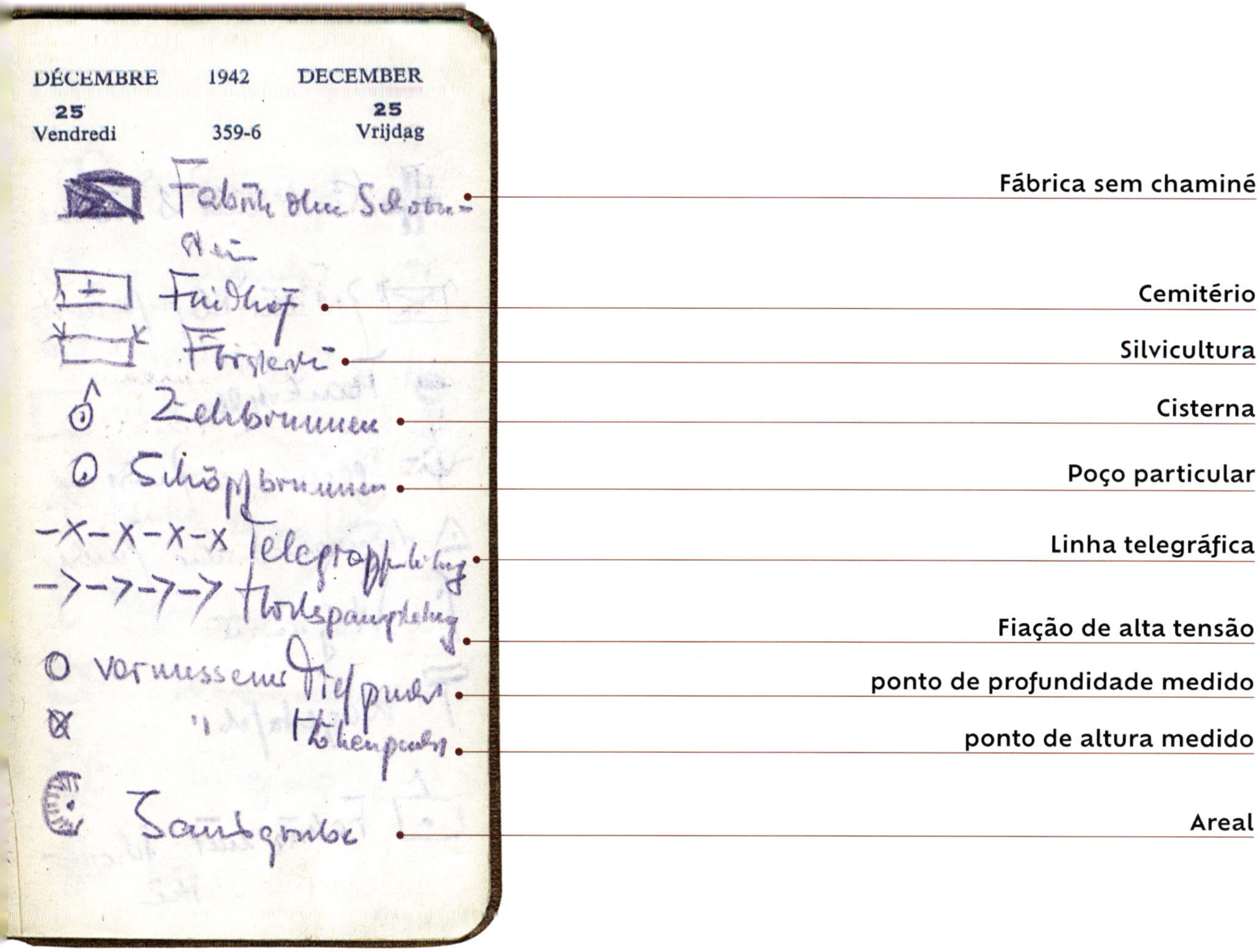

DÉCEMBRE 1942 DECEMBER
25 359-6 25
Vendredi Vrijdag

- Fabrik ohne Schornstein — Fábrica sem chaminé
- Friedhof — Cemitério
- Forstrevier — Silvicultura
- Zehbrunnen — Cisterna
- Schöpfbrunnen — Poço particular
- −x−x−x−x Telegraphenleitung — Linha telegráfica
- −>−>−>−> Hochspannungsleitung — Fiação de alta tensão
- vermessener Tiefpunkt — ponto de profundidade medido
- Höhenpunkt — ponto de altura medido
- Sandgrube — Areal

Igreja com 2 torres

Posto de correio com sistema de telégrafo

Posto de combustível

ponto geométrico

ponto trigonométrico

Placa de sinalização

Poste de sinalização

Fábrica com chaminé

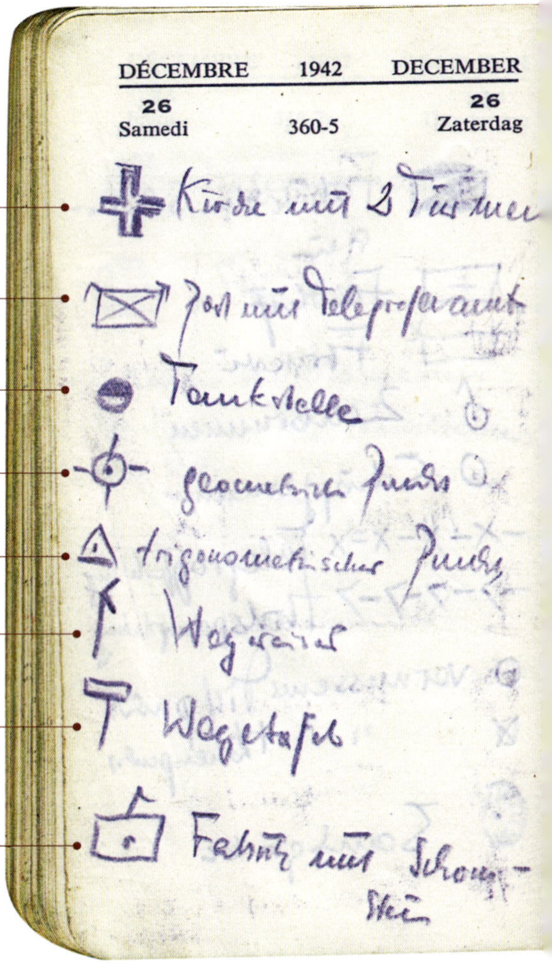

DÉCEMBRE 1942 DECEMBER
27 Dimanche 361-4 27 Zondag

- G = Bahnhof — Estação ferroviária
- W.R = Schule — Escola
- propriedade em escala real / propriedade em escala não real } = alinhadas
- Mühle aus Holz — Moinho de madeira
- Steinmühle — Moinho de pedra
- Wassermühle — Moinho de água
- Sägemühle — Serraria
- Kirche mit einem Turm — Igreja com uma torre

Transporte viário

Vereda

Trilha

Caminho de inverno

Via férrea tripla

Via férrea rural

Fazenda

Estação

Estação de tratores

Forte

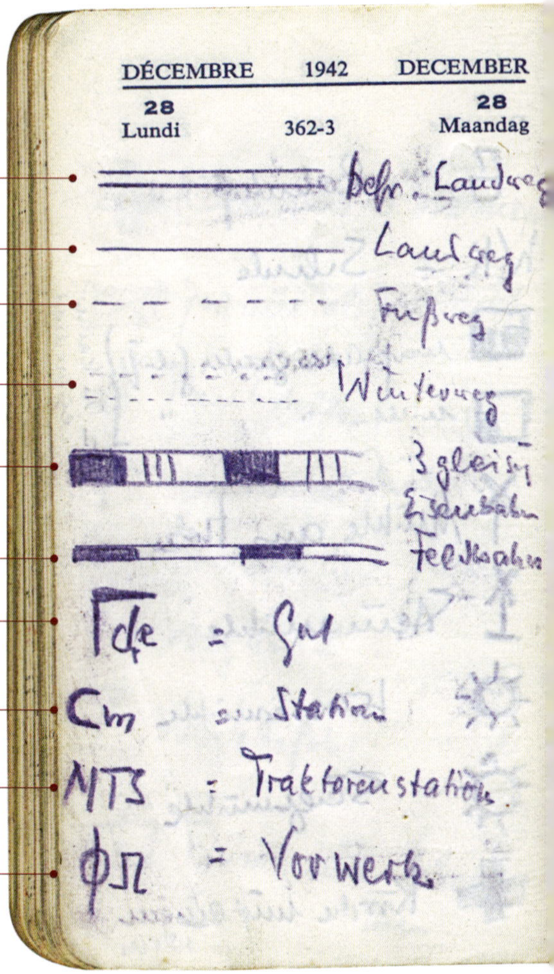

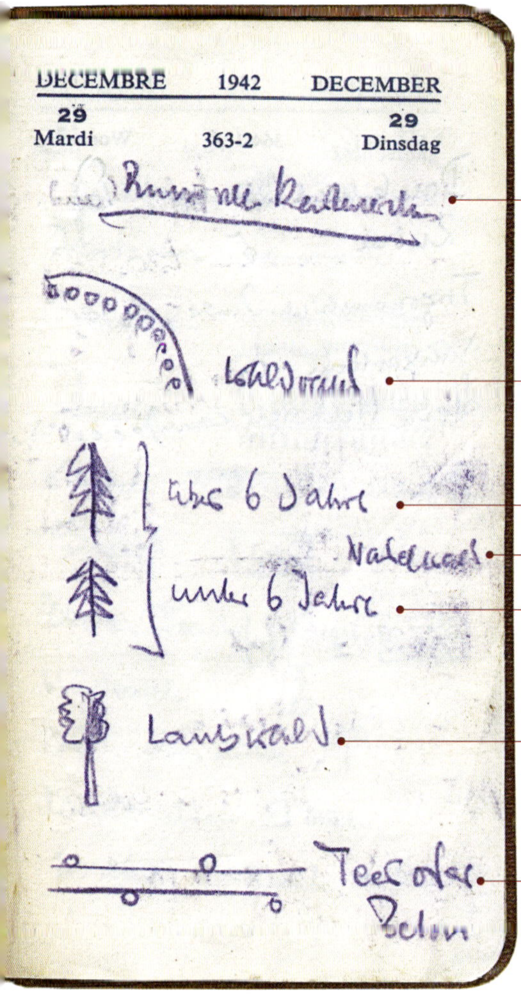

DECEMBRE 1942 DECEMBER
29 Mardi
363-2
29 Dinsdag
Waldrand
über 6 Jahre
Nadelwald
unter 6 Jahre
Laubwald
Teer oder
Beton

[xxx] [xxx] russo

Orla da floresta

mais de 6 anos

Bosque de coníferas

com menos de 6 anos

Floresta decídua

Alcatrão ou concreto

Monumento (campo de batalha)

Ruína

Ponto trigonométrico 104

Torre de água

Trepadeira (cerca-viva)

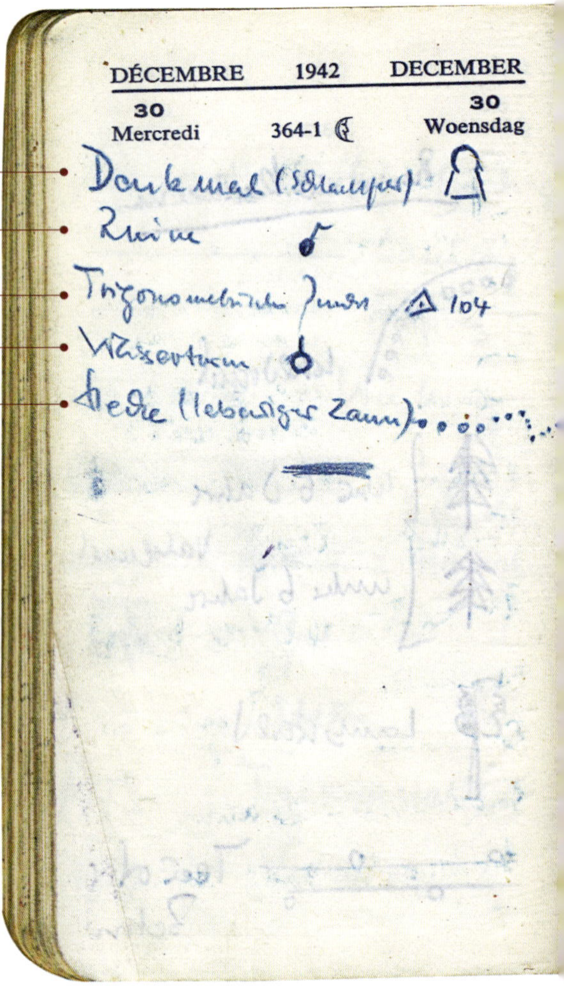

	Minas
	Cerca de arame
	Barranco
	Represa
	Igrejas visíveis à distância
	Cemitério
	Cemitério em honra dos mortos em combate
	Moinho de vento
	Moinho de irrigação
	Marco miliar
	Monumento cultural

Sinais

[xxx] [xxx] [xxx] Via férrea

[xxx] [xxx] [xxx]

[xxx] [xxx] [xxx] pista dupla / pista única

Rodovia imperial (rodovia estadual)

Rodovia federal

IA estrada 5,5 m de largura mínima

IB estrada 4 m de largura mínima

IIA estrada conservada

IIB estrada conservada / III. Kl. / V. Kl.

III Caminho e vereda

IV. Trilha

Estrada de troncos

Vinhedo

Bordas íngremes

Vala seca

NOTES — AANTEEKENINGEN

Símbolo	Alemão	Português
⊢ ‑ ‑	Feind links von uns eingedrungen	Inimigo infiltrado à nossa esquerda
⊓	Wir sind eingeschlossen	Estamos cercados
T	Feind in unsrer Stellung eingedrungen	Inimigo infiltrado em nossa posição
Ш	Stellung ist verloren gegangen	Perdemos a posição
⊔	Unterstützung nötig	Reforço necessário
Ш	Munition nötig	Munição necessária
∇	nein	não
Y	nicht verstanden	não compreendido
V	verstanden, ja!	compreendido, sim!

3.2.42
plano de saúde 43. —
10. —
12. —
B

Ponto de lançamento

Vamos em frente

Inimigo prepara o ataque

Inimigo ataca

Ataque inimigo repelido

Mostramos o curso
da linha de frente

Mantemos a linha

Inimigo infiltrado à nossa direita

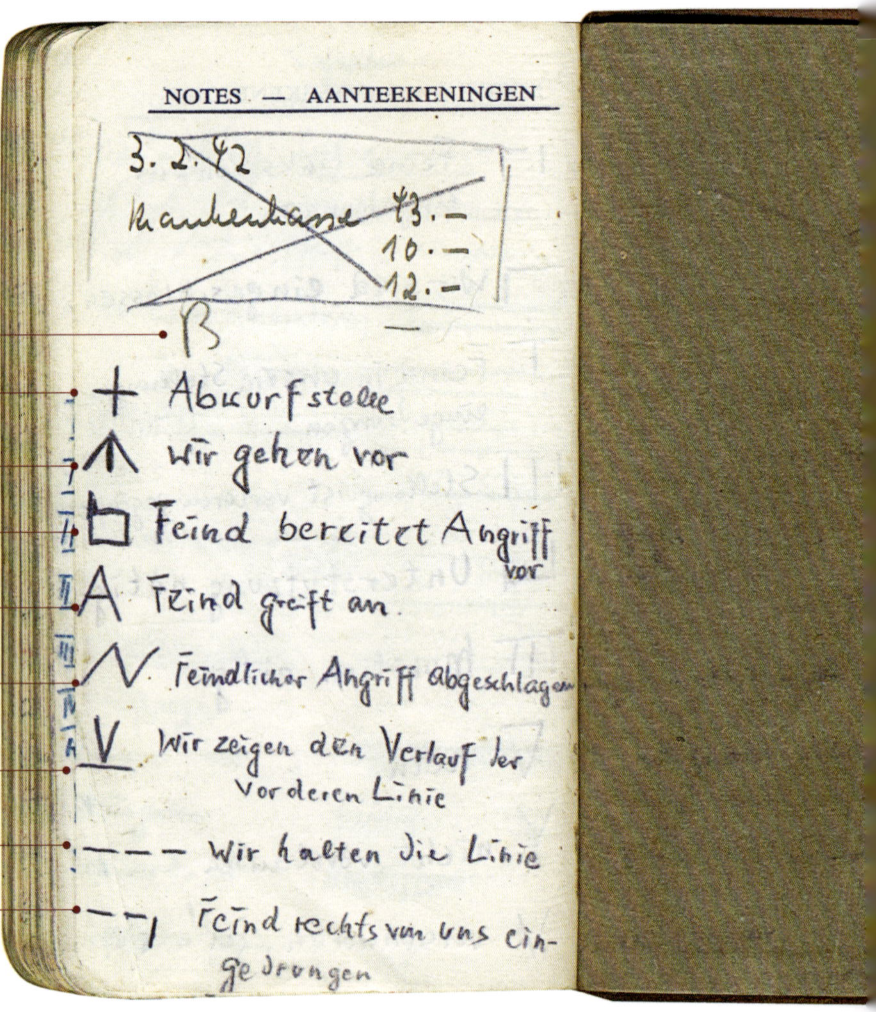

DIÁRIO DE GUERRA II

1944

—

1945

Heinrich Böll não respeitou a ordem cronológica ao iniciar esta caderneta. Ela se divide, portanto, em dois momentos.

Para continuar a leitura na ordem dos acontecimentos a partir do ponto em que ele encerrou o diário anterior, sugerimos pular até a página 231. Dali até a página 251 estão as anotações relativas ao período de 14.5 a 29.6.1944.

Na página a seguir, começam as notas referentes a 29.6.1944.

Primeiro-cabo Heinrich Böll

22 Ahrweiler / Rhld
Hotel 4 Winde[1]
F.P.No 48681C

Marienfeld
via Siegburg

(Debrecen, 29.6.44.)

Anotação posterior; trata-se da localidade da margem direita do rio Reno, perto de Much. Depois de o apartamento de Colônia, à rua Kreuznacher 37, ter sido destruído no verão de 1943, a família de Alois Böll foi evacuada para Marienfeld na condição de prejudicados por bombardeios. Conforme os registros, a partir de 4 de agosto de 1943, Maria Böll se instalou em Marienfeld e passou a morar com seus três filhos – Marie-Theresia, Franz e Gilbert – na Casa Paroquial St. Mariä Himmelfahrt, Marienfeld 13.

30.6.44
Sonho: descarrego madeira com Alois ao lado da Ponte Sul, atiramos a madeira por um buraco em direção a uma ponte localizada mais no fundo, ao retornarmos há uma enchente, em que moças estão nadando. Alois conversa longamente com um estranho misterioso.
Visita
Bergengruen: *Stabenhäuser*[2]
Möller: *Das Schloß in Ungarn*[3]
1. VII. 2. VII. 3 VII. 4. VII
Febre!!!
Apático
Ettighofer: *África*[4]
Schaeffer: *Der General*[5]
Grimm: *Volk ohne Raum*[6]

5.7.44
As horas sozinho à noite

---

[1] Vide nota correspondente na p. 149.

[2] Werner Bergengruen. "Stabenhäuser". In: *Der letzte Rittmeister* [Stabenhäuser. In: O último capitão de cavalaria]. Zurique: Arche Verlagsarchiv, 1952. Certamente esse conto foi publicado antes da edição do romance completo, que é de 1952, mas não foi possível apurar em qual edição.

[3] Eberhard Wolfgang Möller. *Das Schloß in Ungarn* [O castelo na Hungria]. Berlim: Zeitgeschichte-Verlag Wilhelm Andermann, 1935.

[4] Paul Coelestin Ettighoffer. *So sah ich Afrika. Mit Auto und Kamera durch unsere Kolonien* [Assim eu via a África. Com carro e câmera por nossas colônias]. Gütersloh: Bertelsmann, 1938.

[5] Albrecht Schaeffer. *Der General* [O general] Rütten & Loening, 1942 (1ª ed. 1934).

[6] Hans Grimm. *Volk ohne Raum* [Povo sem espaço]. Munique: Albert Langen, 1925.

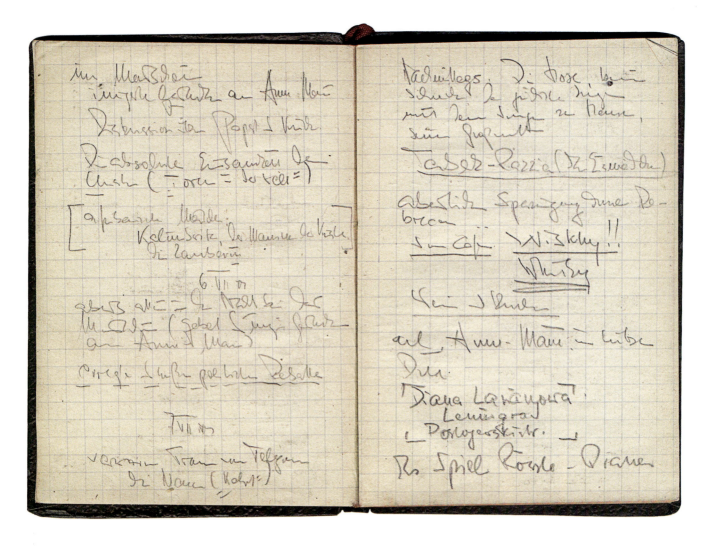

à luz do luar
os mais profundos pensamentos
   em Anne Marie
Discussão sobre papa e Igreja
A solidão absoluta em Cristo
   ("Loucos no mundo")[7]
contos africanos
[...] o homem das visitas
a feiticeira
6.7.44
à tarde sozinho à noite com o
[xxx] (Oração e pensamentos
   profundos
voltados para Anne Marie)
animado e acalorado debate político
7.7.44
sonho confuso com telegrama
os nomes ("[xxx]")

à tarde. A calça, sem sapato.
A cantoria feliz
com os meninos em casa
a avó deles
Tabaco-Razzia ([xxx] moça do gelo)
passeio vespertino por Debrecen
...
e no Café Wiskhy!
Whisky
Vinho e bolo
ah, Anne-Marie,
te amo
Diana Laranyowa
Leningrado
Rua Dostojewski
o jogo Rössle–Diana

7 Alusão à primeira epístola de Paulo aos Coríntios: "A linguagem da cruz é loucura para os que se perdem, mas, para os que foram salvos, para nós, é uma força divina. 19. Está escrito: Destruirei a sabedoria dos sábios, e anularei a prudência dos prudentes (Is 29:14). 20. Onde está o sábio? Onde o erudito? Onde o argumentador deste mundo? Acaso não declarou Deus por loucura a sabedoria deste mundo? 21. Já que o mundo, com a sua sabedoria, não reconheceu a Deus na sabedoria divina, aprouve a Deus salvar os que creem pela loucura de sua mensagem".
(Os trechos estão citados de acordo com a *Bíblia católica*, consultados em bibliacatolica.com.br/biblia-ave-maria/i-corintios/1 [N.T.])

8.7.44
Sonho
a faxineira de rosto feioso
e pernas tortas chora [xxx]
B.V.Z. — esperanças
[os artistas húngaros na]
chuva
9.7.44
Sonho: trabalho em uma fábrica
com companheiros do hospital...
Mais tarde, o skat é jogado em público com
  irmãs D.R.K.[8]; e eu sempre precisava dar
  cartas, que nunca bastavam
Por último, vejo num certo contexto Tilde e
  Anne-Marie...
—
à noite [xxx]
10.7.44
de manhã em

De manhã na missa
o rosto do jovem padre
Confissão e comunhão
—
Diana–Rössle
—
à tarde levar
4 cartas
Despedida dos dois filhos
—
Viagem por Kaba
a noite de verão em Großwardain
as tílias! a mão dela

[8] Sigla para Cruz Vermelha Alemã. [N.T.]

Histórias de Rössle
sobre paixão
Histórias de Bonk
11.7.44
Beckeszaba–Szentes
Puszta sob chuva
Chuva, chuva, chuva

No hospital!
—
12.7.44
No médico!
a irmã
do sargento.

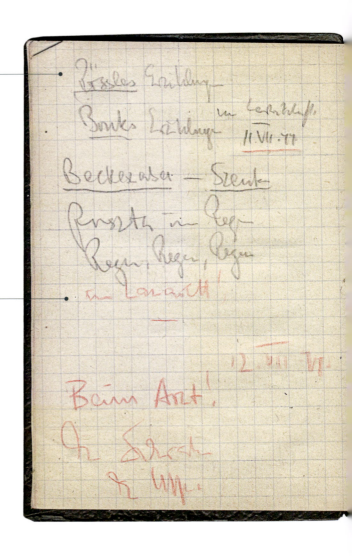

calorosa discussão
Irmã Sophia (horrorosa)

13.7.44
excelente [xxx] discussão política
17+4![9]
Beumelburg: *Gruppe Bosemüller*[10]
Ernst Jünger: *In Stahlgewittern*[11]
um ótimo livro
a biblioteca

14.7.44
alarme
"As criaturas"
17+4 partida sensacional

9 Jogo de cartas conhecido no Brasil como vinte e um. [N.T.]

10 Werner Beumelburg. *Gruppe Bosemüller* [Grupo Bosemüller]. Oldenburg: Gerhard Stalling, 1930.

11 Ernst Jünger. *In Stahlgewittern. Aus dem Tagebuch eines Stoßtruppführers* [Tempestades de aço. Diário de um comandante de tropa]. Berlim: E. S. Mittler & Sohn, 1920.

Na biblioteca legada por Heinrich Böll, a edição E.S. Mittler & Sohn de 1929 traz a anotação "Heinrich Böll 1944". – Vide também a carta do front n. 838, de 19.6.1944, escrita na localidade Szentes: "Tenho lido aqui muitos livros sobre guerra; Von Binding, Von Wiechert, Beumelburg; e também o 'Jünger', um ótimo livro: *Tempestades de aço*, preciso diário de todos os quatro anos da Primeira Guerra Mundial, quando Jünger, sem interrupções, esteve na frente ocidental das batalhas, vivendo na vanguarda os embates mais terríveis de todos os tempos. Realmente gostaria de adquirir esse livro, por ser um livro de um soldado de infantaria, real e sóbrio, preenchido pela paixão de um homem que tudo vê e experimenta com paixão e dureza"; *CF*, p. 1091.

acalorada discussão até 40°
// à noite, as histórias de Bonke sobre a
Rússia//
Burkart: o "lírico"
O cantor [xxx]

15.7.44
Sonho: entre outras coisas: ... estou confessando de joelhos diante do tabernáculo consagrado com longos [xxx]
e representa o inferno;
coroinhas de feições repugnantes voluptuosas
ajoelham-se ao meu lado...
Aguardente e cabeças quentes!

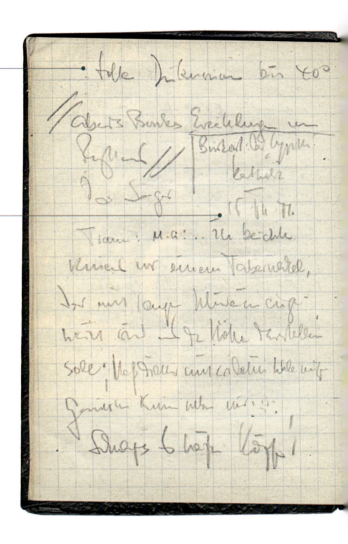

16.7.44
o medico-chefe em {camiseta de malha} passeando de bicicleta ao sol!
Deus nos dê em breve a paz
—
passeio vespertino com [xxx] nos bastidores do barco de balanço
comunhão à noite (o padre)
Caminhada na chuva, no mais maravilhoso {murmurante} ruído da chuva...
depois da chuva para o hotel!
—
sonho confuso
// Rabl: o meteoro //

17.7.44
Desolação ah Anne-
-Marie, você precisa estar do meu lado!
—
discussão sem fim sobre cristianismo
ninguém compreende o mistério
de Cristo
—
18.7.44
Sonho: Trabalho na Stollwerk, faço
tudo errado, Alfred está me ajudando;
ele ganha de presente [xxx] bons
 charutos acondicionados
em vidros...
Mais tarde vejo [xxx] e Hein
Deckstein,
que é um sargento ascético
—

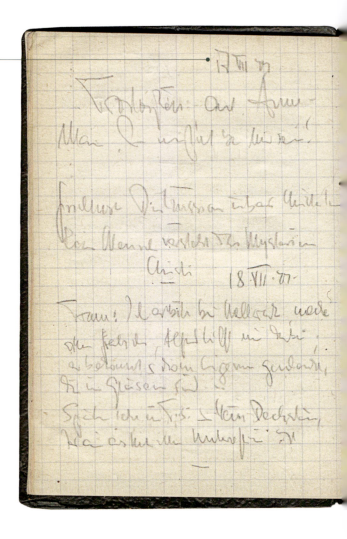

O irmão de Heinrich Böll, Alfred, após, em outubro de 1934, ter se inscrito em teologia na Universidade de Bonn, interrompeu o curso dois meses depois, bcm como o curso de matemática e química iniciado na Universidade de Colônia (no semestre de inverno de 1935/36), e fez uma formação comercial na fábrica de chocolates Stollwerck de 1.7.1936 a 30.6.1937, que ele encerrou com o exame para "assistente comercial" perante a Câmara de Comércio e Indústria em Colônia. Até 31 de outubro de 1937, permaneceu na função de escriturário da Stollwerck. No início do semestre de inverno de 1938/39, Alfred Böll se matriculou então novamente na graduação em física e química da Universidade de Colônia (25.10.1938) e estudou até ser recrutado no final de agosto de 1939. A fim de financiar os estudos, no período entre 1 e 22.8.1939, trabalhou na Stollwerck. Também Heinrich Böll e a irmã Gertrud trabalharam na fábrica (ao que tudo indica, tal como Alfred, em agosto de 1939).

De manhã na ginástica
o médico militar suado!

19.7.44
Chuva, chuva, chuva
palestra política

20.7.44
De manhã ginástica com o médico militar baixinho!
Atentado a Hitler
enquanto estamos no concerto.

Atentado de "20 de julho" a Hitler no Q. G. Wolfsschanze (Rastenburg/região da atual Polônia), cujo fracasso foi relatado por uma mensagem especial transmitida pela Rádio Alemã às 18h45 do mesmo dia. À 1h da manhã de 21.7.1944, o próprio Hitler fez um discurso radiofônico, o que deveria dirimir de vez o boato de que teria sido morto. Nessa mesma noite, Friedrich Olbricht, o ajudante de Stauffenberg Werner von Haeften, Albrecht Ritter Merz von Quirnheim e o conde Claus Schenk von Stauffenberg foram mortos baleados por um destacamento especial no pátio da rua Bendler (sede do Alto Comando das Forças Armadas, o OKW). – A esse respeito vide também a carta do front n. 839, de 21.7.1944: "Ao voltarmos 'para casa', esperava-nos a notícia da tentativa revolucionária dos oficiais e do ataque à vida de Hitler. Você pode imaginar que fomos dominados por uma excitação extraordinária; sentamo-nos ao pé do rádio a noite inteira e discutimos ansiosos"; *CF*, p. 1093.

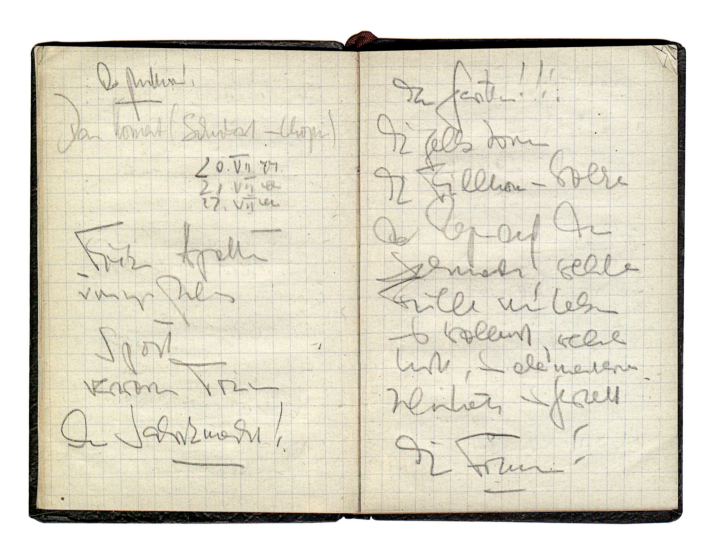

a [xxx]
—
o concerto (Schubert — Chopin)
20.7.44
21.7.44
22.7.44
—
Fritz [xxx]
pulso louco
—
ginástica
sonho confuso
a quermesse[12]!
—

o jardim!!!
o sol amarelo
a [xxx] — nuvem
a chuva na
quermesse, que
plenitude de vida
e sensualidade, que
desejo e elementar
beleza e forma
as mulheres!
—

[12] A esse respeito, vide a carta do front n. 840, de 22.7.1944: "em frente à janela lá de casa, de onde lhe enviei uma fotografia, tem lugar a vida colorida e variegada da feira. É algo de fato bem balcânico, mas é que estamos bastante ao sul da Hungria"; CF, p. 1094.

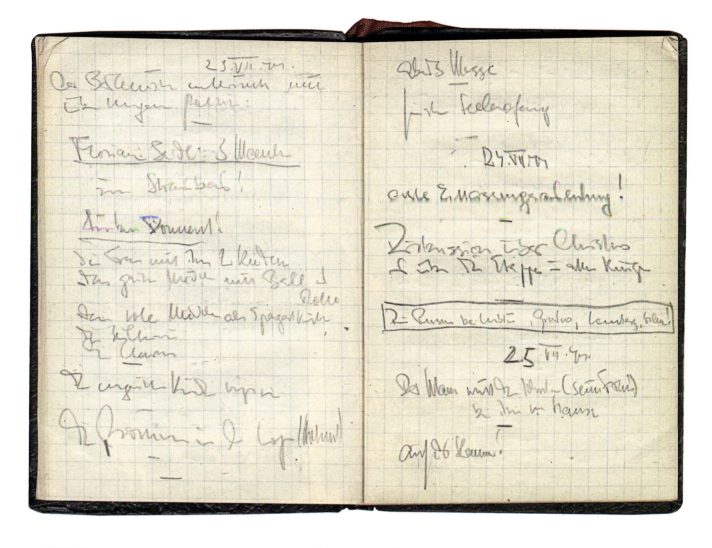

23.7.44
o salva-vidas me ensina
sobre política húngara
—
Florian: Seidl: *3 Menschen*[13]
na praia!
—
Documento médico!
a mulher com seus dois filhos
a garota verde com bola e patins
a garota vermelha como ginasta
a equilibrista
os palhaços
—
as crianças húngaras em torno
—
as autoridades eclesiásticas no
   camarote (missa solene)
—

missa vespertina
—
[xxx] pesca de alma
—
24.7.44
primeira recusa de dispensa!
—
Discussão sobre Cristo
e sobre a retaguarda em todas as
   guerras
—
Os russos em Lublin, Gradno,
   Lemberg, Vilna!
25.7.44
O homem com as {feridas} (sua
   {mulher})
na casa dele
—
no quarto!

13 Florian Seidl. *Drei Menschen. Deutsches Schicksal vor der Wende* [Três pessoas. O destino alemão antes da mudança]. Munique: Franz-Eher-Verlag, 1939.

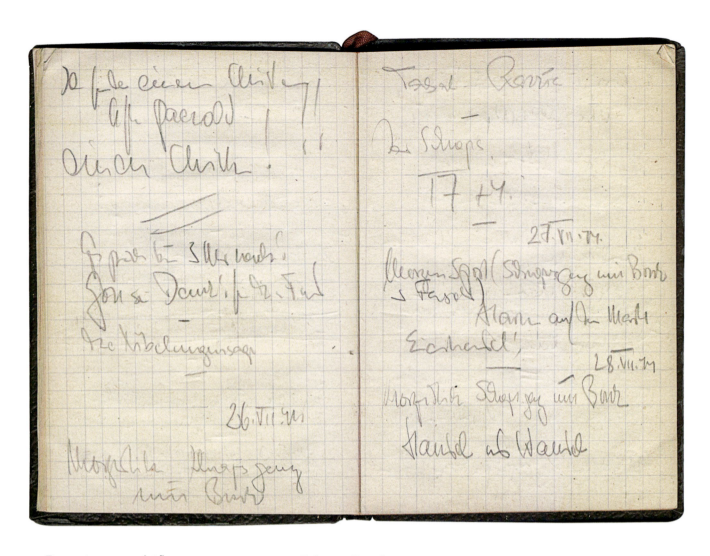

Encontro um cristão
Sargento Paezold
finalmente cristãos!!!
—
Conversa até as 3 da manhã
Graças a Deus! por este achado
—
a saga dos Nibelungos
—
26.7.44
Aguardente matinal suficiente com [xxx]

Tabaco–Razzia
—
a aguardente!
—
17+4
—
27.7.44
Pela manhã ginástica
   (caminhada com
[xxx]
e [xxx])
Alarme no mercado
Bosque de carvalho!
—
28.7.44
Caminhada matinal com [xxx]
Comércio e transformação[14]

14 Possível alusão ao tratado de economia de Friedrich Wilhelm Hackländer. *Handel und Wandel* [Comércio e transformação], 2 vols. Berlim: Franz Duncker, 1850.

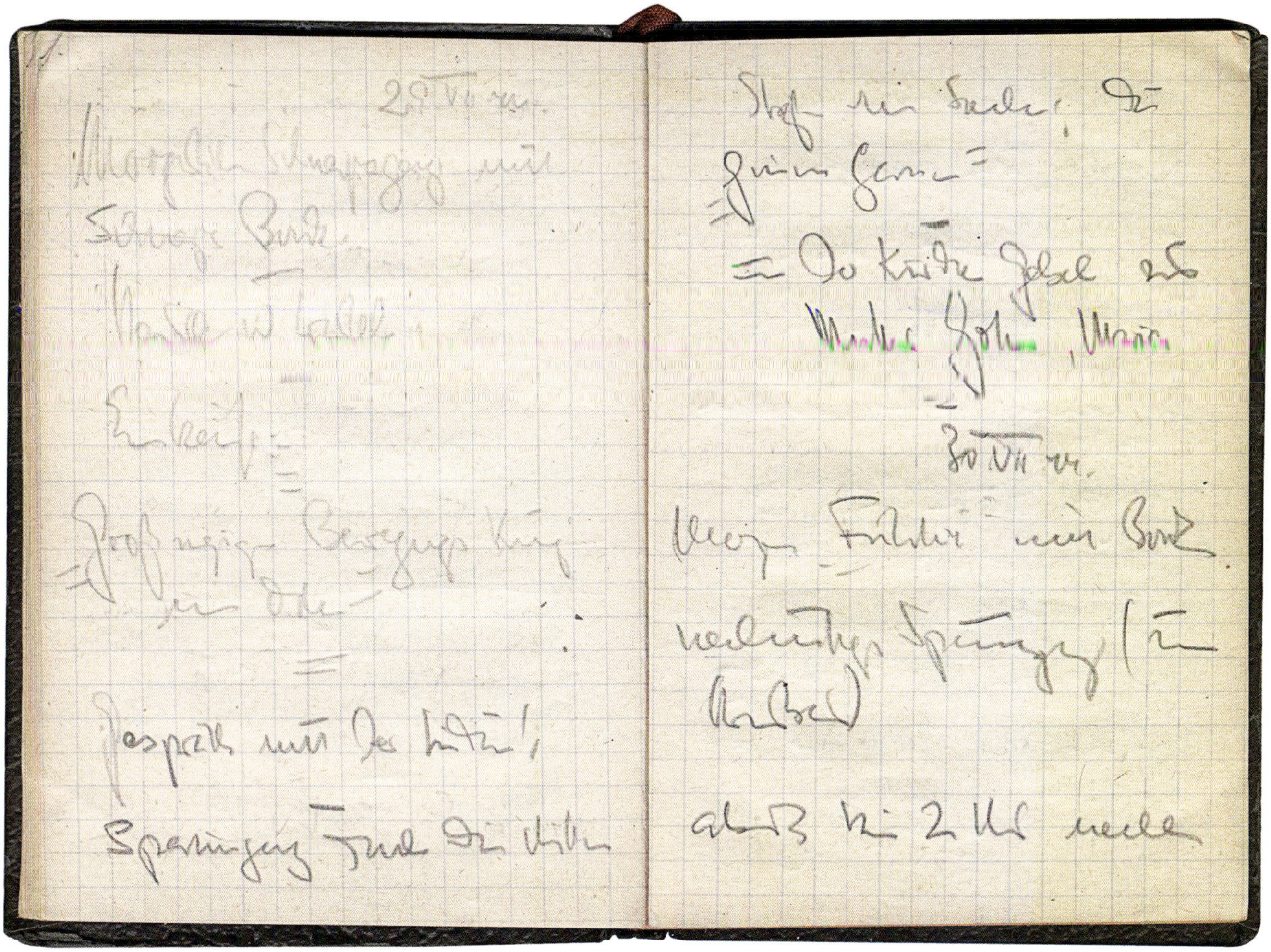

29.7.44
Caminhada matinal com
aguardente [xxx]
—
Comércio e transformação
—
Compras

"Ampla guerra de movimento no Leste"
—
Conversa com a judia!
—
Caminhada pelas silenciosas ruas [xxx] os
"becos verdes"
—
na igreja oração a
Nossa Senhora,
mãe de Deus
—
30.7.44
Cedo, "café da manhã" com [xxx]
à noite caminhada (na praia)
tarde até as 2 horas da manhã

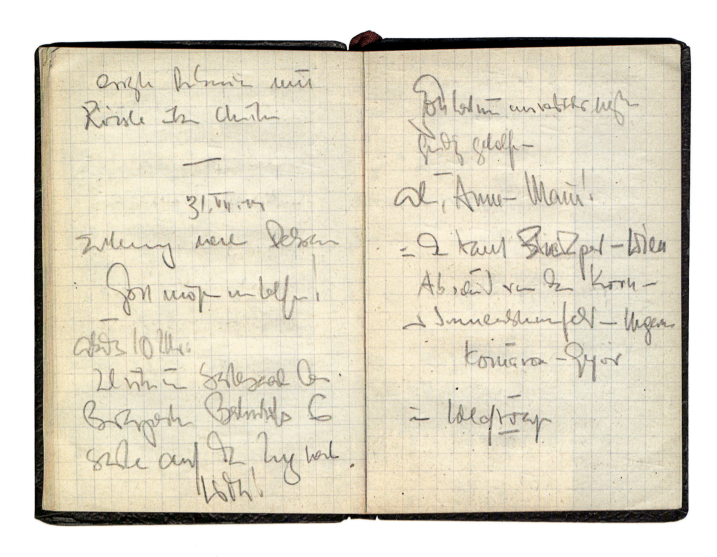

animada discussão com
Rössle sobre Cristo

—

31.7.44
Licença para Debrecen
Que Deus me ajude!

—

às 10 horas da noite:
Estou sentado na sala de espera da
estação ferroviária de Budapeste
espero o trem
para Viena!

Deus me ajudou imerecidamente
de maneira generosa —

—

oh, Anne-Marie!
à noite Budapeste–Viena
Despedida dos campos de trigo
e girassol — Hungria
Komarom–Györ

—

no vagão-leito

—

Alta do hospital militar de Szentes e viagem a Metz para a unidade de tropa de reposição do 212º Regimento de Infantaria – via Szolnok, Debrecen, Budapeste, Viena, Linz, Passau, Regensburg, Nuremberg, Heidelberg, Frankfurt, Koblenz, Colônia, Remagen e Ahrweiler (estada de um dia) – junto com Annemarie Böll seguindo para Metz.

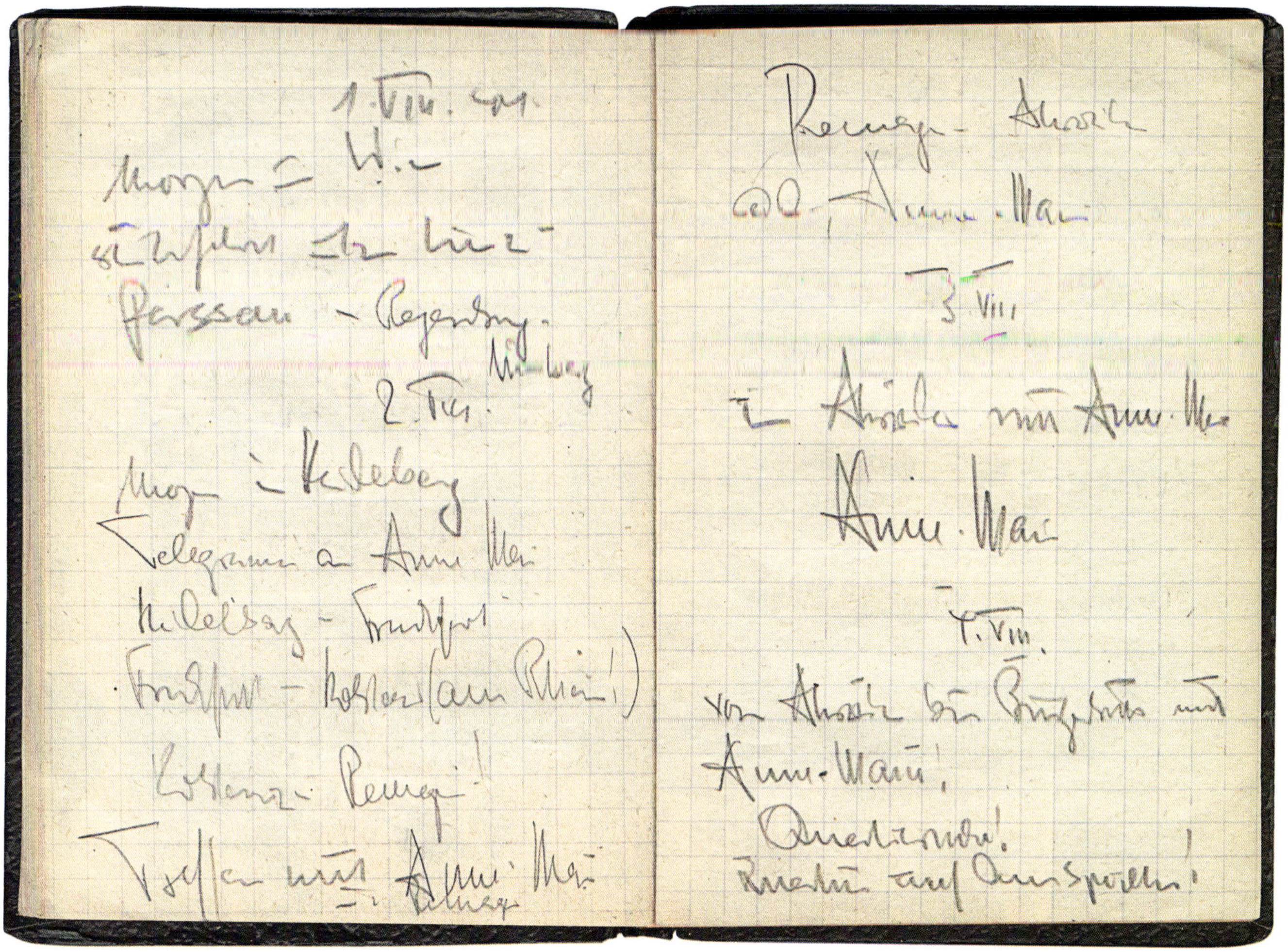

1.8.44
de manhã em Viena
Seguindo viagem por Linz–Passau–
 –Regensburg–Nuremberg
2.8.
De manhã em Heidelberg
Telegrama para Anne-Marie
Heidelberg–Frankfurt
Frankfurt–Koblenz (às margens
 do Reno!)
Koblenz–Remagen
Encontro com Anne-Marie
em Remagen

Remagen–Ahrweiler
oh, Anne-Marie
—
3.8
em Ahrweiler com Anne-Marie
Anne-Marie
—
4.8.
de Ahrweiler a Bingerbruck com
Anne-Marie!
Procurando hospedagem!
[xxx] para [xxx]!

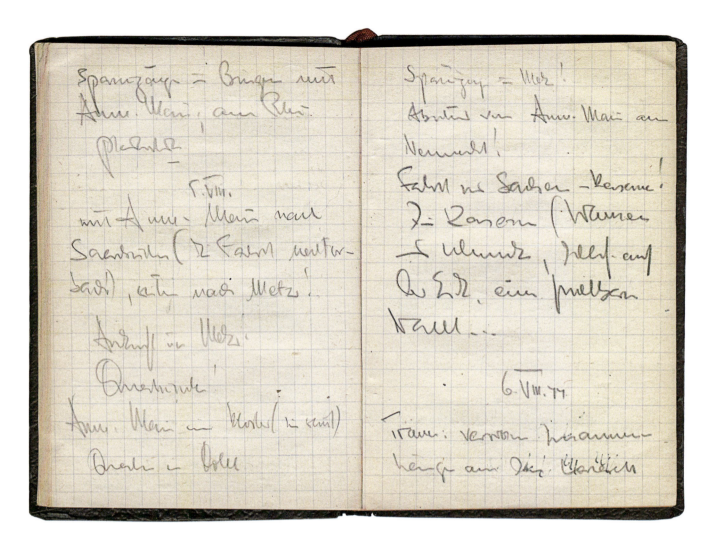

Passeios em Bingen com
Anne-Marie; ao longo do Reno
[xxx]
—
5.8.
com Anne-Marie para
Saarbrücken (a viagem para
 Forbach!),
em seguida para Metz!
Chegada a Metz
Procurando hospedagem!
Anne-Marie no mosteiro[15] ([xxx])
Hospedagem no hotel

Caminhada em Metz!
Despedida de Anne-Marie em
Neumarkt!
Viagem para a caserna da Saxônia!
A caserna (percevejos
e sujeira,
terrível noite de sono
no chão...
6.8.44
Sonho: conexões confusas
com o hospital

[15] Provavelmente no Cloître des Récollets, localizado na cidade antiga de Metz (França), rue des Récollets 1.

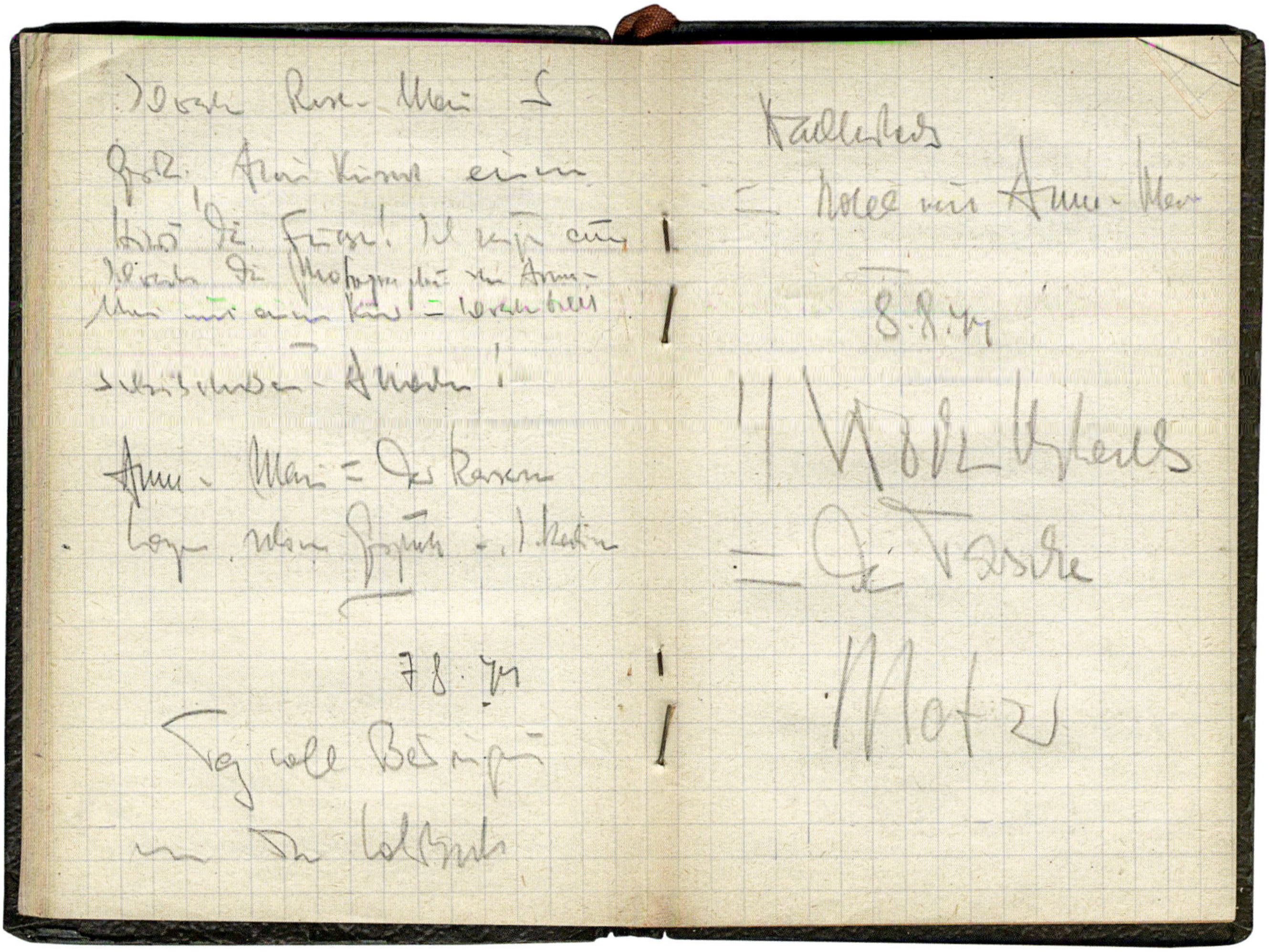

Irmã Rose-Marie e
[xxx]; Alois beija os pés de
uma Hiwi! Mostro a uma
freira a fotografia de Anne-
-Marie no pós-parto com uma
   criança
—
Escritório em Ahrweiler!
—
Anne-Marie na caserna
conversa longa e agradável [xxx] [xxx]
—
7.8.44
Dia cheio de angústia
[xxx]

Noite livre
no hotel com Anne-Marie
—
8.8.44
4 semanas de licença
no bolso
Metz

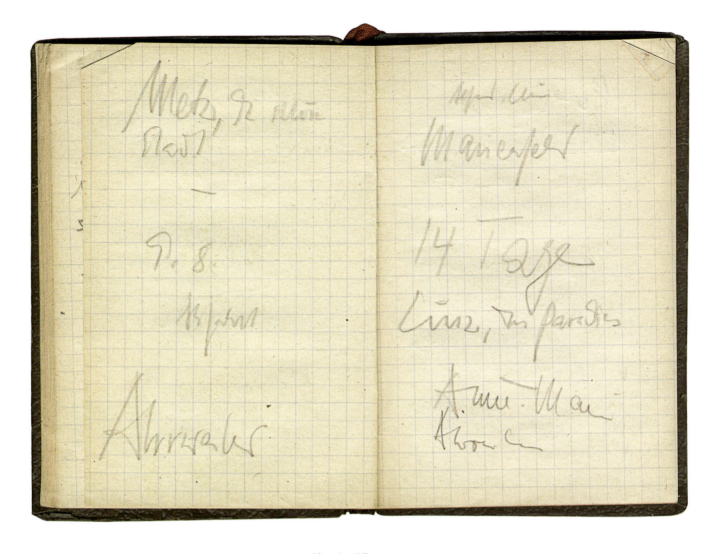

Metz, a bela
cidade
—
9.8.
Partida
Ahrweiler[16]

Alfred, Cläre
Marienfeld[17]
14 dias
Linz[18], o paraíso
Anne-Marie
Ahrweiler

[16] Sobre Ahrweiler, vide nota correspondente à p. 149.

[17] Vide nota correspondente à pp. 208-209.

[18] Referência à cidade alemã da margem direita do Reno, Linz am Rhein.

Sobre esse livro, vide a carta do front n. 404, de 10.12.1942, *CF*, p. 568, n. 508 de 11.4.1943, *CF*, p. 698, e n. 500 de 3.4.1943: "Talvez você conheça o trecho do *Diário de um pároco de aldeia* em que o jovem oficial conversa com o pastor a respeito dos soldados; tal conversa sempre me fascinou imensamente; o oficial diz – algo assim – 'ou vão todos para o céu ou nenhum...', quem sabe você relê e me escreve contando. Inclino-me a pensar que todos vão para o céu... é claro que isso só não é possível teologica e logicamente, porque os igualaria aos mártires. Mas certamente sucede logo após a morte do mártir a morte do soldado, na 'hierarquia' de modos de morrer. Sempre, mas sempre, sempre devemos lembrar que temos esperança na vida, a vida que começa com a morte. É tão simples e grandioso o fato de nunca considerarmos muito bem que Cristo venceu a morte...", *CF*, p. 683.

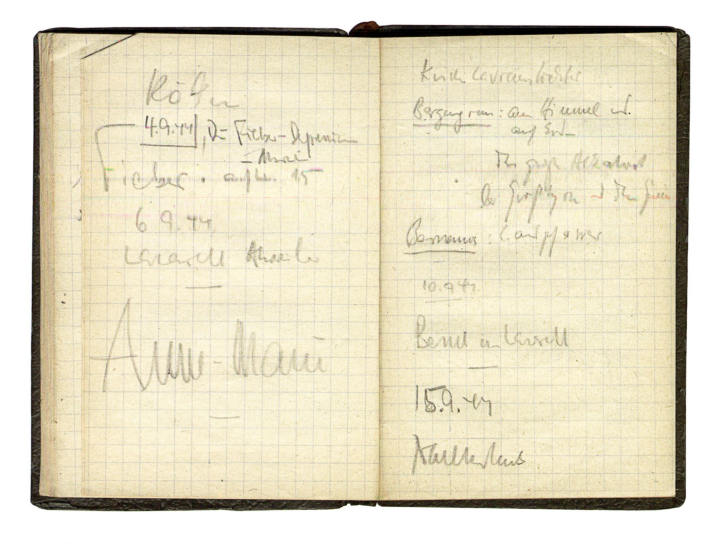

Colônia
4.9.44, as depressões febris em Ahrweiler
Febre! na linha 15
6.9.44
Hospital Ahrweiler[19]
—
Anne-Marie
—

Kristin Lavranstochter[20]
Bergengruen: *Am Himmel wie auf Erden*
Der große Alkahest
Der Großtyrann und das Gericht[21]
Bernanos: *Landpfarrers*[22]
10.9.44
Visita ao hospital
—
15.9.44
Noite livre

[19] *Dr. Von Ehrenwall'sche Klinik*, à rua Walporzheimer em Ahrweiler. Essa clínica fundada em 1877 passa a funcionar no início da guerra como hospital de reserva empregado pela Wehrmacht, com 120 leitos.

[20] Sigrid Undset. *Kristin Lavranstochter*. Volume único do romance em trilogia (*Der Kranz, Die Frau, Das Kreuz*) que está na biblioteca do espólio de Heinrich Böll na edição de 1926/1927 da Rütten & Loening.

[21] Werner Bergengruen. *Am Himmel wie auf Erden* [No céu como na terra]. Hamburgo: Hanseatische Verlagsanstalt, 1940; *Der große Alkahest* [O grande Alkahest]. Berlim: Wegweiser Verlag, 1926; *Der Großtyrann und das Gericht* [O príncipe tirano e o tribunal]. Hamburgo: Hanseatische Verlagsanstalt, 1943.

[22] Georges Bernanos. *Aus dem Tagebuch eines Landpfarrers* [Diário de um pároco de aldeia]. Leipzig: Jakob Hegner Verlag.

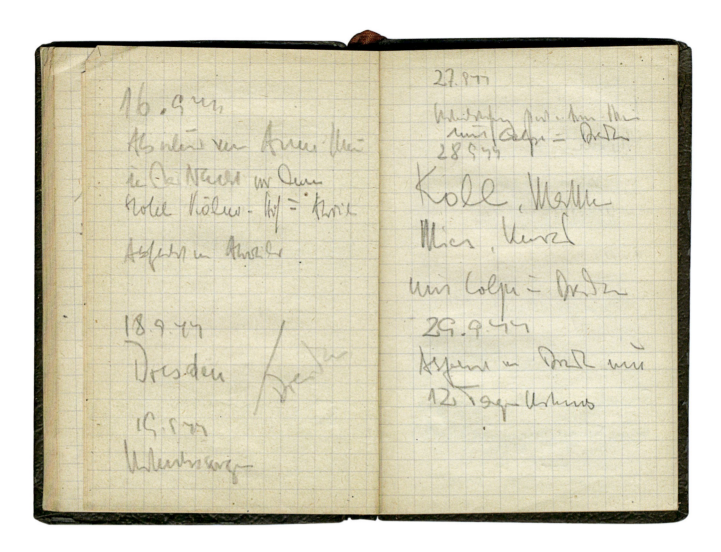

16.9.44
Despedida de Anne-Marie
à noite em frente ao
Hotel Kölner-Hof em Ahrweiler
Partida de Ahrweiler
18.9.44
Dresden
Dresden
19.9.44
Preocupações concernentes às férias

27.9.44
Início das férias correspondência de Anne-Marie
com [xxx] em Dresden
28.9.44
Koll, [xxx]
Mies, Kurzel
com Colpe em Dresden
29.9.44
Saindo de Dresden com
12 dias de férias

Heinrich Böll esteve na Unidade 5 do hospital de reserva da Cruz Vermelha localizado à rua Paradies 26, bairro Zschertnitz, no sul da cidade de Dresden. – Vide as cartas do front de n. 852 a 863, de 18 a 27.9.1944; 9, pp. 1105-1115.

30.9.44
Ahrweiler —
Anne-Marie!
1 a 4.10 em Colônia
Ataque aéreo
em Ahrweiler[23]
Ataque à bomba no domingo
enquanto caminhava com mamãe!
—

uma [xxx] semana de ataques a Ahrweiler
—
oh; Anne-Marie!
10.10.44 primeiro acesso de febre
Férias prolongadas até dia 19
20.10.44 segundo acesso de febre
—
Anne-Marie, meu bem.
—
Mamãe
—
21.10.44
no hospital militar em
Bad Neuenahr

23 Não comprovado.

Entrada no Hospital Militar 2/612; vide igualmente a nota correspondente à p. 255.

22.10.44
Sonho
com Paul Cech[24] (que joga)
e com o filho de Kempens (que
   remenda pneus de bicicletas)
e com Tibi[25]!

23–24.10.
Vivo apenas daquela hora em que
Anne-Marie está comigo
todos os dias.
Que linda ela é, minha
mulher amada.
ah, Anne-Marie. Você
—

[24] Irmão de Annemarie Böll, cuja família morava em Trier. Paul Cech faleceu em novembro de 1943, aos 32 anos, no domicílio em Ladogasee.

[25] Não comprovado.

A partir desta página, e até a página 251, as anotações de Heinrich Böll referem-se ao período de 14.5 a 29.6.1944. É, portanto, cronologicamente, a continuação da página 190.

Para retomar a sequência dos acontecimentos de outubro de 1944, vá para a página 252.

14.5.44
Com Anne-Marie em Saarbrücken
no hotel

15.5.
Despedida de Anne-Marie
Deus tenha compaixão de nós!
Anne-Marie, seu rosto amado
vi às 5h54 da manhã
de 15 de maio de 1944 —
até o próximo encontro...
Você, minha vida...
à tarde de volta a Bitsch!

16.5.44
Marcha matinal!
Seleção de batatas!

Annemarie e Heinrich Böll tiveram esse encontro em Saarbrücken, que foi o último antes da transferência dele para Jassy.

O casaco — na chamada
à tarde na cidade — debate com
Jak Jansen!
os dois meninos
—
A mulher na cama dos camaradas!
Deus ajude a todos!

17.5.44
Aprontar para a marcha!
19h15 partida para Bitsch
travessia do Reno
Rastatt–Karlsruhe

18.5.44.
Heilbronn
Nuremberg
na chuva
Regensburg
Passau

19.5.44
através do maravilhoso
   Bosque de Viena

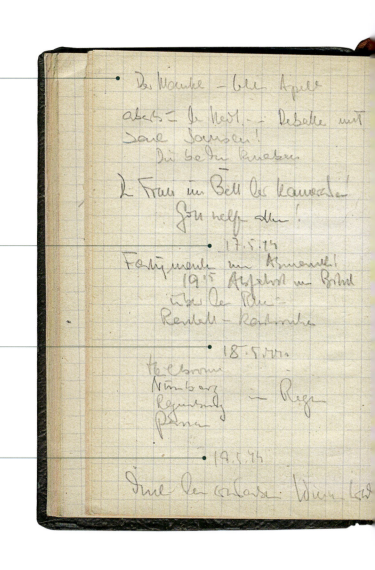

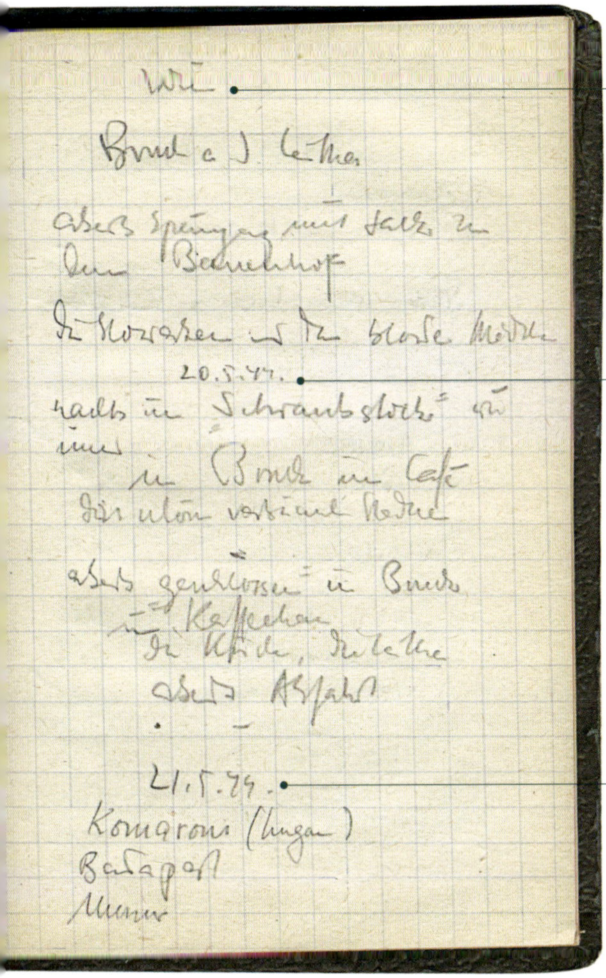

Viena
Bruck an der Leitha
à tarde passeio com Jack até a propriedade rural
os eslovacos e a moça loira

20.5.44
à noite no "Schraubstock" como sempre
no Café em Bruck
[xxx]
—
à tarde "todos juntos" em Bruck
no Kaffeehaus
a cozinha, o rio Leitha
à tarde sigo viagem
—

21.5.44
Komarom (Hungria)
Budapeste
[xxx]

Puszta!

2.5.44
Puszta
Kaba, Debrecen
negociei com Jack no trem civil,
a aguardente na sala de espera!
Os húngaros!

23.5.44
Dsibo
Des

24.5.44
Minorfalva
[xxx] estada
com Jack por longo tempo pelo caminho
Cigarros!
Szeretgalva
—

25.5.44
Deda–Felso
Sonho: mamãe é levada pelo médico,
gravemente doente

Cárpatos

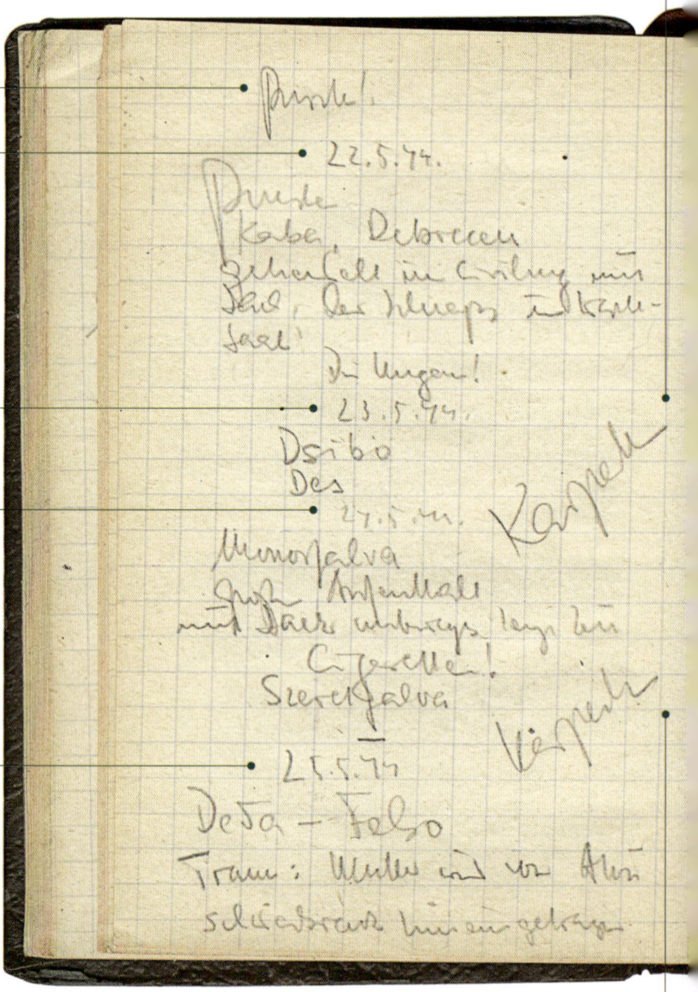

Cárpatos

ela é curada
com massagens de Anne-Marie
Procuro hospedagem com
Anne-Marie

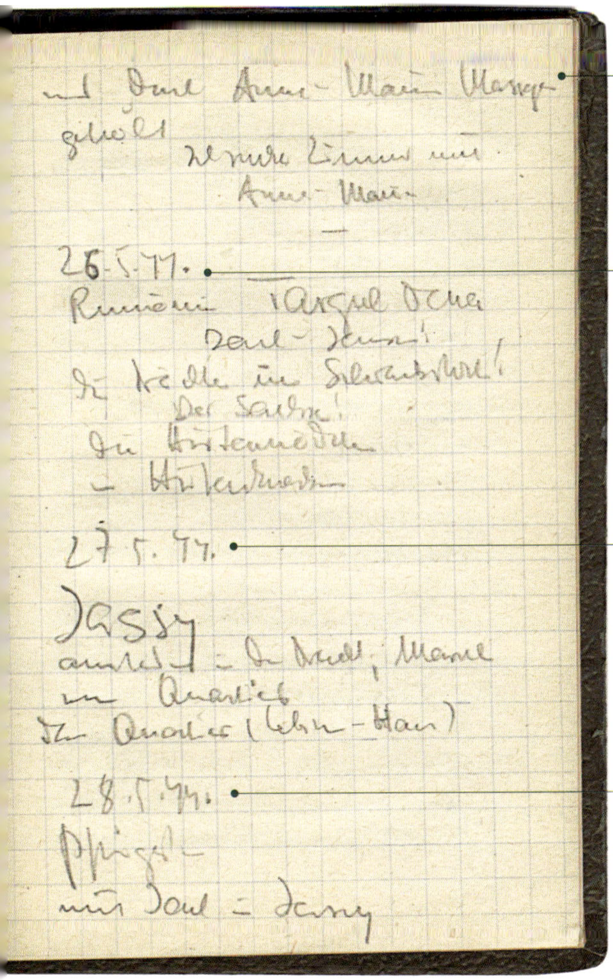

26.5.44 —
Romênia Târgu Ocna
Paul Jansen!
as noites em [xxx]!
O saxão!
as pastorinhas
e os pastorinhos

27.5.44
Jassy
descarregamento à noite; marcha até o quartel
quartel (construção de barro)

28.5.44
Pentecostes
com Jack em Jassy

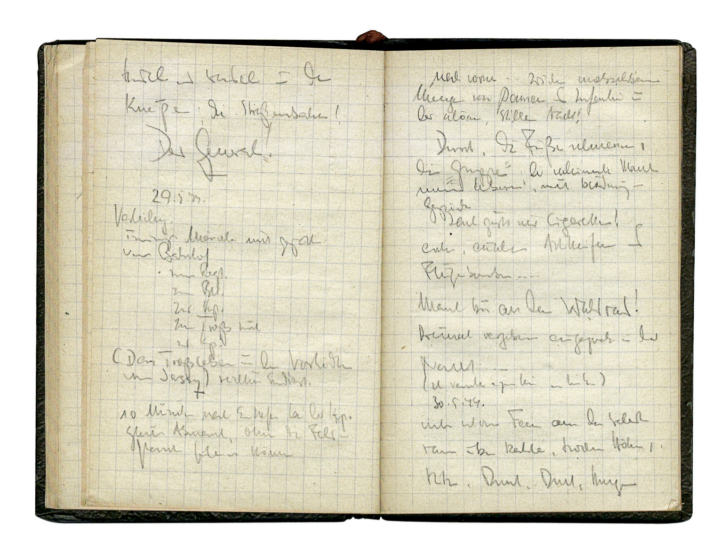

Comércio e transformação nos
bares; as meninas de rua
O general!
—
29.5.44
Distribuição.
Marchas matinais com mochila
da estação de trem
para o regimento
para o batalhão
para a companhia
de volta ao paiol de abastecimento
para a companhia
(A vida de soldado nos subúrbios
de Jassy) [xxx].
—
Logo 10 minutos após a chegada à
   companhia, retorno à marcha,
   sem direito a encher cantil
à frente... entre imprevisíveis
multidões de tanques e infantaria
   na bela e silenciosa noite!
Sede, dor nos pés,
o "grupo", a pior marcha
da minha vida, com a estúpida
mochila
Jack me dá cigarros!
o primeiro e único tiro de artilharia e
bombas aéreas...
Marcha até a borda da floresta!
Em vão me entrincheirei três vezes
   na noite
(Na verdade estou tentando mancar)
30.5.44
sob fogo pesado saindo do [xxx]
por entre escarpas ásperas e
   desoladoras,
calor, sede, sede, fome

e tortura
tanques, bombardeiros e artilharia
terrivelmente um [xxx] da batalha
—
Valha-me Deus!
primeiros mortos e feridos
—
Estou trazendo de volta um homem
 ferido
—
marcha ininterrupta até a noitinha
sobre essas encost… [xxx]
excessivamente desoladoras
—
Sede!
Agua! Bombardeiros!
Tanques!

Desgraça!
Sangue e fogo!
Desgraça! Aflição, sujeira e
miséria...
os tanques ficam atrás de nós
 porque
não têm combustível!!
—
Bebi água de charco!
O romeno nos dá água!
Sujeira e poeira!
Fiquei uma vez para trás e
me perdi até pouco antes das
linhas russas [xxx] as balas passam
assobiando pertinho da minha
 cabeça
numa vala rastejo de volta com
 dificuldade

à noite uma briga com o Kapo
completamente exausto, ainda
    tenho que cavar trincheira
    enquanto tanques perigosos
    roncam por perto...
Estou deitado em um buraco, bem
    próximo jaz um russo morto e
    meio decomposto...
—

Briga com Jack
—

de manhã cedo, apesar do frio e das
    adversidades, adormeci
—

31.5.44
às 4 horas, ataque ao castelinho
com cuidado seguimos adiante sob
    fogo cerrado...
até as vinícolas abandonadas,
onde o mato cresce alto

Estou vendo a infantaria russa bem
   perto de nós...
Três tanques russos surgem do nada
em cima de mim e no mesmo
   instante em que [xxx], sou ferido.
Estou caído com o ombro sangrando
   e o coração receoso, até os tanques
   atrás de mim se distanciarem, ao
   passo que a infantaria russa se
   aproxima cada vez mais...
—
então eu saio embalado... e minha
   jaqueta debaixo do braço — para
   trás... tropeço, corro, tropeço...
   enquanto as [xxx] feito densos
   enxames de abelhas zunem em torno
   de mim...
—
Alcanço a companhia
recebo um curativo e volto devagar

O ferimento no dia 31.5.1944 aconteceu na área situada cerca de 10 km ao norte de Jassy, no lado sul da localidade de Stanca, às margens do rio Jijia e perto do castelo local. – Em 30.5.1944 teve início, perto de Jassy, uma estratégia alemã de ataque (até 6.6.1944), conforme registrado no relatório da Wehrmacht de 31.5.1944: "No leste, ao norte de Jassy, com o excelente suporte de fortes esquadrões alemães e romenos de aviões bombardeiros de batalha e campo, as unidades de infantaria e tanques lograram um posicionamento bem coeso e profundamente estruturado, levando os soviéticos, por meio de duros combates, a retroceder à planície fluvial situada bem atrás. A área conquistada foi mantida, não obstante os repetidos contra-ataques bolcheviques. Pilotos de caça e ataque destruíram sobre essa área 69 aeronaves inimigas" (citado a partir de *Die Wehrmachtberichte 1939-1945* [Os relatórios da Wehrmacht 1939-1945]. 3 vols. Munique: Deutscher Taschenbuch Verlag, 1985, vol. 3, p. 114).

Vide também em *Die Geheimen Tagesberichte der deutschen Wehrmachtführung im Zweiten Weltkrieg 1939-1945* os relatórios de 30 e 31.5.1944: "Grupo da Armada do general Wöhler: O grupo do gen. Mieth juntou pela manhã a 14ª, a 23ª, a 24ª Divisão de Tanques e a 79ª Divisão de Infantaria para atacar a região ao norte de Jassy. Com apoio efetivo da própria força do ar e de artilharia num ataque abrangente de varredura, foi rompida a primeira posição antagonista, opondo resistência em batalhas cada vez mais difíceis, que penetraram no campo do inimigo, contaminado por inúmeras minas. Até a tarde, a elevação em nossas mãos era a margem do rio Jijia, de Lazareni até Stanca a leste. Contra-ataques hostis vinham do sudeste de Lazareni, onde a pressão inimiga aumentava, e viriam a ser vencidos. Ainda estamos atacando contra Stanca, lugar tenazmente defendido pelo inimigo" (relatório datado de 30.5.1944).

"Grupo de Exércitos do general Wöhler: Prossegue o ataque para expandir a testa de ponte em Jassy, contra a resistência inimiga crescente e persistente, com emprego de tanques. A 23ª Divisão de Tanques e a 79ª Divisão de Infantaria se mantêm ainda na luta por Stanca e por ambos os lados das imediações da aldeia. O ataque da 24ª Divisão de Tanques forçou um embate contra as forças inimigas que estão apoiadas por tanques ao sudoeste de Stanca, e seu contra-ataque destruiu 29 tanques nossos" (relatório de 31.5.1944). (Vol. 10, 1 mar.-31 ago. 1944, p. 239 et seq.)

Em 2.6.1944, Böll escreve, na carta do front n. 806: "Anteontem, uma quarta-feira após Pentecostes, já às 6 horas da manhã, fui ferido a 20 metros das linhas russas no último ataque. Desta vez literalmente carrego 'ferro nas costas', três consideráveis estilhaços se alojaram no meu ombro esquerdo, sensação bem desagradável, uma vez que não posso me deitar nem sentar. Se é desta vez que retorno para a Alemanha, não sei, quase duvido, mas em todo caso espero muito poder vê-la em breve [...] Os últimos dias foram realmente horríveis. Estou feliz que Deus desse modo tenha me salvado. Estava incrivelmente quente o dia todo, tudo empoeirado, e não havia sequer uma gota para beber e nada para comer, e nesse estado íamos avançando com fogo pesado de uma altura desértica até a outra; ah, era o próprio inferno. Quando a noite chegou, pela segunda vez precisamos cavar trincheira em vez de descansar; de manhã sucedeu logo o ataque decisivo, do qual participei até o final. Quando eu estava então ferido e mal enfaixado, tanques russos irromperam de repente, tivemos que sair correndo; ao mesmo tempo, 50 metros à nossa frente tudo escureceu com a aproximação da infantaria russa! Aquilo foi então o pior, a fuga, mas Deus me salvou e me manteve vivo, e agradeço a Deus de todo o coração! Espero poder lhe relatar mais detalhes pessoalmente. Estou debilitado demais para escrever, abrace todos por mim"; *CF*, p. 1051.

De Jassy (Iași), Heinrich Böll foi transportado via Târgu Frumos, Paskani, Roman, Bacau, Adjud, Onesti, Târgu Ocna, Comanesti, Miercurea-Ciuc, finalmente chegando a Sfîntu Gheorghe, onde foi acolhido no Posto de Atendimento de Enfermos no dia 4.6.1944.

para trás
a história com Jack!
o longo e árduo caminho de volta para
o Centro de Primeiros Socorros
a cirurgia
no vagão
—
1.6.44
no vagão
[xxx], à noite ao
[xxx] transferir para o B.V.Z.
—
2.6.44
B.V.Z. [xxx]
Despedida de Jack!
através da Romênia, [xxx]!
3.6.44
[xxx]

[xxx] na porta do vagão!
de manhã, caminhada sobre um pequeno [xxx]
—
Atravessando o passo
a ponte
Hungria!
[xxx]!
(Tropas da Crimeia)
os Cárpatos
Anne-Marie!
—
Receio por Anne-Marie!
—
ah, querida Anne-Marie.
Minha vida, Deus nos permita
um reencontro!

Deus tenha misericórdia de nós
—

4.6.44
em [xxx]
o bar húngaro
cerveja e prazerosa música de violino
caminhada com Jack
as pessoas!
— a maldade! —
Fila
Posto de Atendimento de Enfermos
Sepsiszentgyörgy
no [xxx] dos Cárpatos
—
Piolhos!
ah, querida Anne-Marie!

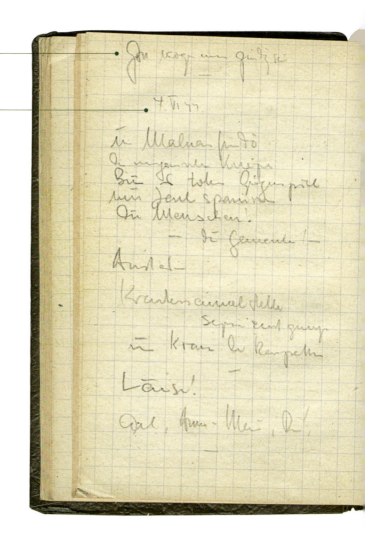

5.6.44
sonhos confusos
vi também Anne-Marie!
—
Sepsiszentgyörgy
na cidadezinha
6.6.44
Sonhei que estava correndo dos russos
Sonhei com Anne-Marie (em Braunau)
ah, Anne-Marie, meu bem!
—
Pela manhã alarme antiaéreo na
pradaria do parque
—
à tarde assuntos financeiros
a garrafa!
com Jack na casa da sra. Krahé
à noite: o [xxx]!

7.12.44
Lavanderia!
Desembarque no Ocidente!

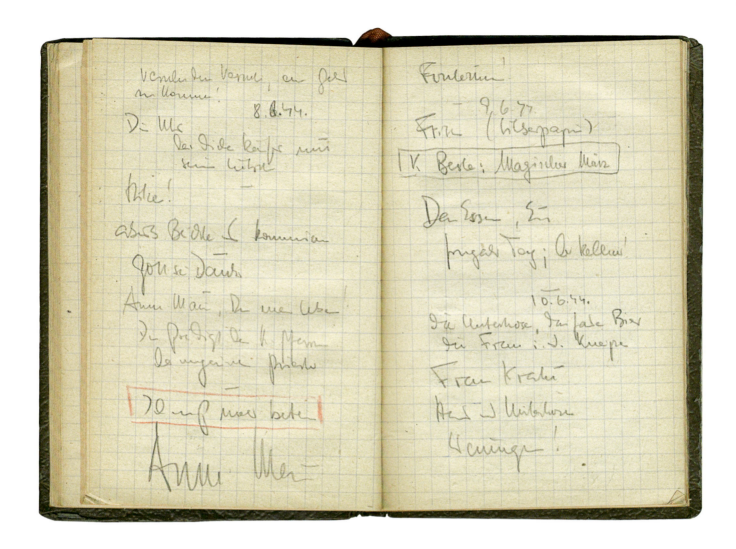

diversas tentativas de conseguir dinheiro!
8.6.44
O relógio
o comprador gordo com
sua querida
—
Calor!
à tarde confissão e comunhão
—
Graças a Deus
Anne-Marie, amor da minha vida!
O sermão do capelão militar
o sacerdote húngaro
—
Preciso rezar mais
Anne Marie

Corpus Christi.
9.6.44
[xxx] (papel prateado)
K. Beste: *Der magische März*[26]
A comida, sorvete
dia frugal; o garçom!
—
10.6.44
a cueca, a cerveja insossa
a mulher no bar
Sra. Krahé
Noite de cueca
Weininger!

26 Konrad Beste. *Der magische März* [O março mágico]. Berlim: Vier Falten Verlag, 1937.

11.6.44
Sonho com nascimento
(Zwitter) e Von Kerc!
—
Missa pela manhã!
—
no bar
a calça de brim
O soldado raso na casa da sra. Krahé
—
12.6.44
sonhos confusos com guerra
no almoço comida frugal
—
à noite xadrez com Jack
—
13.6.44
Vinho na casa da sra. Krahé
(a pecadora escura)

14.6.44
o grisalho domador de leões
no passeio
as mulheres!
as meninas no carro!
à noite ida ao médico, a ferida!
rumo a Debrecen!
—
15.6.44
negociando com Jack pela manhã
o cobertor!
Pressa!
Despedida do Jack ao meio-dia
e partida
—
viagem horrorosa até Maros-Vasarhely/Neumarkt
—

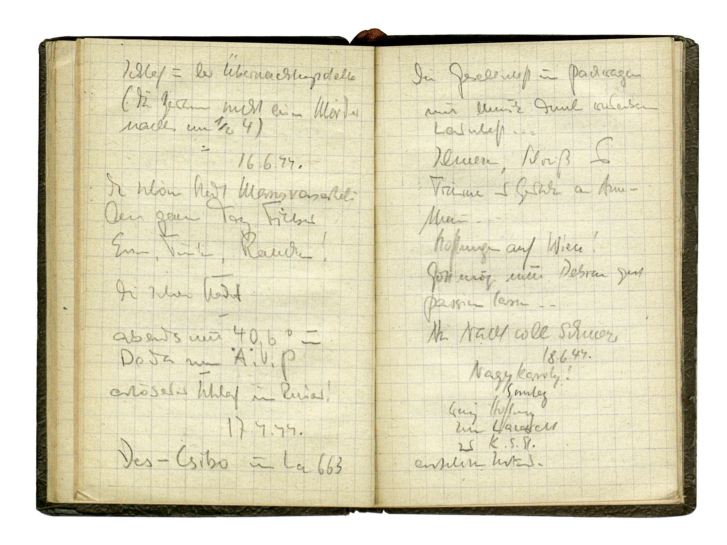

Sono no posto de pernoite
(a [xxx] está procurando um
   assassino às 3h30 da manhã)
—
16.6.44
a bela cidade de Maros Vasarhely
febre o dia inteiro
Comida, bebida, cigarro!
—
a bela cidade
—
à tarde com 40,6° em
Deda para o Centro de Primeiros
   Socorros
—
sono restaurador na área
17.4.44[27]
Des-Csibo im La 663[28]

o grupo de pessoas no furgão
com música através da maravilhosa
paisagem...
Dores, suor e
sonhos e pensamentos em Anne-
-Marie
Esperanças voltadas para Viena!
Deus queira me deixar passar bem
Debrecen...
A noite cheia de dor
18.6.44
Nagykaroly!
Domingo
pouca esperança
para o hospital para o
Posto de Atendimento de Enfermos
terrível condição.

27 Correto: 17.6.44.
28 Desconhecido.

piolhento, sujo, miserável
febril, com dor de cabeça!
À noite: sonhos malucos com T.S. de Alois e com a escola
—
19.6.44
Esperar, esperar, febre!
20.6.44
os "outros vão para a Alemanha"
rumo à cidade
Perfumaria
a cidade, as pessoas
completamente perdido, empobrecido
e, ainda por cima, sempre piolhento!
à tarde desepero: "pecado"

os russos cantam e jogam xadrez
uma agradável e magnífica noite de junho em Debrecen
Carta para Alois[29]
21.6.44
Sonho com a moça húngara
no bar
Indo para o despiolhamento...
Andando na orla do [xxx]
em Debrecen.
O despiolhamento!
Febre
No quarto 5, ambiente horrível/
Deus me ajude!
Mudança para o quarto 1
no médico, 40° a tarde
o sr. médico-chefe
Pengö[30]

[29] Não consta do espólio.

[30] Unidade monetária húngara entre 1925 e 1946. Em 1944 o câmbio oficial de 100 *pengö* equivalia a 135,70 *Reichsmark*.

Natascha, a [xxx]
22.6.44
Febre, desolação
Griese: *Die Wagenburg*[31]
Loti: *Islandfischer*[32]
Wilhelm Schäfer[33]
Mark Twain
—

"Anne-Marie entra pela porta"
23.6.44
o acordeão, o purgatório
—

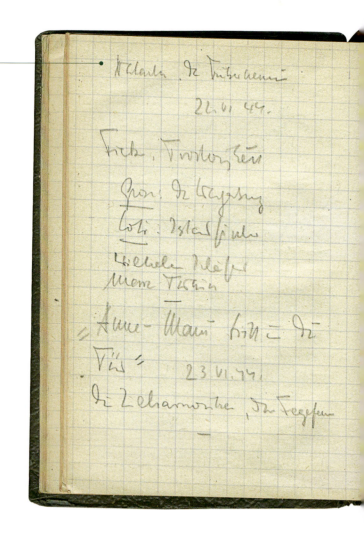

31 Friedrich Griese. *Die Wagenburg* [O forte de carros]. Munique: Albert Langen/Georg Müller Verlag, 1935.

32 Pierre Loti. *Islandfischer* [O pescador da Islândia]. Leipzig: Kröner, 1924 [1ª ed. 1886].

33 Wilhelm Schäfer. *Die Mißgeschickten* [Os desajeitados]. Munique: Albert Langen/Georg Müller Verlag O.J.

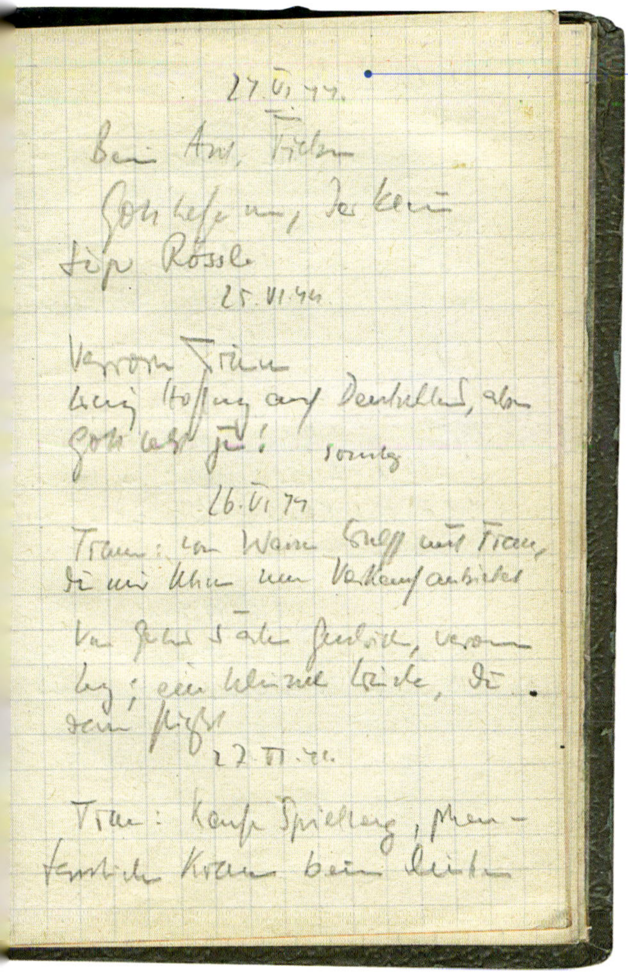

24.6.44
No médico, febre
Deus nos ajude, o pequeno
[xxx] Rössle
25.6.44
Sonhos confusos
pouca esperança na Alemanha, {mas}
Deus vive, sim!
Domingo
26.6.44
Sonho: com [xxx] e sua esposa,
ela quer me vender relógios
—
[xxx],
[xxx]; uma [xxx], que
então flui
27.6.44
Sonho: estou comprando brinquedo,
tralha fantástica no [xxx]

[xxx] e sua esposa, junto com Alois
— mais tarde tenho um compromisso
   marcado com Anne-Marie
numa taberna, que então com muita
   dificuldade estou procurando na
   cidade (?) e com a ajuda de papai,
   que depois encontro, enfim acho;
   enquanto
estou esperando Anne-Marie me vem
a leve sensação
de que vovô está sentado
atrás de mim... nisso
vem chegando Anne-Marie com seu
   vestido mais lindo, nos beijamos e
nos abraçamos...
28.6.44
sonho confuso com o professor
Klein e Marianne Bornemann
17+4
29.6.44
de manhã [xxx] auspiciosa

São Pedro e São Paulo
Sonho: estou acompanhando o funeral
de Maria, bem atrás do cortejo fúnebre,
em algum lugar no centro de exposições
[xxx] 17+4
com um ator de cinema,
ele está ludibriando
e [xxx] cartas do baralho, que na realidade
são fotografias que trazem
números no verso... sua mulher, bonita e
bem burguesa, anota logo os elevados
ganhos na caderneta de poupança e
observa friamente minha ruína
... Alfred está de pé ali do lado
—
Estou trabalhando no escritório
e encontro [xxx], que se tornou
esbelto e veste
uma libré...

Com esse sinal, Böll indica o final do salto cronológico em suas anotações. Da página seguinte em diante, ele retoma o diário com a data de 25.10.1944, ponto em que ele tinha parado na página 230.

25.10.44[34]
Sonho: com bombardeios em
Colônia, eu estava com mamãe,
  entre outras pessoas, no porão da
  Tilde à rua Severin
—
Encontro marcado com Anne-Marie
num [xxx]
[xxx] errado com bicicleta
na França

27.10.44
Passeios com Anne-
-Marie no Herbstwald
Dostoiévski
O idiota
Deus

Sobre o romance *O idiota* (*Der Idiot*, 1868), de F. M. Dostoiévski, vide carta do front n. 387, de 29.11.1942; *CF*, pp. 542, e 393, de 2.12.1942: "[...] ah, como eu gostaria de ler mais uma vez um velho romance humano realmente vivo, de preferência um Mauriac, um Dostoiévski; mergulhar mais uma vez na torrente de possibilidades e paixões humanas; ah, *O idiota*, dificilmente existirá livro mais fascinante que *O idiota*"; *CF*, p. 549.

28.10.44
Histórias sobre Creta do
meu vizinho de cama
Sonho: Preciso fazer as vezes de
   locutor de rádio
—

medos intricados e malucos a
   respeito de Colônia bombardeada
—

France: *O lírio vermelho*[35]
Rachmanowa: *Wera Fedorowna*[36]
Dostoiévski: *O jogador*
—

Estou com uma saudade imensa dos
   poemas de Rilke
—

Encontro com Anne-Marie
sob o salgueiro-chorão
(Digo "[xxx]")

---

34 Continuação da p. 230.

35 Anatole France. *Die rote Lilie* [O lírio vermelho]. Trad. Franziska von Reventlow. Munique: Musarion Verlag, 1919.

36 Alja Rachmanowa. *Wera Fedorowna. Der Roman einer russischen Schauspielerin* [Wera Fedorowna. O romance de uma atriz russa]. Salzburgo: Pustet, 1940.

Nas cartas do front, não há menção à leitura de *O jogador* (*Der Spieler*), romance publicado em 1867 por Dostoiévski. Sobre Dostoiévski, que desde os anos 1930 foi um dos autores mais lidos por Heinrich Böll, vide a carta do front n. 488, de 25.3.1943: "Anseio muito por ler um Dostoiévski, às vezes tenho a impressão de que ele é o rei, o rei cristão de todos os pobres, sofredores e amantes. Ora, em que mais consiste a igreja de Deus cá na terra senão em pobres, amantes e sofredores"; *CF*, p. 670.

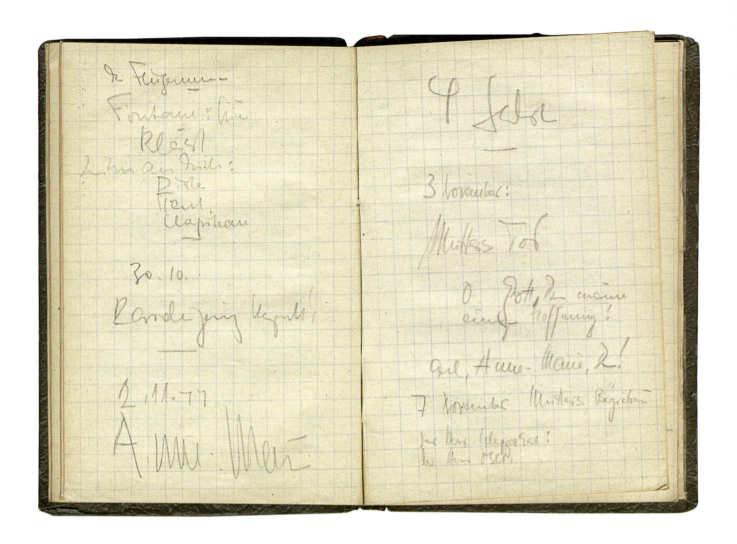

a Flu[xxx]

—

Fontane: *Stine*
Kleist
Escrevo a mamãe
Pista
Barraca
Tenda de circo

—

30.10.
Karolingerring destruído!

—

2.11.44
Anne-Marie

4 anos

—

3 de novembro
Morte de mamãe
Ó Deus, minha única esperança!
Ah, Anne-Marie, meu bem!
7 de novembro enterro de mamãe
O sr. [xxx]
O sr. [xxx]

O ataque aéreo em 31.5.1942 teve como consequência danos no apartamento dos pais de Böll, Karolingerring 17.

Livro de soldo pertencente a Heinrich Böll, de agosto de 1944, com carimbos de licenças

Conforme as evidências de possível admissão em um local, campo, guerra ou hospital de reserva, após a internação no Hospital Militar 2/612 em Bad Neuenahr em 21.10.1944, consta do "livro de soldo" de Heinrich Böll um lançamento com data de 5.11.1944 concernente a uma "licença especial" de "6.11 até 17.11.1944" [foto]. Tal licença tem provável relação com o falecimento da mãe, cujo enterro foi no dia 7.11.1944 na cidade de Ahrweiler. Na sexta-feira, 17.11.1944 – último dia de licença de Heinrich Böll –, Annemarie Böll mudou-se de Ahrweiler para Marienfeld [Much] e lá ela morou no salão paroquial em que Maria Böll e seus filhos vinham residindo desde agosto de 1943. Confira a seguinte passagem da "Carta a meus filhos", de Heinrich Böll: "Viajei para Marienfeld [isso foi em 17.11.1944] levando um documento autêntico, o atestado de alta do hospital militar de Neuenahr [é possível que tenha sido um erro, o documento autêntico era o registro de licença especial no "livro de soldo"]. À medida que o período se esgotava, comecei a me preocupar e, depois de ter ajudado um pouco, fui embora em peregrinação para Siegburg". [Neste ponto, Böll confunde Siegburg com Bonn. De acordo com uma ficha destacável com selo impresso do Posto Local de Enfermos – Bonn (Krankenverteilungsstelle – Bonn), Heinrich Böll esteve lá internado de "21 a 25.11.1944 em virtude da febre das trincheiras". A esse respeito, vide as cartas do front n. 868 a 870 de 22 a 24.11.1944 (CF, pp. 1118-1120), bem como a menção de Bonn na "Carta a meus filhos": "Chegando la prontamente com febre, o prazo da licença foi estendido" (EC 23, p. 246). Para o tempo além dessa confirmação da estada no Posto Local de Enfermos – Bonn, não há documentação correspondente.]

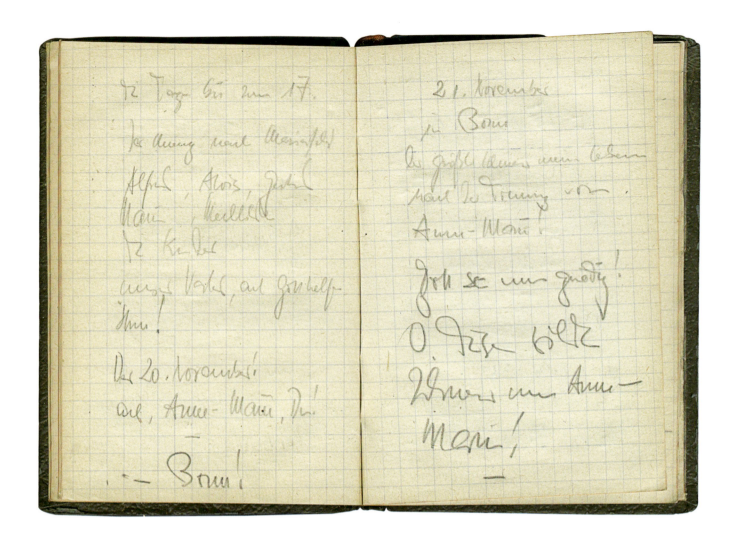

os dias até dia 17.
Mudança para Marienfeld
Alfred, Alois, Gertrud,
Maria, Mechthilde
as crianças
nosso pai, ah, Deus,
venha em seu auxílio!
O dia 20 de novembro!
ah, Anne-Marie, meu bem!
—
em Bonn!

21 de novembro
em Bonn
a separação de
Anne-Marie foi o maior
sofrimento da minha vida!
Deus tenha compaixão de nós!
Oh, essa imensa falta
que Anne-Marie
faz!
—

Nesse caso, mais uma vez vide trecho da "Carta a meus filhos", escrita por Heinrich Böll: "[...] essa extensão do prazo [vide página anterior] estava para vencer, eu falsifiquei a data; a data falsificada se esgotou também, um médico civil da cidade de Much, que eu um dia procurei por causa da febre, estendeu a data falsificada que com isso estava quase se tornando 'oficial'" (EC 23, p. 428). No espólio há uma folha DIN-A5 com o carimbo "Dr. med. Wirtz,

24 de novembro
saída de Bonn
até 17 de dezembro em Marienfeld
[Casamento de Alfred]
Despedida de Anne-Marie
em Brucher-Mühle!
—
Dia 18 em Mainz
Licença até 3.1.
com papai em Colônia

no bairro Sülz
Natal
Prisão de Alois.
—
Dia 3. Início de viagem partindo de Marienfeld
4 no carnaval, [xxx]
Desespero...
Dia 5 em Idar Oberstein
6 em Idar Oberstein

médico de Much (Distrito de Sieg)", datado de 8.12.1944, em que atesta Heinrich Böll como ainda "incapacitado para marcha": "prevë condições para marcha em 8-10 dias". De acordo com outro lançamento no "livro de soldo", "Heinrich Böll" recebeu licença especial por óbito de familiar "de 19.12.1944 a 3.1.1945". Segundo a "Carta a meus filhos", a licença foi concedida em Mainz, embora a datação da estada na cidade de Mainz tenha sido erroneamente postergada pela memória de Böll a fevereiro de 1945. Vide "Carta a meus filhos": "Também estive em Mainz em fevereiro de 45. [...] O oficial, um major, me pediu para entrar, e eu contei a ele uma pequena novela: que eu – a caminho para minha tropa – soube da morte de minha mãe (que na ocasião já estava morta havia quatro ou cinco meses) e precisava, portanto, ir ao funeral [...]"; CF 23, p. 250.

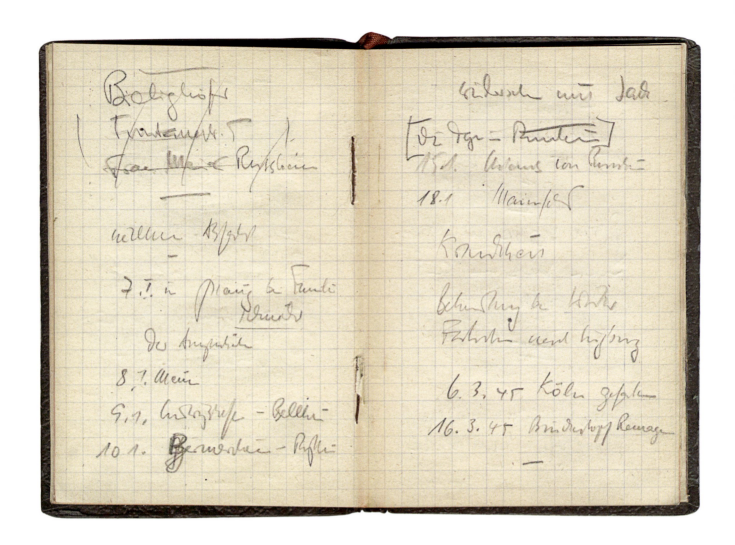

Bielighöfer
Rua Fontane, 5
Sra. Meier Russheim
[xxx] Partida
—
7.1 em [xxx] com a família Schmidt
o [xxx]
8.1. Mainz
9.1. Ludwigshafen–Bellheim
10.1. Germersheim–Rußheim

reencontro com Jack
[os dias em Russheim]
15.1. Férias de Russheim
18.1. Marienfeld
—
Doenças
Tratamento com o Wirth
Viagens para Siegburg
6.3.45 Colônia tomada
16.3.45 Brückenkopf Remagen

Alois, Alfred e Heinrich Böll, em 1944

A emissão da licença da guerra, que concedeu a Böll o período de férias até 31.1.1945, data de 15.1.1945. Vide sobre isso também adiante a nota correspondente à p. 261.

Após as unidades aliadas terem alcançado os arredores de Aachen e empreendido uma incursão ao sul da cidade em 12.09.1944, a ofensiva alemã se manteve a princípio suspensa devido a medidas tomadas no último momento pelo comandante local de Aachen. Em 10.10.1944 uma nova operação aliada declarou o isolamento da cidade e obrigou a Alemanha à desistência em 21.10.1944. Apesar desse avanço, a persistente e violenta resistência alemã ante as cidades de Düren e Jülich fez os Aliados vacilarem. Somente com a nova investida em 23.2.1945 ao longo da linha de frente Düren-Jülich, as tropas dos Estados Unidos tiveram sucesso no assalto ao rio Reno, de modo que Colônia estava ao alcance das linhas aliadas em 26.02.1945. Em 6.3.1945, os Estados Unidos chegaram à margem urbana do rio Reno na altura da ponte Hohenzollern. Com isso Colônia estava, portanto, sob o controle dos Aliados. Após a conquista, a cidade ficou inicialmente submetida ao governo militar americano, cujo controle estava sedindo a partir de 9.3.1945 num edifício localizado no Anel Kaiser-Wilhelm; em 21.6.1945, o controle da cidade passou às Forças Armadas britânicas, uma vez que a cidade se situava na zona de ocupação britânica.

Certificado de licença de guerra, emitido em 15.1.1945; na margem esquerda da página consta a extensão do prazo, posteriormente falsificado por Heinrich Böll, incluindo o número 2 antes do 5

Em conformidade com um adendo escrito à máquina no atestado de licença da guerra em nome de Heinrich Böll, datado de 15.1.1945, em consequência de um "acesso de malária", ele fora diagnosticado em 31.1.1945 como não "capacitado para viagem" e dispensado até 2.3.1945. Apondo a data "5.3.1945", Böll falsificou o atestado, escrevendo antes do número "5", à máquina, o algarismo "2" (e não, como mencionou na "Carta a meus filhos", *EC* 23, p. 252, "um 5 antes do 2"). Assim o documento estava postergado até 25.3.1945. Vide imagem do atestado de licença da guerra (acima).

Em 2.3.1945 Heinrich Böll se apresentou no "Ponto de encontro de deslocados Röttgen", cerca de 4 km a leste de Marienfeld ou 1 km a noroeste da localidade de Bruchhausen mencionada na "Carta a meus filhos". De lá, foi mandado a Birk, com designação para o 943º Regimento de Infantaria da 353ª Divisão de Infantaria.

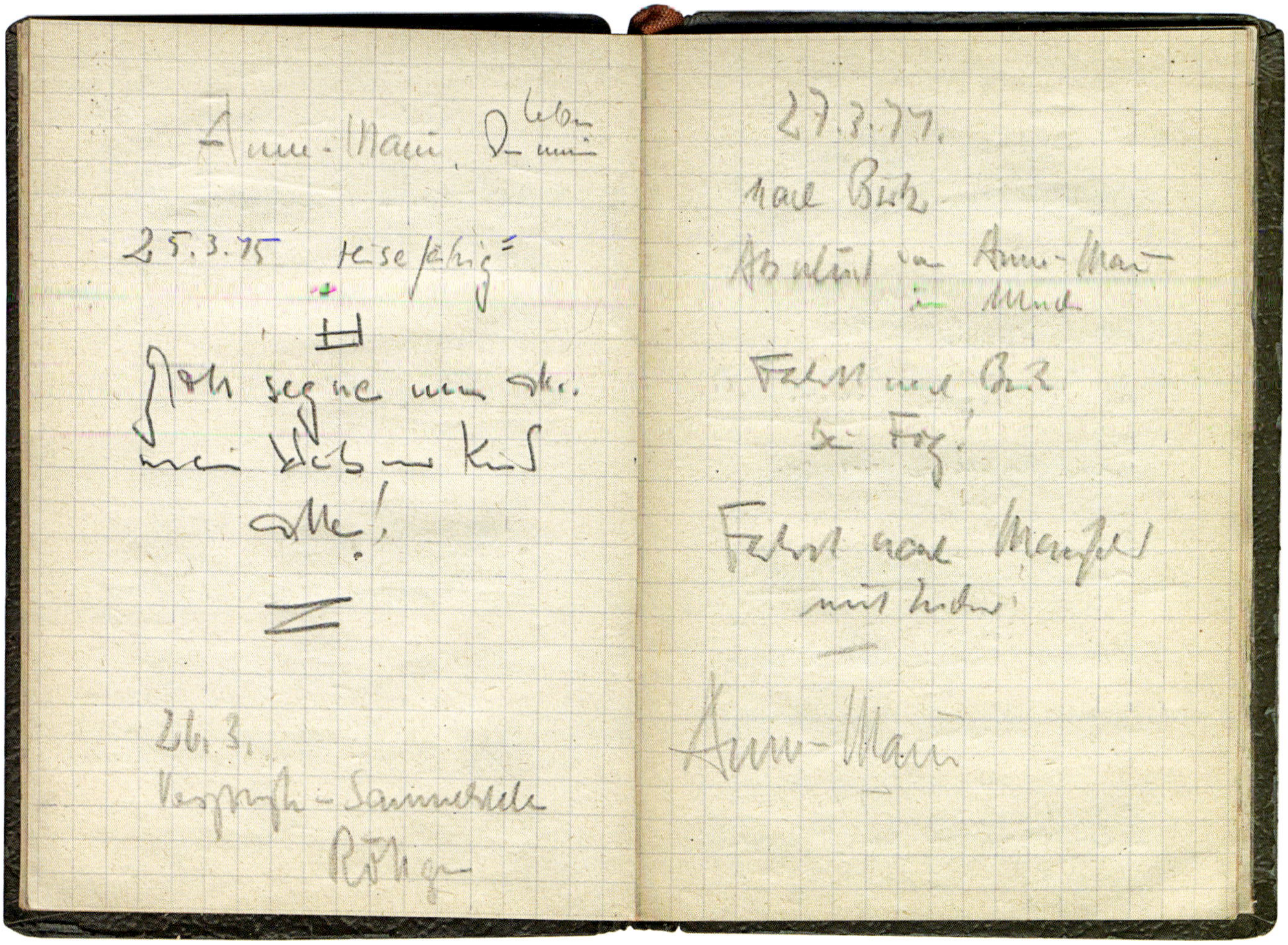

Vida
Anne-Marie, meu bem
25.3.45 "em condição de viajar"
Deus nos abençõe a todos
minha mulher e meu filho
a todos!
26.3.
Ponto de encontro das tropas dispersas
Röttgen

27.3.44
indo a Birk
Despedida de Anne-Marie
em Much
Indo para Birk
de dia!
Viagem para Marienfeld
com açúcar!
—
Anne-Marie
—

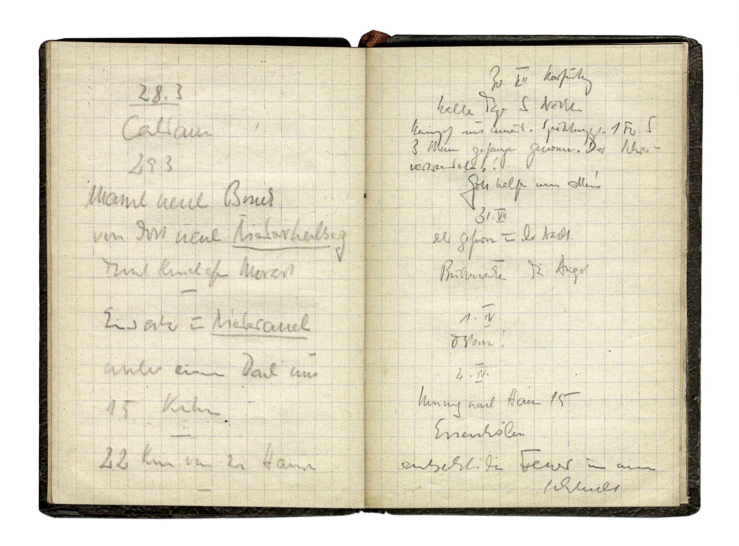

28.3
Caldauen
29.3
Marcha para Brück
dali para Niederhalberg
atravessando lama até os joelhos
—
Missão em Niederauel
dividindo o teto com
15 vacas
—
a 22 km de casa
—

30.3. Sexta-feira Santa
dias e noites claras
Combate com a patrulha americana.
 1 sargento e mais 3 homens
 capturados.
O homem gravemente ferido!
Deus nos ajude a todos
31.7.
bastante frio à noite
—
Vigília na ponte, medo
1.4
Páscoa
2.4
Mudança para a casa 15
Buscar comida
fogo terrível num
desfiladeiro

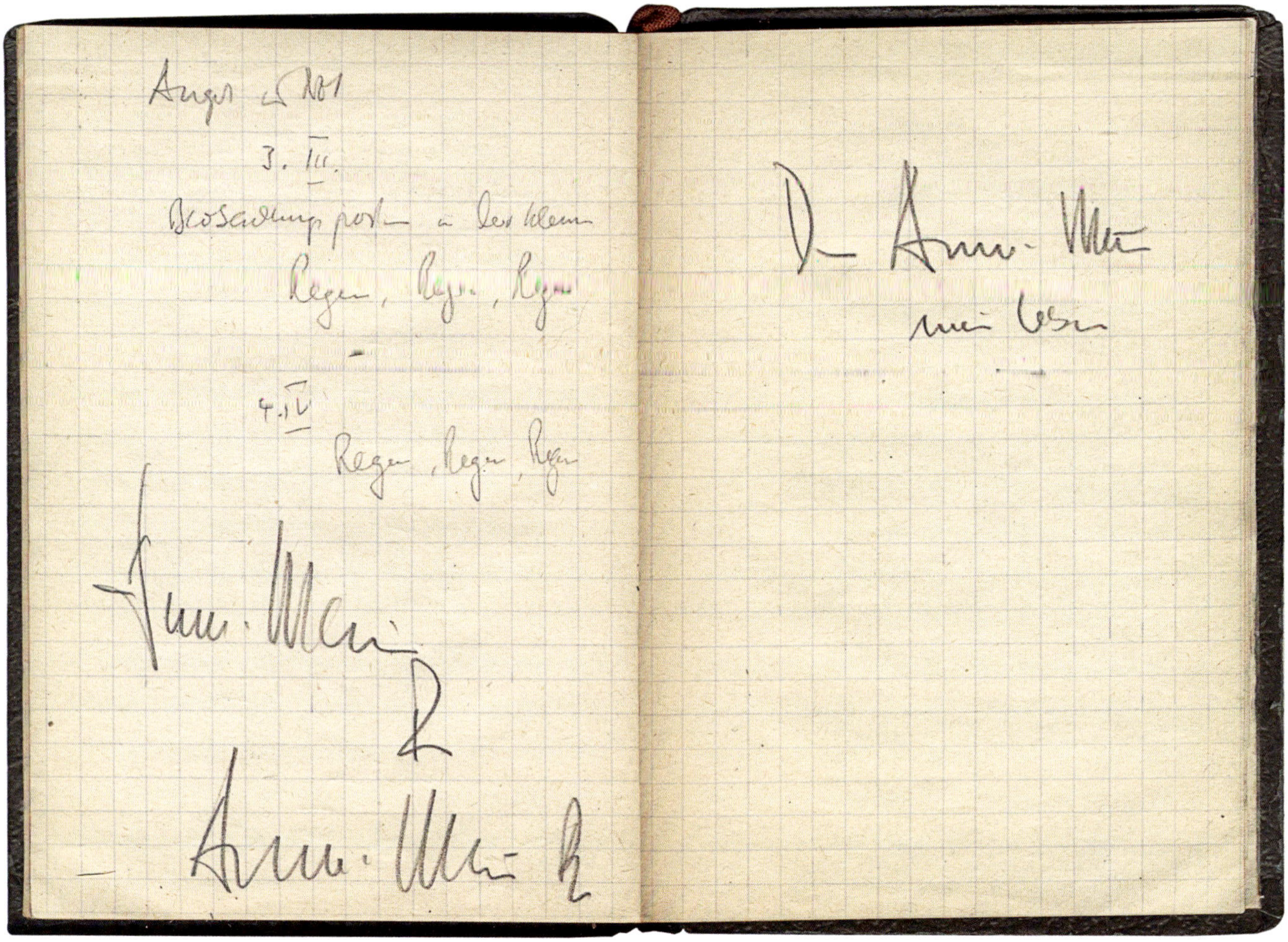

Medo e precariedade
3.3.
Posto de observação no celeiro
chuva, chuva, chuva
—
4.4
chuva, chuva, chuva
Anne-Marie
ei, meu bem
Anne-Marie, meu bem

minha querida Anne-Marie
minha vida
—

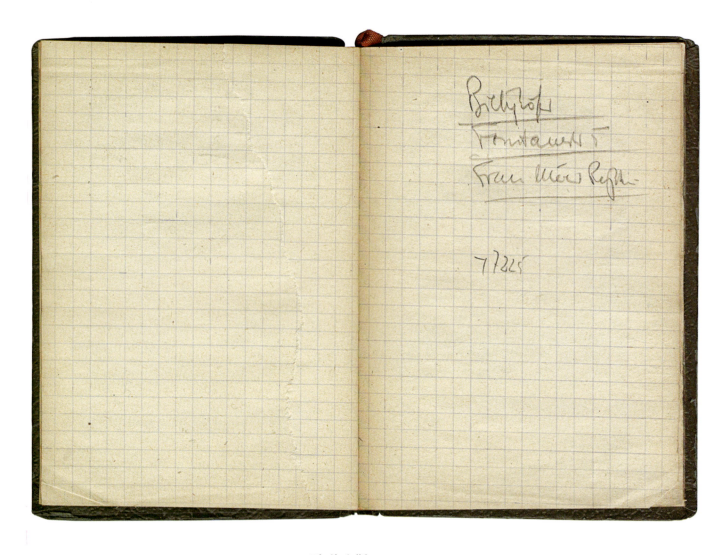

Bielighäfer
Rua Fontane 5
Sra. Meier Rußheim
47225

Registro de ferido, emitido provavelmente em 31.5.1944

Annemarie e Heinrich Böll com os pais dele, Maria e Viktor Böll, em Ahrweiler, no início do verão em 1944

Ago. de 39–maio 40 Osnabrück
Maio de 40–junho 40 Bromberg
Jun. de 40–out. 40 Beaucourt–Amiens
França [xxx])
Outubro de 40–dez. 40 Mülheim/Ruhr
  ((Anne-Marie))
Dez. de 40–jan. 41 Bielefeld
Jan. de 41–jan. 42 Colônia Müngersdorf
Jan. de 42–março 42 Mülheim-Kalk
Março de 42–out. 42 106 I.D. St. Omer
Out. de 42–out. 43 cabo Gris Nez
348 I.D. Louviers
Rouen
St. Valery
[xxx]
Le Tréport
Out. de 43–fev. 44 50 I.D. (Crimeia)
Fev. de 44–maio 44 St. Avold-Bitsch
Maio de 44–junho 44 79. I.D. Jassy

1º mão ferida

2º e 3º ferimentos

4º ferimento

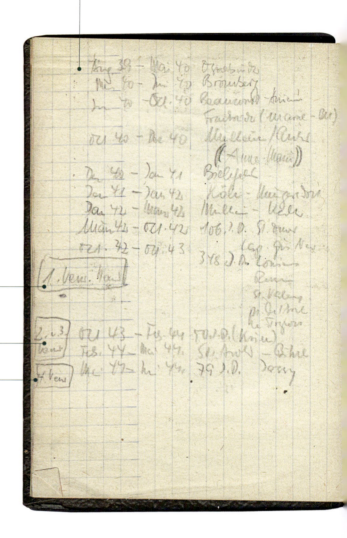

1º ferimento 28 out. de 42
2º ferimento 16 nov. de 43
3º ferimento 2 dez. de 43
4º ferimento 31 maio de 44

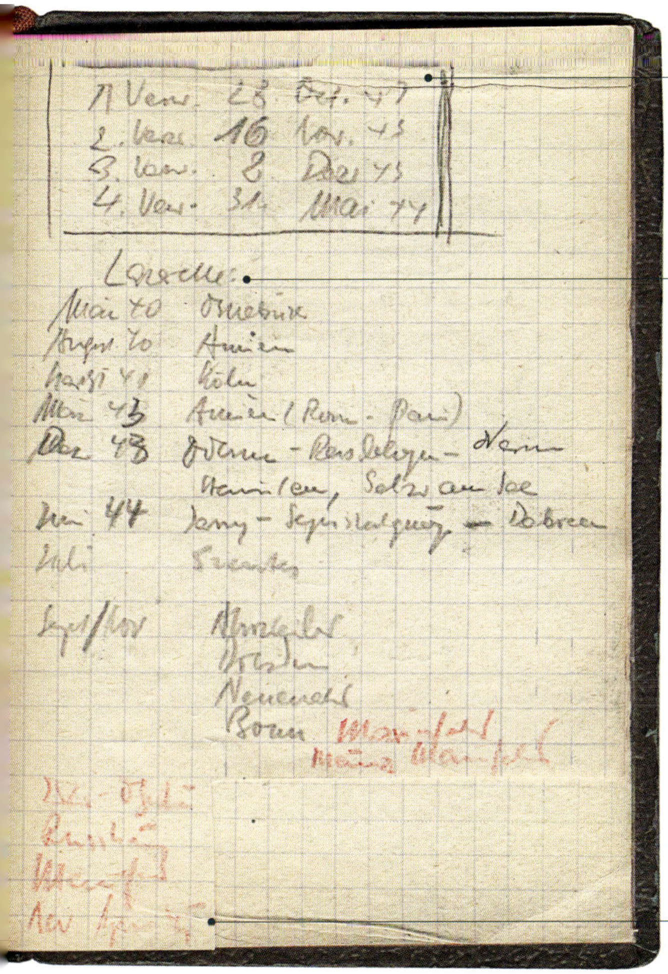

Hospitais:
Maio de 40 Osnabrück
Agosto de 40 Amiens
Outono de 41 Colônia
Março de 43 Amien (Rouan–Paris)
Dez. de 43 [xxx]
Stanislau, Selz am See
Jun. de 44 Jassy-Sepsiszentgyörgy-
-Debrecen
Julho Szentes
Set./nov. Ahrweiler
Dresden
Neuenahr
Bonn Marienfeld
Mainz Marienfeld

Idar Oberstein
Russheim
Marienfeld
Março abril de 45

[xxx]
[xxx]
[xxx]
Haus Sonnenschein[37]
—

"O homem com o casaco"[38]
um conto de H. Böll??

"O sentinela"
um conto de H. Böll??

37 Eva Vatke. *Sieben Ferientage im Haus Sonnenschein – Mit farbigen Titelbild und sechs Vollbildern* [Sete dias de férias na Casa Raio de Sol]. Stuttgart: Herold, 1939. [N.T.]

38 Trata-se possivelmente da escultura de Ernst Barlach (1922): "Der Mann mit dem Mantel" (Der Schäfer) ["O homem com o casaco" (O pastor)]. [N.T.]

32102
28[xxx]
2 ao meio-dia

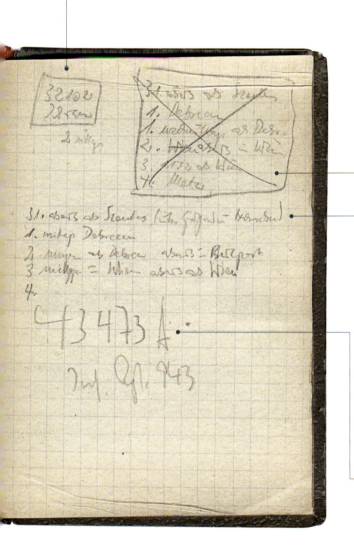

31. partida de Szentes
1. Debrecen
1. à tarde de Debrecen
2. Viena à noite em Viena
3. de [xxx]
4. Metz

Dia 31 à noite, partindo de Szentes (via Großwardein — [xxx])
Dia 1 ao meio-dia Debrecen
Dia 2 de manhã partida de Debrecen — à noite em Budapeste
Dia 3 ao meio-dia em Viena à noite partida de Viena
Dia 4

43473 A
Inf. Rgt. 943

Cartão-postal de Le Tréport,
março de 1943

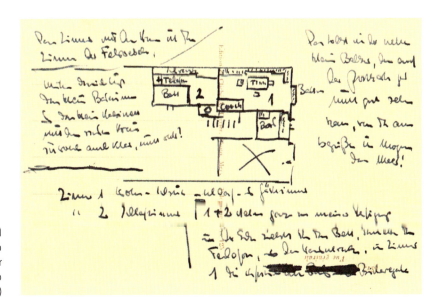

Verso do cartão-postal
de Le Tréport com o
esboço traçado por
Böll de seu alojamento
(conforme *CF*, p. 1371)

DIÁRIO
DE GUERRA
III

1945

Na carta do front n. 878, de 3.4.1945, Böll escreve:: "Dia e noite, com breves pausas, precisamos manter a observação, ficando durante o dia agachados no telhado de um celeiro. Ontem fiquei das 7 da manhã às 7 da noite observando com o binóculo a vida e a lida dos soldados dos Estados Unidos na outra margem do rio, em Blankenberg, Stein e Greuelsiefen..."; *CF*, p. 1126.

Terça-feira de Páscoa
2.3.45
- Observador no telhado do celeiro
Vida e lida dos americanos
à tarde chuva, chuva, chuva
— disparos do lançador de morteiros
4.4.45
Vistoria no celeiro. Ovos!!
Cansaço e tristeza
Providenciar comida
Preparo um pão para mim
em meio a morteiros
5.4.45
a concessão de medalhas!
à noite buscar comida
Fadiga e sujeira!!
Sujeira
Fogo de morteiro

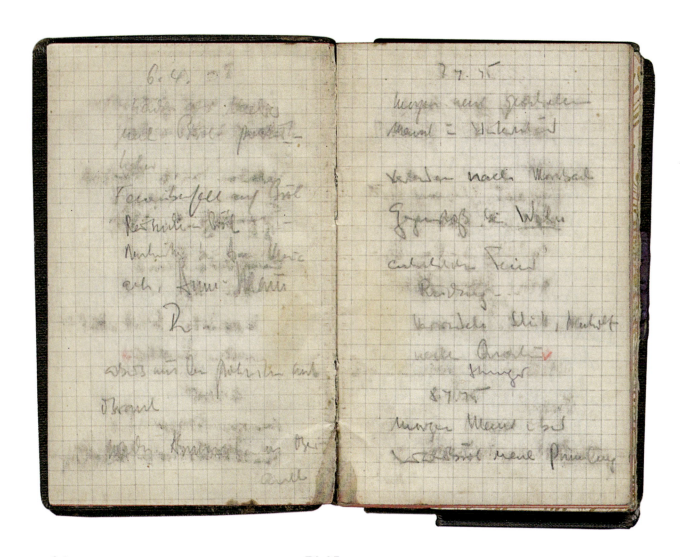

6.4.
Mando o mensageiro
a Bröl a fim de buscar
policiais
Disparos contra Bröl
Reichsmühle em Bröl
À tarde com Anne-Marie
ah, Anne-Marie
querida
à noite com os policiais para
Oberauel
à tarde, transferência da companhia
  de Oberauel

7.4.45
De manhã para Greuelsiefen
À tarde em Winterscheid
embarque para Morsbach
Contra-ataque próximo ao povoado
fogo terrível
Recuo...
Feridos, [xxx], Schulz, Neuholdt
Quartel em alerta
Fome
8.4.
de manhã marcha por
Waldbröl para Primling-

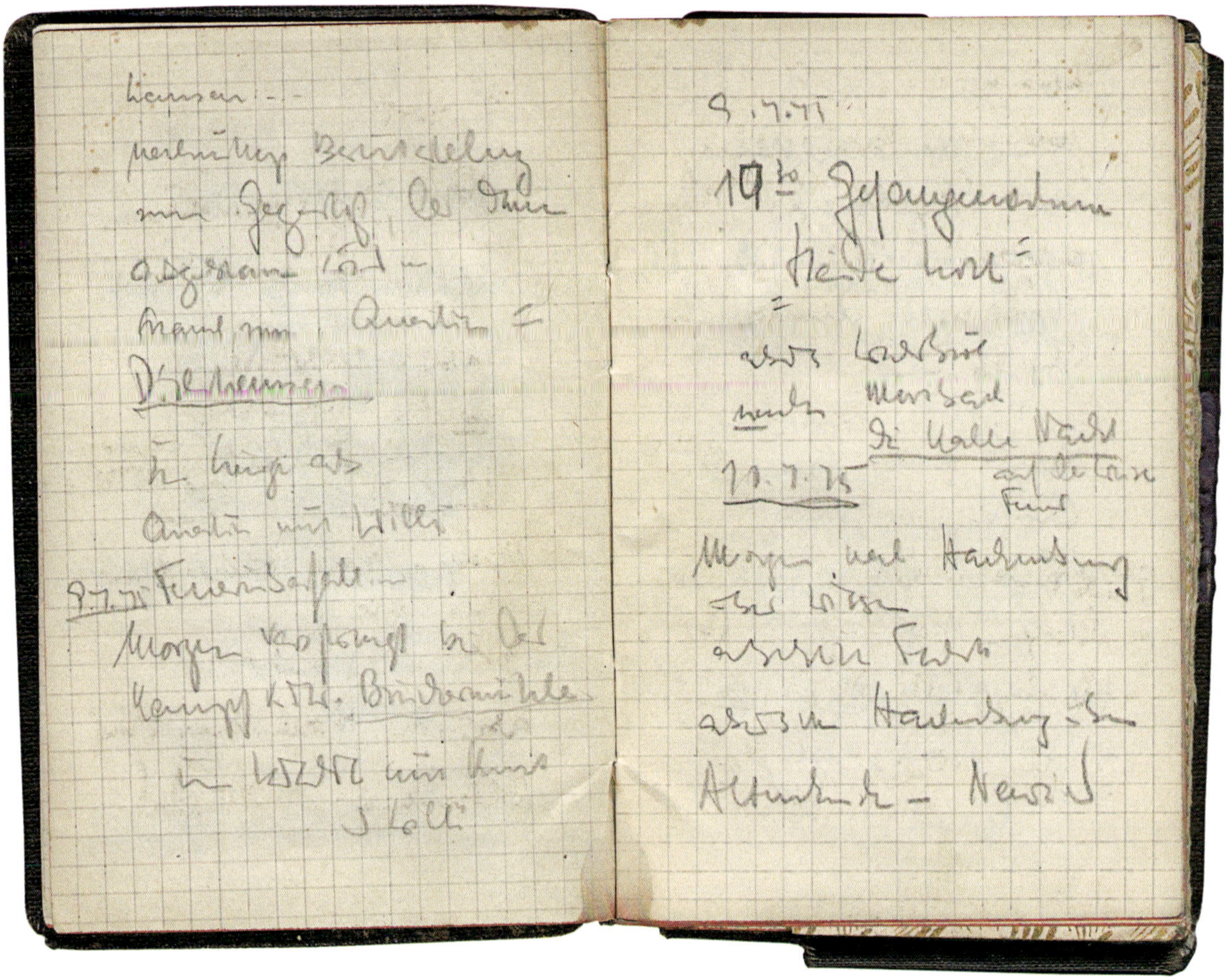

hausen...
à tarde provimento
para o contra-ataque, que então
será cancelado...
Marcha para o quartel em
Dickhausen
Fico para trás
Hospedagem com Willi
9.4.45 Disparos...
Pela manhã deslocados no
comando de combate Bruchermühle
em Waldbröl com Kurt
e Willi

9.4.45
às 19h30 captura
"Mãos ao alto"
à noite Waldbröl
depois Morsbach
a noite fria
na grama
disparos
11.4.45
De manhã para Hachenburg
passando por Wissen
viagem horrível
à noite de Hachenburg passando
Altenkirchen–Neuwied

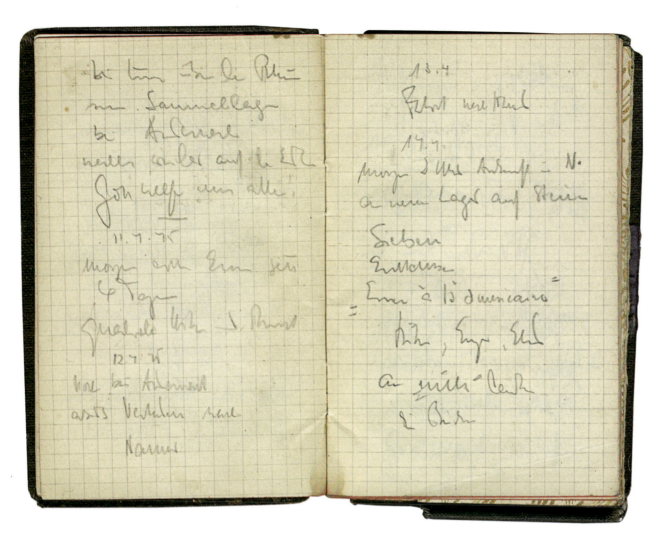

travessia do rio Reno a partir de Linz
para o campo de prisioneiros em
　Andernach
à noite novamente por terra
Deus nos ajude a todos!
—
11.4.45
de manhã a primeira refeição em
4 dias
calor e sede torturantes
12.4.45
ainda nas proximidades de
　Andernach
à noite embarque para
Namur

13.4.
Viagem para Namur
14.4.
Madrugada às 2 horas chegada a N.
campo sobre cascalho
Triagem
Despiolhamento
"Refeição à lã americaine"
Calor, acanhamento, miséria
pensar em "nada"
a ponte

15.4.
Chegada ao campo de Attichy
(Croutoy Soissons)
Calor, [xxx], miséria
só Deus pode nos
ajudar
uma semana horrível
Cativeiro a
céu aberto
na tenda com 68
homens

Esperanças para Brüning[1]
—
16–23 de abril
Vida no campo de Attichy
próximo a Soissons
os companheiros do campo
comércio por cima da cerca
Cristo é nosso irmão
2 vezes missa com comunhão
Deus vive e nele sigo
depositando minha esperança

[1] Alusão ao ex-chanceler alemão Heinrich Brüning, exilado em 1934.

a distribuição diária de comida
Camaradas e esfarrapados
—
Ah, Anne-Marie, quantas vezes
estou com você
em meus pensamentos mais íntimos
... Deus possa
lhe dar a
certeza de que estou vivo, que Ele possa
abençoá-la,
como ao nosso filho
A paz não tarda!
—

24.3.[2]

ainda em Attichy
Fissura por tabaco
que Santo Antônio e Maria venham
  em meu auxílio em todas as
  circunstâncias e sempre me
  proporcionem renovada
esperança numa vida humana
—
as noites na tenda
de manhã às 5 horas batata rústica
  fria e molho frio

[2] Correto: 24.4.

Documentos de prisioneiro de guerra – identificação de Heinrich Böll emitida em 25.4.1945

Sobre o campo de prisioneiros dos franceses, que ficava próximo da cidade de Attichy, há o conto escrito em 14.5.1947, "Im Käfig" (Na gaiola) (*EC* 3, pp. 130-131), cuja primeira versão manuscrita traz a anotação "Na gaiola/campo" – "Lembrança de Attichy". Ainda sobre o campo de Attichy, ler a resenha de Böll "Nota sobre Josef W. Janker – *De costas para a parede*", *EC* 15, pp. 310-314: "Desconheço melhor análise e descrição de uma certa experiência que é importante para a nossa sociedade contemporânea, a saber, o cativeiro nos Massenlager americanos, que o conhecido livro *Blechschmiede von Attichy*, que venho elogiar, mesmo sendo a mim dedicado. O absurdo infernal do tom frívolo dos oficiais se manteve até na miséria extrema e após o total colapso moral, político e histórico de um exército gigantesco; nesta antessala da democracia, o interrogatório girava em torno da legitimidade do acusado, se ele podia experimentar a miséria como oficial ou como não oficial e quanto da masculinidade e virilidade alemãs não foi definitivamente destruído nas gaiolas de Attichy. Esse absurdo infernal – o brio ferido, a humilhação de catador de bitucas e a honra há muito perdida – é mais uma vez compensado pelo tom arrogante dos oficiais, indício da covardia em não reconhecer a realidade, a fome não como exercício para disciplina, mas sentida apenas como ofensa".

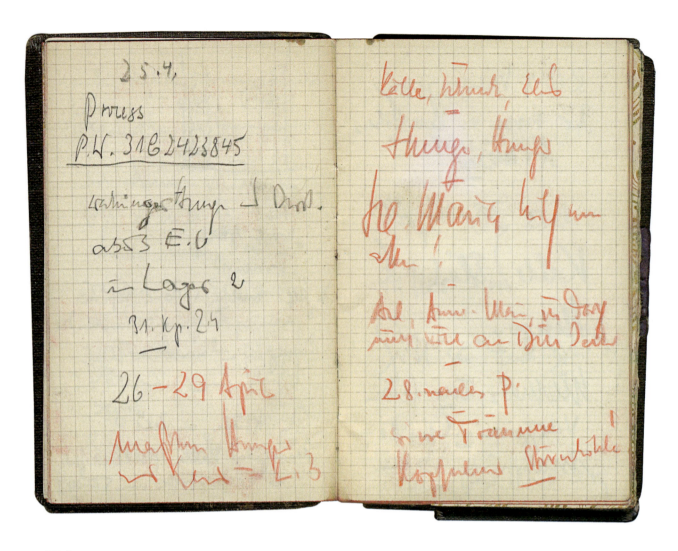

25.4.
Processo
PW. 31C2423845[3]
fome e sede insanas
à noite cada um por si
no campo 2
31ª companhia 2.4
—
26-29 de abril
fome desmedida
e miséria no L. 3

—
Frio, sujeira, miséria
—
Fome, fome
—
Nossa Senhora, intercedei por todos
nós!
Ah, Anne-Marie, posso
e quero pensar em você
—
Dia 28 novo P.
pesadelos
dor de cabeça nos seios frontais!
—

[3] PW. é a sigla de Prisoner of War (Prisioneiro de guerra).

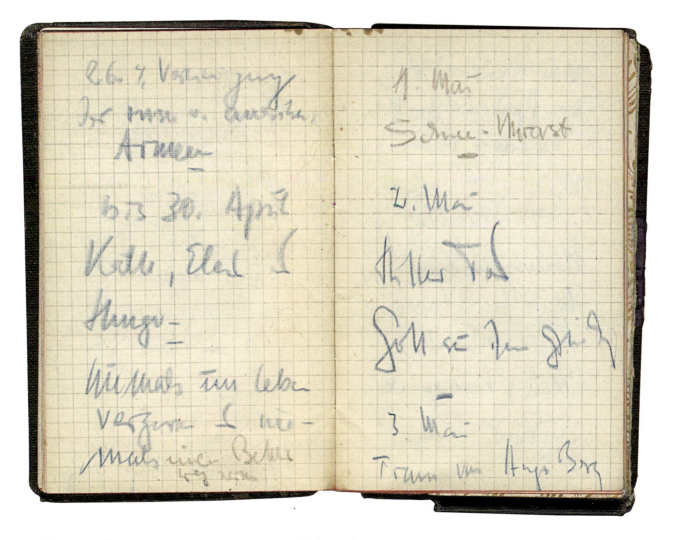

26.4. Junção
dos exércitos russo e
americano
—
até 30 de abril
Frio, miséria e
fome —
—
Nunca na vida
esquecer e nunca
repelir um mendigo

1º de maio
Neve lamacenta
—
2 de maio
Morte de Hitler
Deus tenha compaixão dele
—
3 de maio
Sonho com Hugo Berz

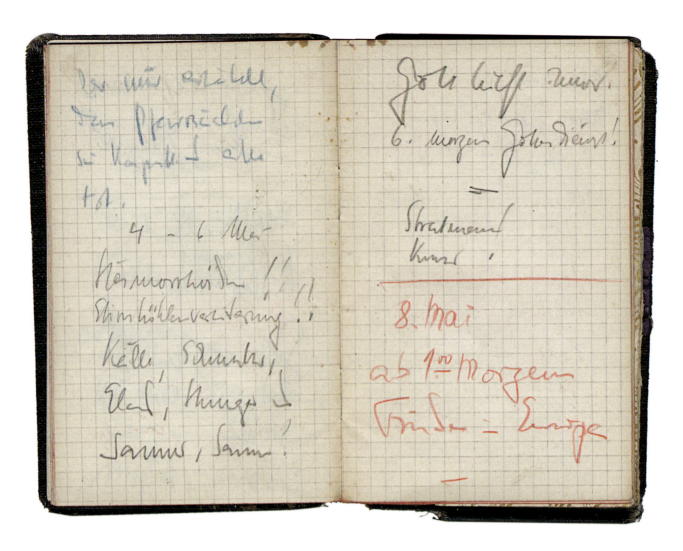

ele me conta
que o salão paroquial
estava destruído e todos
mortos
4–6 de maio
hemorroidas!!
sinusite!!
frio, sujeira
miséria, fome e
desgraça, desgraça!

Deus sempre ajuda
às 6h culto matinal!
—
Stratmann!
Kunz

8 de maio
a partir da 1h da madrugada
paz na Europa
—

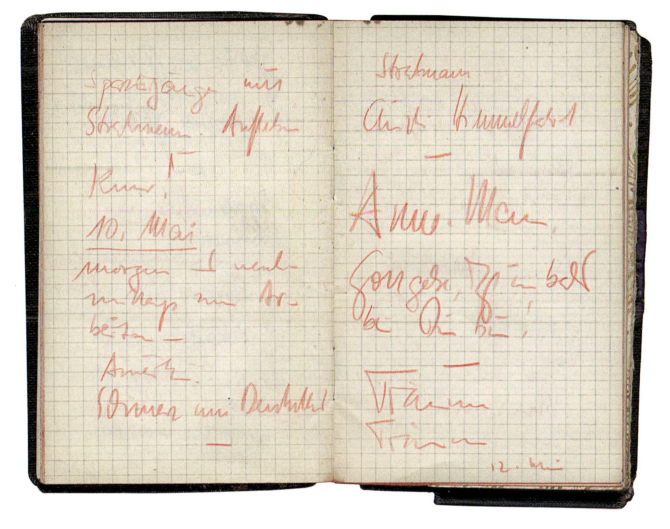

Caminhada com
Stratmann. Reanimação
Kunz!
10 de maio
de manhã e à tarde
para trabalhar —
América
Sofrimento pela Alemanha
—

Stratmann
Ascensão de Cristo
—
Anne-Marie
Deus me conceda estar em breve
com você!
—
Sonhos
Sonhos
12 de maio

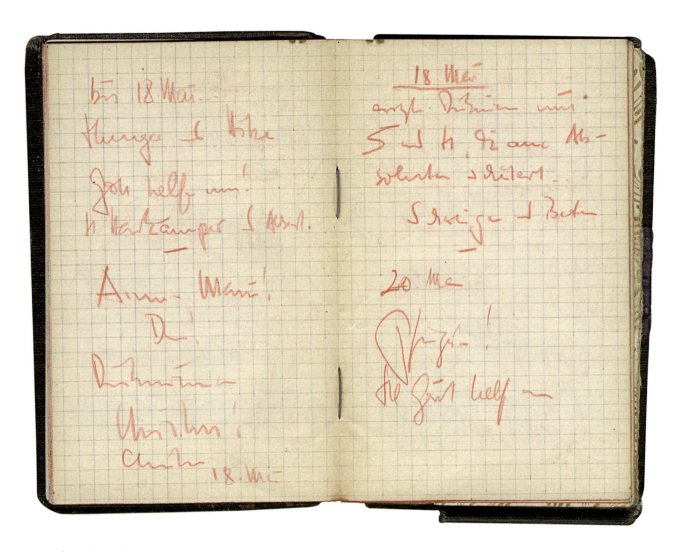

até 18 de maio...
Fome e calor
Deus nos ajude!
H. Hartkämper e Albert
—
Anne-Marie!
Meu bem!
[xxx]
Cristo!
Cristo
18 de maio

18 de maio
discussão animada com
[xxx] e H, que malogra devido
ao absoluto
silêncio e oração
—
20 de maio
• Pentecostes!
Espírito Santo nos ajude

Tigela e colher de pau improvisadas por Heinrich Böll para as refeições na prisão (provavelmente em Attichy)

Em carta endereçada a Ernst-Adolf Kunz (vide nota correspondente à p. 291) de 15.6.1946, Böll observou que encontrara no *Jornal da Igreja para a Arquidiocese de Colônia* um artigo sobre "Pentecostes 1945 – Attichy": "Isso realmente me emocionou, tamanho o realismo e a atmosfera cabal de fome e calor descritos..." (*CBK*, p. 23). – Vide "Ich werde Euch einen Tröster geben. Tagebuchblatt aus der Gefangenschaft" [Eu lhes darei um consolo. Folha do diário de cativeiro], *Jornal da Igreja para a Arquidiocese de Colônia* 1 (1946), n. 6: "Então hoje é Pentecostes. Levanto-me devagar e olho para o relógio de sol na empena oposta da tenda. 'Pentecostes de 1945 em Attichy, França', acabei de anotar na primeira página do meu breviário, que salvei em meio a todas as tempestades e controles. Bem, são onze e meia. Então é hora de ir à missa de Pentecostes. Carrego um dos meus cobertores sob o braço e me encaminho lentamente ao campo de futebol até a pequena tribuna onde deve ser celebrada a missa. Aos poucos, os fiéis se reúnem. Todos têm uma aparência descaída e magra. O padre, um paramédico, chega com dois assistentes que carregam a mesa improvisada como altar. O altar é rapidamente erguido com os utensílios da caixa de missa, e o sacerdote é vestido com ornamentos e batina em miniatura. A missa começa. A comunidade se instalou sentada no círculo ao redor do altar, pois estamos todos fracos demais para nos mantermos de pé. O padre agora lê o Evangelho e então diz algumas palavras de conforto e encorajamento. Prossegue a missa. Cantamos e oramos e provavelmente estamos todos com nossos pensamentos junto a nossos entes queridos em casa, que certamente também celebram agora a Missa Solene e oram por nós. – A missa chega ao fim. A comunidade se dispersa pouco a pouco. Todos retornam lentamente às suas tendas e esperam ansiosamente a sopa do almoço, a única refeição quente do dia. Até mesmo a maior das tigelas se esvazia, e a minha não é muito grande. Pensativo, eu olho para o fundo da tigela e tenho a sensação de nem sequer ter começado. Ainda tento raspar algo com meus dedos, mas ali não há nada. Coloco meu pote de lado, estendo meu cobertor e espero conseguir passar a tarde inteira dormindo"; citado de *CBK*, p. 434f.

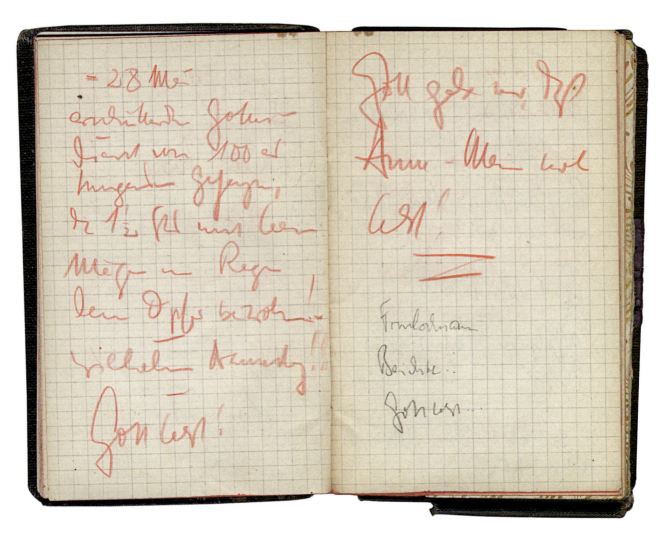

28 de maio
perturbadora missa de centenas de prisioneiros famintos, que durante uma hora e meia, com estômago vazio e sob a chuva, assistem ao sacrifício!
—
Wilhelm [xxx]!!
—
Deus vive!

Deus me permita que Anne-Marie ainda viva!
—
Corpus Christi
Confissão...
Deus vive...

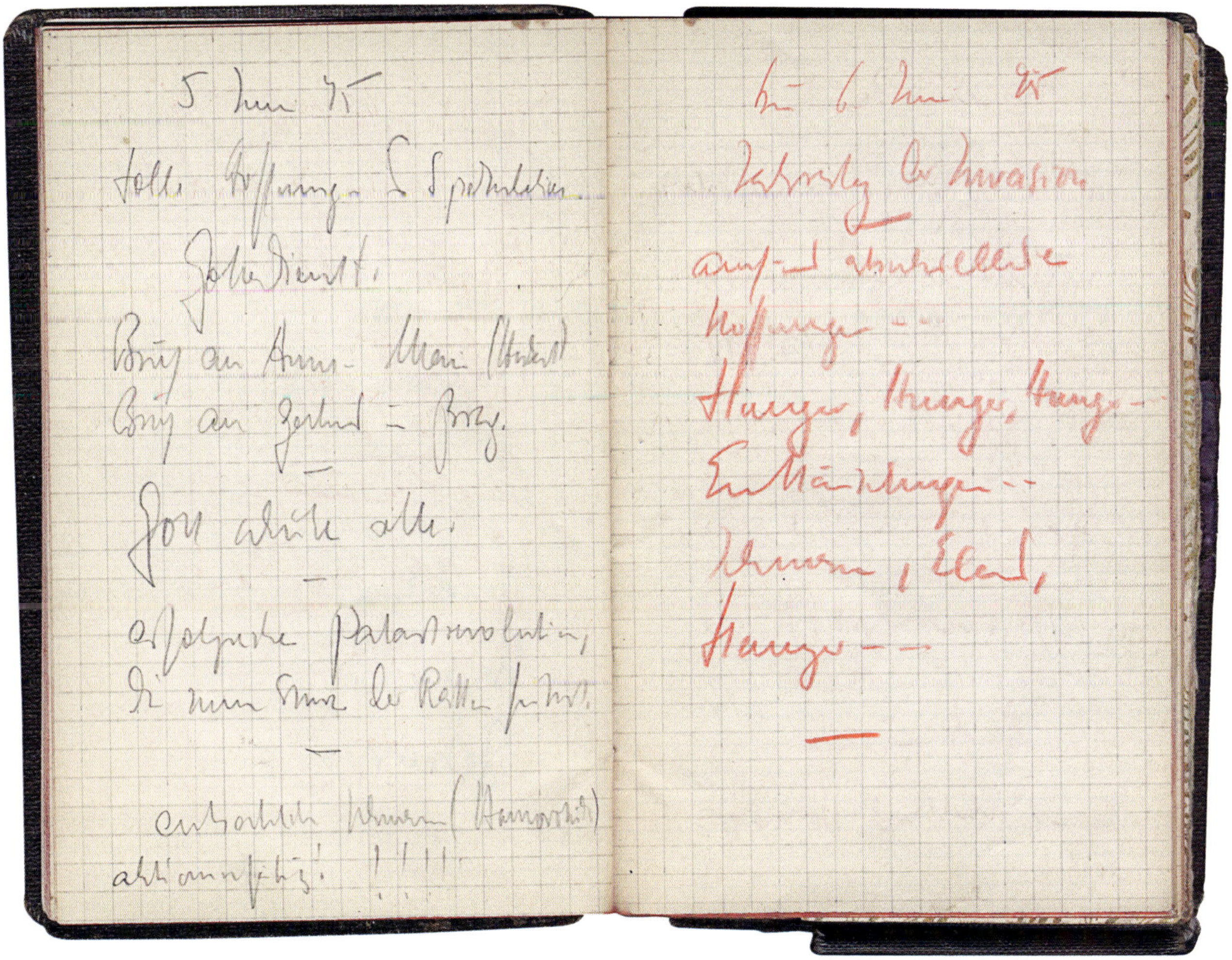

5 de junho de 45
grandes esperanças e especulações
Missa
Carta para Anne-Marie (Hubert)
Carta para Gertrud em Praga
—
Que Deus a todos proteja.
—
revolução palaciana bem-sucedida, que leva à queda dos ratos.
—
dor terrível (hemorroidas)
incapacitado!!!!

até 6 de junho de 45
dia da invasão
—
esperanças
vêm e vão…
fome, fome, fome…
decepções…
dor, miséria,
fome —
—

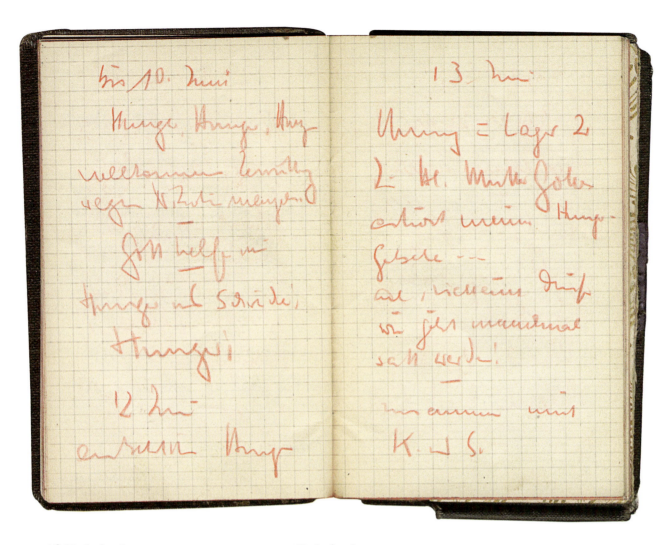

até 10 de junho
fome, fome, fome
ruína absoluta
por falta de nicotina
—
Valha-me Deus
—
Fome e fraqueza!
Fome!
12 de junho
fome terrível

13 de junho
Mudança para o campo 2
A Santa Mãe de Deus
atendeu às minhas preces famintas...
ah, talvez possamos
agora de vez em quando
comer até nos fartar!
—
junto com
K. e S.

14-18 de junho
amizade mais íntima
com Ernst Kunz
—
no dia 17 saciedade
matando a fome
com pão...
Graças a Nossa Senhora
e a Deus
—

—
Fome e esperanças
—
Pão e tabaco
—
19-20 de junho
Saciedade
Conversa com Ernst
"Irritação da minha parte"
Stratmann mostra seu
valor

A amizade entabulada com o ator Ernst-Adolf Kunz (1923-
-1981), que viveu em Gelsenkirchen, levou a visitas mútuas e
a uma troca intensa de correspondência iniciada logo após
Böll ter sido libertado da prisão. Vide o livro *Die Hoffnung ist
wie ein wildes Tier. Der Briefwechsel zwischen Heinrich Böll
und Ernst-Adolf Kunz 1945-1953. Herausgegeben und mit ei
nem Vorwort von Herbert Hoven*. [A esperança é como um
animal selvagem. A correspondência entre Heinrich Böll e
Ernst-Adolf Kunz 1945-1953. Editado e com prefácio de Herbert Hoven] Colônia: Kiepenheuer & Witsch, 1994 (*CBK*).

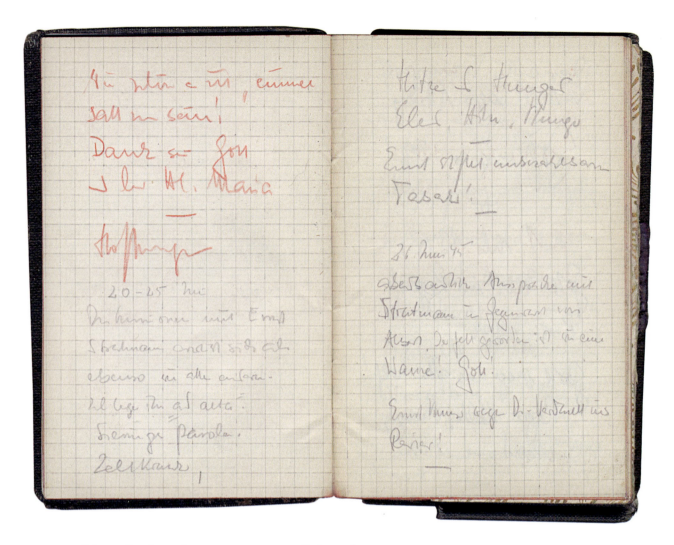

como é bom finalmente
matar a fome!
Graças a Deus e
a Nossa Senhora
—
Esperanças
20–25 de junho
Discussões com Ernst
Stratmann acaba se
mostrando como todo mundo —
Deixo-o "ad acta"
[xxx] palavreados.
Cheio da tenda

Calor e fome
Miséria, calor, fome
—
Ernst forneceu um
tabaco impagável!
—
26 de junho de 45
à noite finalmente tive uma
  discussão com Stratmann na
  presença de
Albert, que engordou como um
inseto! Deus!
Ernst Kunz detido por suspeita de
  roubo!
—

o primeiro transporte
deixa o campo de Attichy!
—
Deus nos ajude!
—
1º de julho de 1945
Culto debaixo de chuva
Pão — tabaco
—
Deus possa ajudar a todos nós!
Chuva, frio, fome,
miséria...

Stratmann ad acta!
até 4 de julho de 1945
Desespero e fome
oração ardorosa para Nossa
Senhora e Santo Antônio
no breviário
Sou atendido
Transferência para o abastecimento
 da companhia
—
à noite pela primeira vez
quase saciado...

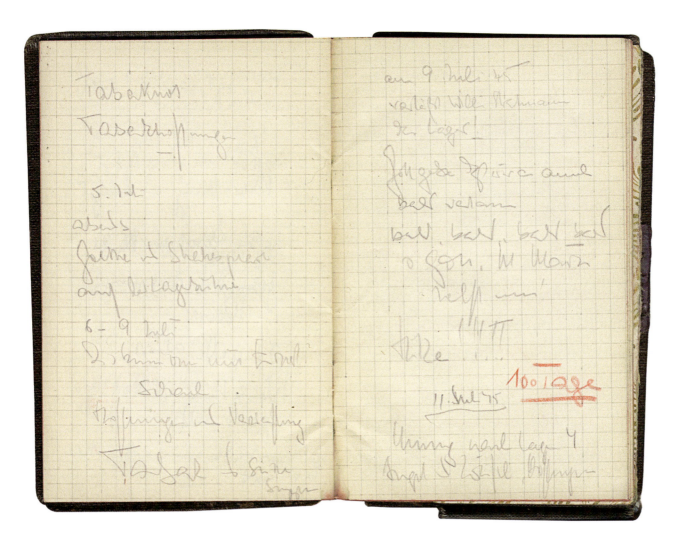

Fissura por tabaco
Esperanças de tabaco
—
5 de julho
à tarde
Goethe e Shakespeare
no palco do campo
—
6–9 de julho
Discussões com Ernst
Scherl
Esperanças e desesperança
Tabaco e sopa de
cereais
no dia 9 de julho de 1945
Willi Stratmann deixa o
campo!
Deus permita que nós também
o deixemos logo
logo, logo, logo, logo
Ó Deus, Nossa Senhora
nos ajudem!
Calor!!!!!
100 dias
11 de julho de 1945
Transferência para o campo 4
Medo e dúvida, esperanças

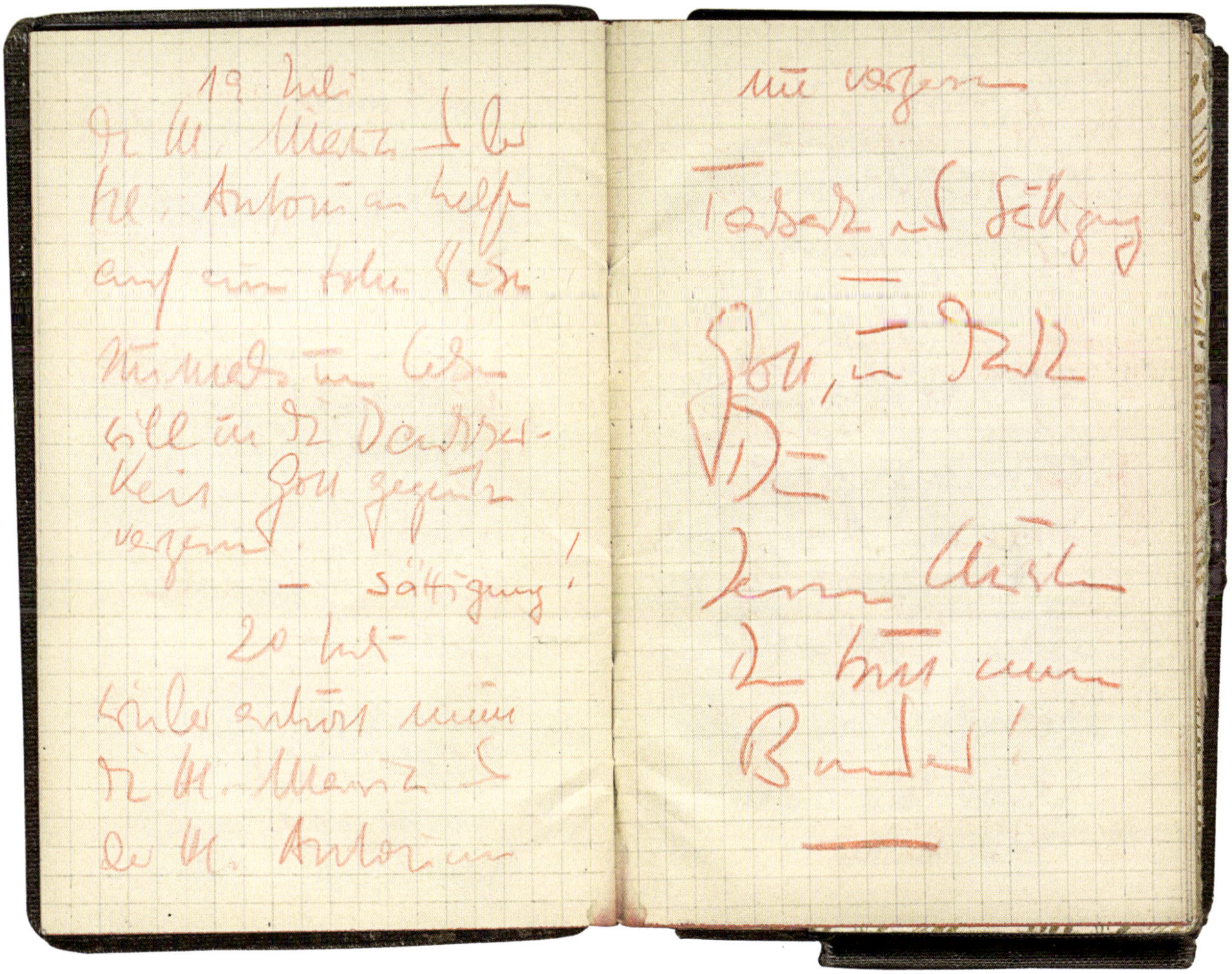

19 de julho
que Nossa Senhora e Santo Antônio
nos ajudem
da melhor maneira
Nunca na vida
quero esquecer
de manifestar
gratidão perante Deus.
— Saciedade!
20 de julho
novamente Nossa Senhora e
Santo Antônio
atendem à minha súplica

nunca esquecer
Tabaco e saciedade
—
Deus, agradeço
a Ti
Jesus Cristo
—
Você é meu
irmão!
—

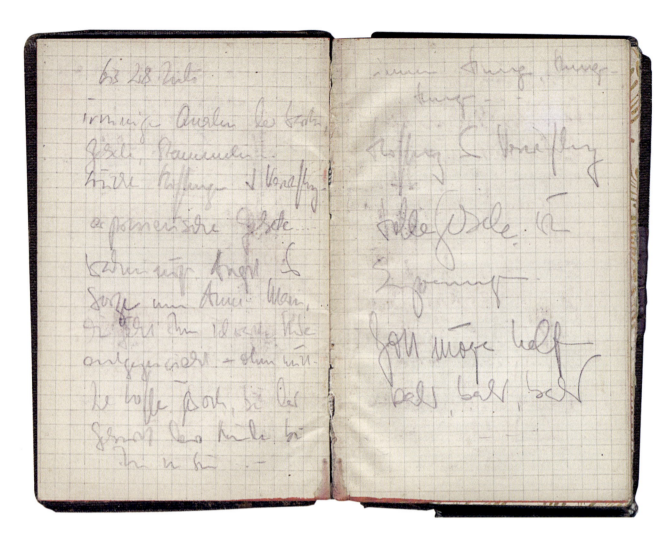

até 28 de julho
agonia insana espera
orações, balbucio...
esperanças tolas e desespero.
orações chantageadoras...
medo insano e
preocupação com Anne-Marie,
que tem adiante sua hora mais
  difícil — sem mim
—
Espero, porém, que no
nascimento da criança
eu possa estar junto...

sempre fome, fome,
fome...
esperança e desespero
preces exaltadas como
chantagens
Que Deus acuda
logo, logo, logo

29 de julho de 45
à noite acontece
algo comigo!
—
Não posso explicar
direito o que é!
—
Misericórdia divina
Tenho que aprender a rezar!
—
é possível que [xxx] nasça
o filho!
—

Ernst Kunz um
amigo do peito!
—
2 de agosto de 45
[xxx] sorte [xxx]
aprenderei um dia [xxx]
a rezar?
—
Que Deus possa
ter piedade de mim

Christoph Paul, filho de Böll e Annemarie, nasce de fato
em 29.7.1945

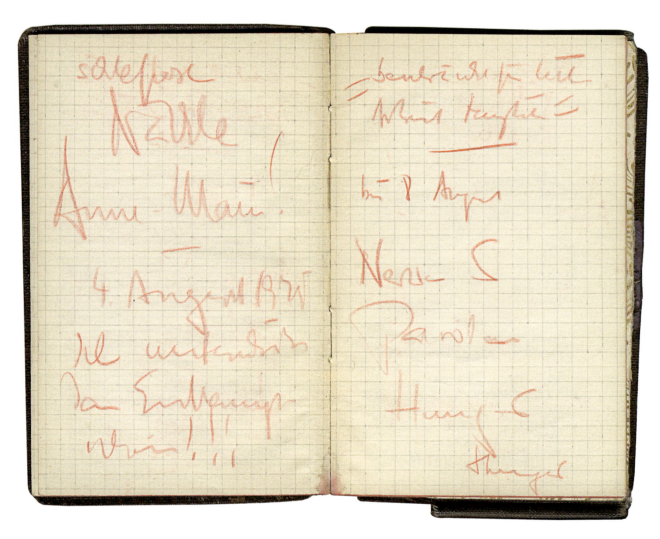

noites
de insônia
Anne-Marie!
—
4 de agosto de 1945
Assino
o certificado de libertação!!!

"aptidão limitada a
trabalho leve"
—
até 8 de agosto
nervosismo e
rumores
fome e
fome

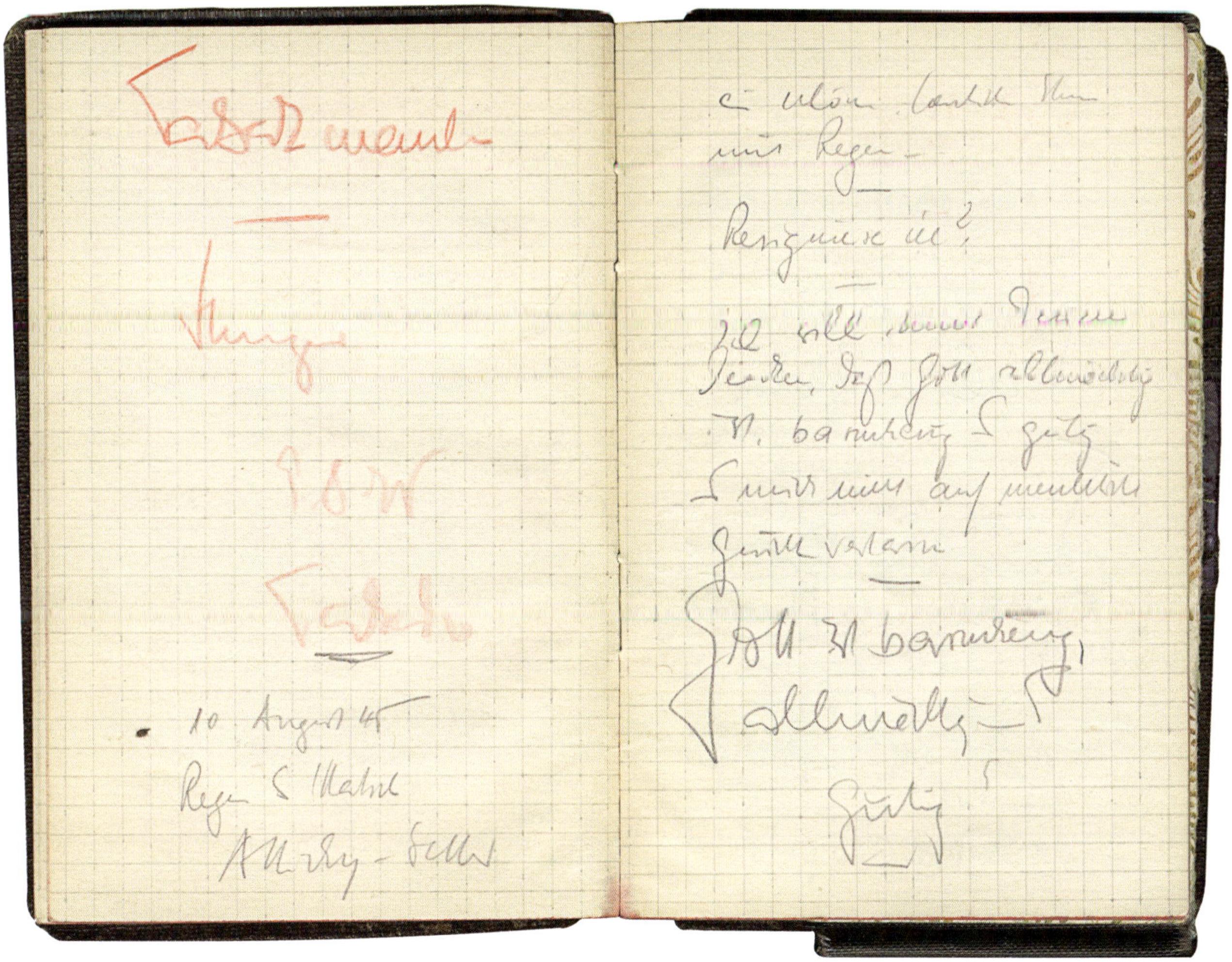

Tabaco [xxx]
—
Fome
9.8.45
Tabaco
—
10 de agosto de 45
Chuva e lama
Attichy — tempo

uma bela [xxx] hora
de chuva
—
Estou me resignando?
—
Quero sempre
pensar que Deus é onipotente,
misericordioso e bondoso
e não associá-lo a tribunais
humanos
—
Deus é todo-poderoso,
misericordioso
e bondoso!

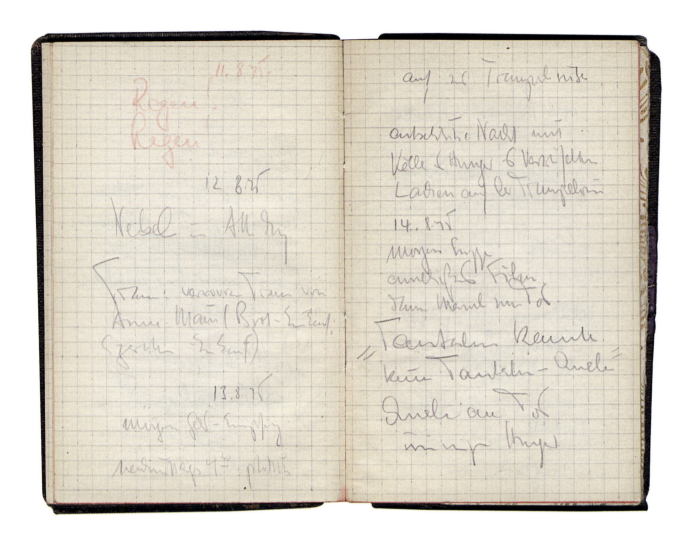

11.8.45
Chuva!
Chuva
12.08.45
Nevoeiro em Attichy
Sonho: sonho confuso com
Anne-Marie (compra de pão;
compra de cigarros)
13.8.45
Recebimento de dinheiro pela
 manhã
à tarde, às 4h30, de repente
para [xxx]
—
noite terrível com
frio, fome e risos desesperados
 diante do [xxx]
14.8.45
de manhã sopa
depois revista
sem casaco até o portão.
"Tântalo desconhecia
os tormentos de Tântalo"
[xxx] ao portão
fome insana

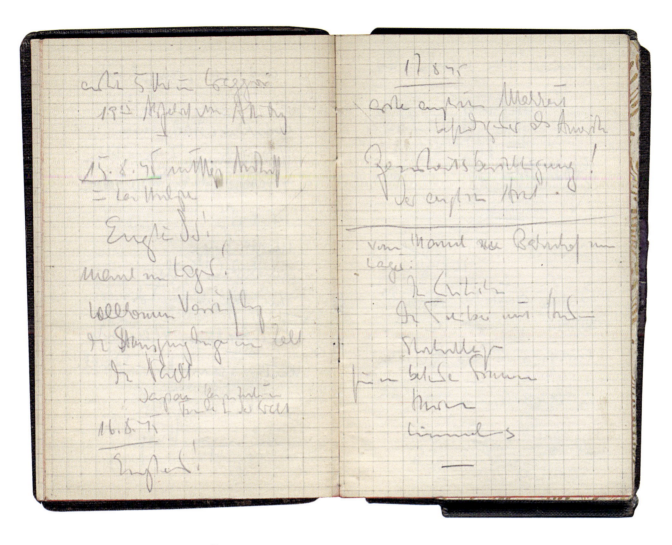

finalmente 5 horas no vagão
às 19h15 partida de Attichy
15.8.45 chegada ao meio-dia
   chegada a La Hulpe
Ingleses!
Marcha para o campo!
desespero completo
a [xxx] na tenda
a noite
o Japão se rende
e paz no mundo
16.8.45
Inglaterra!

17.8.45
primeira refeição inglesa
mais satisfatória do que a dos
   Estados Unidos
Exame de saúde!
o médico inglês

da estação a pé para o campo:
os civis
os controladores com cães
[xxx]
para mulheres que rezam
prostitutas
malandros

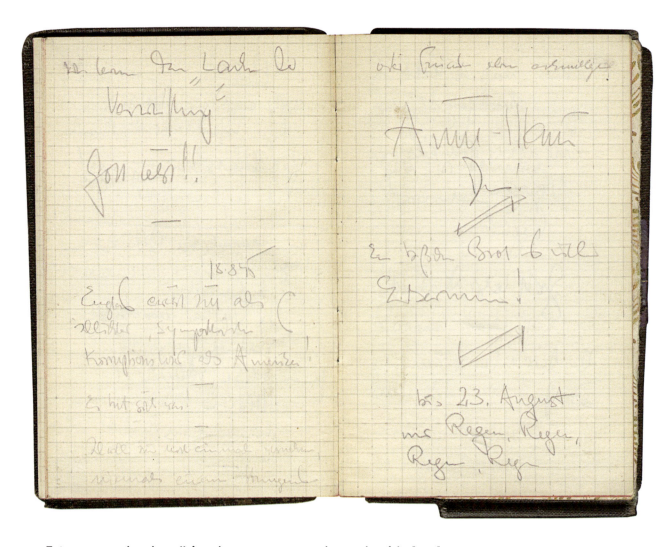

Estou aprendendo o "riso do desespero"
—
Deus vive!
—
18.8.45
A Inglaterra se revela
mais simples, mais simpática e
menos corrupta que os Estados
   Unidos!
—
A coisa se move!
Quero tentar [xxx] um dia nunca
   mais ser um homem faminto
ou desconhecido [xxx]
—
Anne-Marie,
amada!
Um pedaço de pão e [xxx]
compaixão!
até 23 de agosto
somente chuva, chuva,
chuva, chuva

sempre molhado e com frio e
com fome!
cena desagradável de mijo
chuva
chuva
Deus vive, apesar de tudo!
—
o aspecto do povoado
flamengo!
—

23.8.
Nossa baixa disposição de ânimo
chuva, chuva, chuva
Deus é todo-poderoso,
misericordioso e bondoso
—
até 26.8.
chuva, frio, miséria
—
no dia 26
primeiro raio de sol
culto religioso

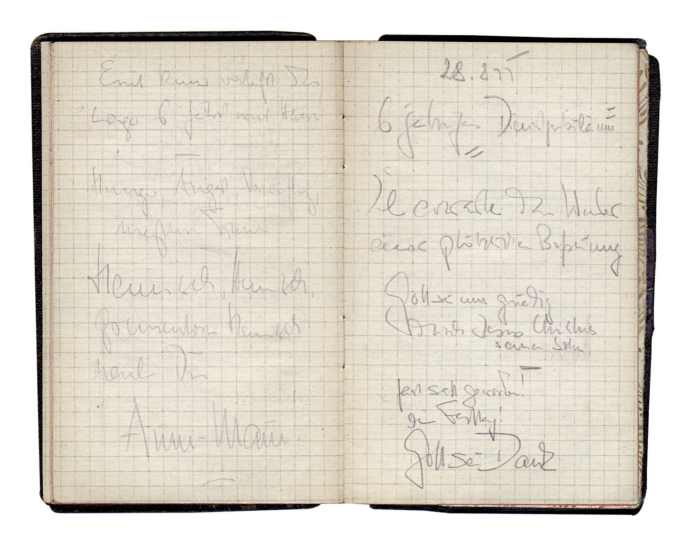

Ernst Kunz deixa o
campo e viaja de volta para casa
—
fome, medo, desespero
tristeza desmedida
saudade de casa, saudade de casa
infinita saudade de casa
de você,
Anne-Marie

28.8.45
há 6 anos "servindo no exército"
—
Espero o milagre
de uma libertação repentina
Deus nos seja misericordioso
através de Jesus Cristo
seu Filho
—
quase até fartar!
um dia de festa!
Graças a Deus

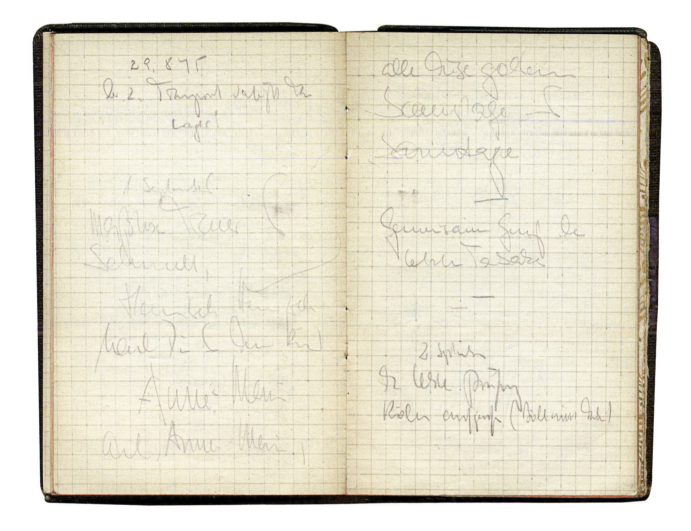

29.8.45
o segundo transporte sai do campo!
1º de setembro
tristeza desmedida e saudade
saudade de casa, saudade de casa de você e da criança
Anne-Marie
ah, Anne-Marie

todos esses sábados e domingos dourados
—
Fruição conjunta do último tabaco
—
2 de setembro
a última prova
Colônia chamada (Böll não incluído)

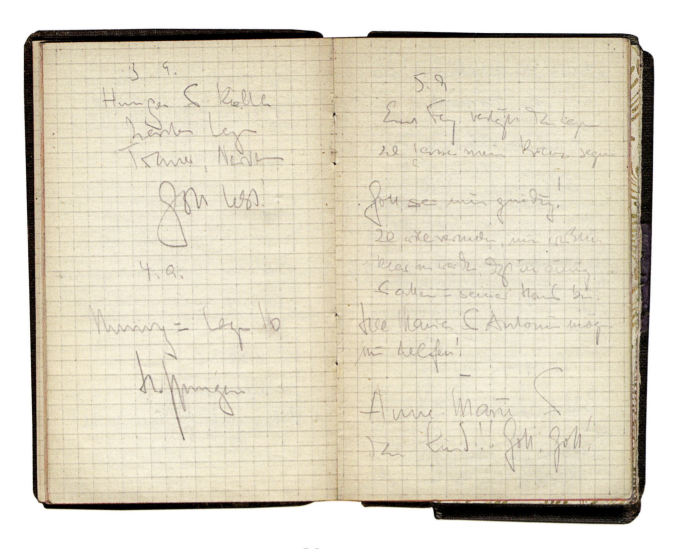

3.9.
Fome e frio
campo cruel
tristeza, nervosismo
Deus vive.
4.9.
Mudança para o campo 10
esperanças

5.9.
Ernst Fey deixa o campo
Mando benzer minha cruz.
Deus tenha piedade de mim!
Quero tentar manter claro para mim
que estou única e exclusivamente
 em suas mãos.
Nossa Senhora e Santo Antônio,
venham em meu auxílio!
—
Anne-Marie e
o bebê!!! Deus, Deus!

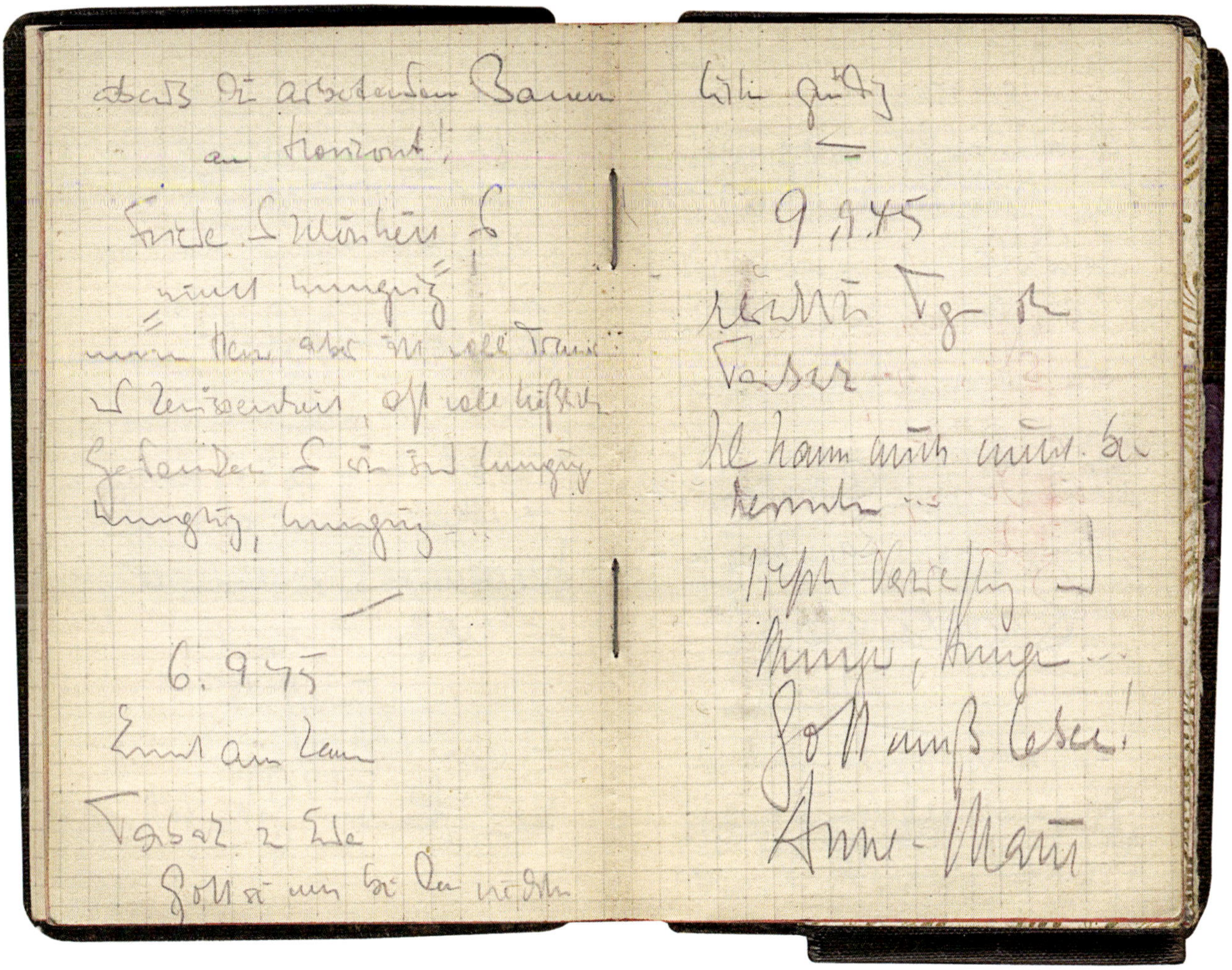

à noite os camponeses no trabalho
lá no horizonte!
Paz e beleza
"sem fome"
mas meu coração está cheio de
   tristeza
e dureza, muitas vezes
de pensamentos horríveis,
  e nós estamos famintos,
famintos, famintos
—
6.9.45
Ernst beirando a cerca
Acabou o tabaco
Que Deus seja misericordioso
   conosco

na próxima lista
—
9.9.45
dia terrível sem
tabaco
Não posso me controlar...
o mais profundo desespero e
fome, fome...
Deus deve viver!
Anne-Marie

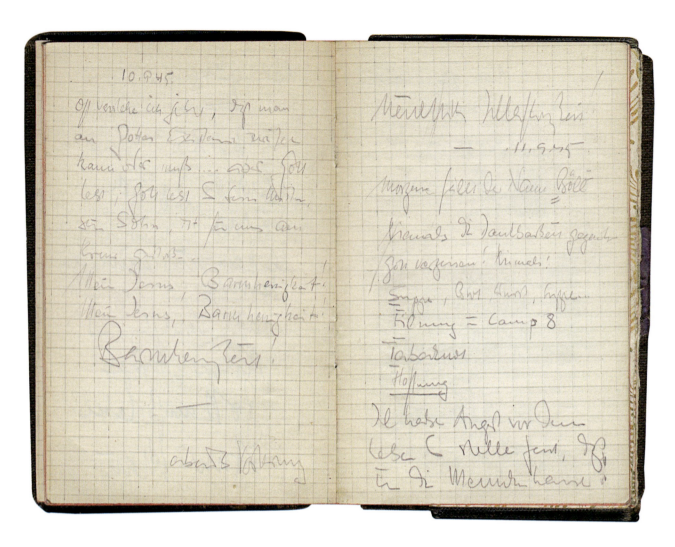

10.9.45
Agora compreendo com frequência
   que as pessoas podem ou
   precisam
duvidar da existência de Deus... mas
   Deus vive; Deus vive e Jesus Cristo,
seu Filho, morreu na cruz
por nós...
Meu Jesus, tenha piedade!
Meu Jesus, tenha piedade!
Piedade
—
à noite sarau de leituras

[xxx] insônia!
— 11.9.45
de manhã o nome "Böll" é
   mencionado
Jamais esqueça a gratidão
para com Deus! Jamais!
Sopa, pão, salsicha, sopa...
Revista no campo 8
fissura por tabaco
<u>esperança</u>
Tenho medo da
vida e constato que
odeio as pessoas!

155 dias de inferno!
12 de setembro
Maria
Anne Maria
dia 12 partida
Viagem por Flandres
[xxx]

13.9.
12.9
à noite partida para
Maria ter Heide
Dia 13
Alemanha
[xxx]
Weeze (pão, pão, pão)
14.9.
ainda em Weeze
Fome e desespero

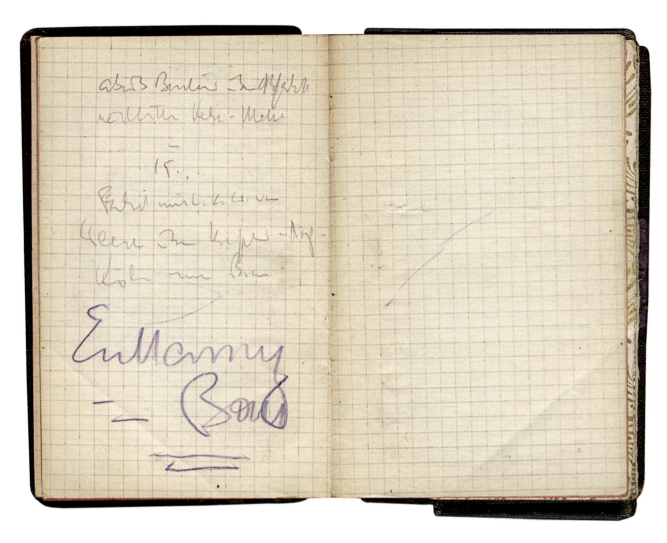

à noite [xxx]
[xxx]
—
**Dia 15
Transportados num caminhão de
Weeze via Krefeld–Neuss–
–Colônia até Bonn
Libertação
— em Bonn**
—

Heinrich Böll foi libertado do Campo Provisório Municipal que ficava no pátio atrás da Universidade de Bonn e que fora instalado pelo governo militar dos Aliados. Vide correspondência de Heinrich Böll a Ernst-Adolf Kunz, Neßhoven, 19.9.1945: "No dia 2 de setembro fomos para o campo 10, em que havia somente pessoas inválidas; então no dia 5.9 Ernst Fey nos deixou, depois que nós – Helmut, Ernst e eu – fumamos o restante do tabaco do nosso antigo combinado 5:1. Em seguida, tivemos que passar pela situação em que tanto as listas de Arnsberg como de Colônia foram lidas três vezes sem que nossos nomes constassem das listas. Foi uma loucura total. Até o sereno Helmut, com quem eu agora dava umas voltas,

estava fraco naqueles dias. Imagine, dentro do próprio campo nós também tivemos que nos mudar algumas vezes, houve um dia em que ficamos sem comida; nem falo, era uma coisa de louco!! Só sei que estávamos entre os últimos 300 de 5 mil deficientes físicos libertados. Foi de repente, no meio da noite! Eu ainda tinha sabonete comprado na Bélgica para trocar por cigarros... e no meio da noite, finalmente no dia 12 de setembro, nossos nomes foram lidos... graças a Deus não permanecemos lá com os cem homens restantes (incluindo Micha!). Saímos no dia 13 no caminhão La Hulpe – crentes que estávamos indo para a estação de trem, e acabamos ficando ainda atrás do arame farpado em Maria ter Heide, perto de Antuér-pia!! Oh, loucura, loucura, nervos, nervosismo! Graças a Deus, por apenas poucas horas! À noite fomos novamente transportados agora de fato para a Alemanha, para a Alemanha de aspecto triste e desolador! Em Weeze, no Baixo Reno, tivemos que esperar dois dias – oh, nervos, nervos! – atrás de arame farpado e sem cigarro – aí então finalmente – fomos de novo transportados num caminhão e trazidos para Bonn, onde o último arame farpado ainda nos cercou... oh, Deus! No dia 17 de... finalmente saí de trás daquele último arame farpado à sombra da Universidade de Bonn, onde eu já vivera dias mais felizes... uma tontura me dominou, a consciência de estar livre depois de quase sete anos...".

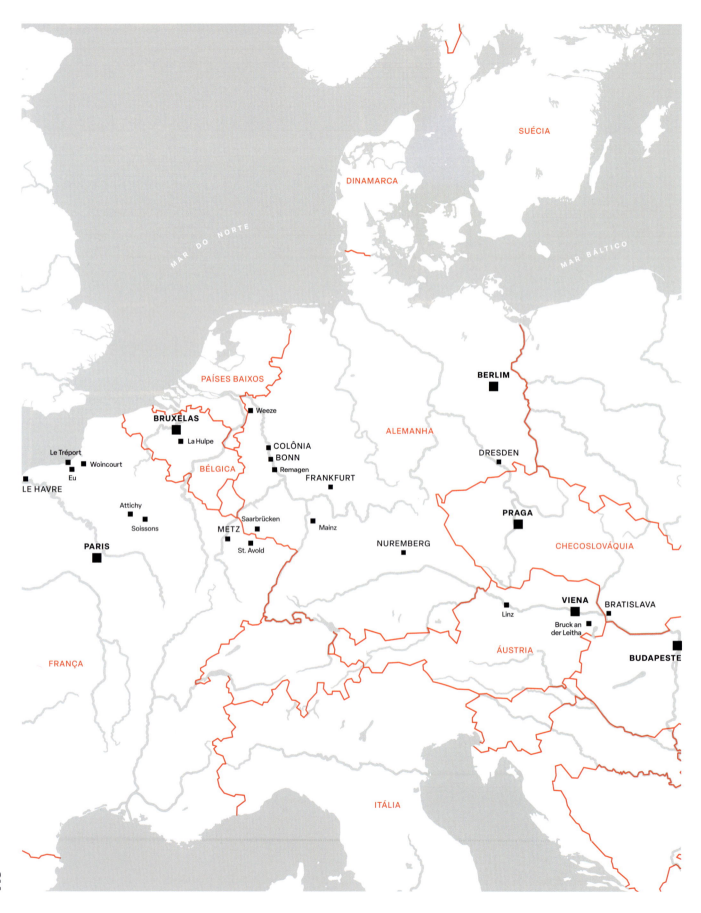

POSFÁCIO

... era então chegada a hora. Com carimbo do dia 5 de agosto de 1939, Heinrich Böll recebeu a convocação compulsória de alistamento militar para um "exercício de várias semanas" que – como ele ironicamente observou numa distância de treze anos – "se estendeu até novembro de 1945".[1] Três dias antes do início da guerra, Böll estava no quartel Winkelhausen em Osnabrück, e o juramento teve lugar três dias após a invasão da Polônia pelas tropas alemãs. Heinrich Böll – um soldado da Wehrmacht alemã. Nos dez meses seguintes, isso significou serviço de guarda, de quarto e cozinha, exercícios de campo, marchas e as torturantes espera e torcida para a próxima licença à terra natal, Colônia. Experiência suficiente para elaborar o pano de fundo das poucas linhas escritas durante o período de Osnabrück. "Capitão, ah, cale essa boca agora mesmo, neste momento eu não tolero besteira nenhuma!"[2]

Por mais repugnante que fosse a existência compulsória como soldado – além do azedume e do resmungo –, a Heinrich Böll não restavam alternativas senão aceitar o inevitável. "É tudo uma merda"[3] é então, por excelência, a fórmula de Osnabrück fixada também no gênero literário "carta do front" pelo rapaz de 22 anos para definir a sua vida na caserna. Com isso, ao mesmo tempo a flagrante e inconfundível miséria da "uniformação" era lapidada em poucas palavras. Não é o questionamento radical e a crítica ao poder que lhe são impostos; mais que isso, porém, a rebeldia afetiva se expressa de maneira acalorada contra a determinação externa que aliena a própria, que é distintiva das notícias de Osnabrück e de outras que extrapolam essa primeira fase da vida de soldado. A dureza das circunstâncias era concreta; a guerra, por outro lado, constituía algo abstrato. "O quartel é que cada vez mais me dá nos nervos."[4] Em essência, essa confissão valia também para a Polônia, para onde Böll foi designado em junho de 1940. O alojamento num "horrível"[5] quartel construído em 1876, bem como a perspectiva dos exercícios matinais de campo e das horas de treino vespertino, à primeira vista não parecem apropriados para revisar a fundo essa aversão. Não obstante, em Bromberg (Bydgoszcz), parece ter dado certo um arranjo com as condições, oposto à primeira impressão, pelo menos na medida em que a cidade às margens do rio Brda, que fazia parte do Império Alemão até 1918, permitia "aguentar tudo numa boa"[6] e "até mesmo aturar"[7]. "Como aqui não é de fato desinteressante, seria até possível suportar uns seis meses, se não fosse tanto serviço, um serviço enfadonho e cansativo, e se não houvesse tantos soldados aqui; mas assim sendo..."[8] O que o levou a essa espécie de assentimento foram provavelmente as visitas ocasionais ao café, que pelo menos por um tempo lhe permitiam escapar da maldição do quartel e do serviço. Durante essas horas, Böll observava as pessoas, distribuía simpatias – uma parcela mínima se dirigia aos descendentes de alemães – e vê amplamente confirmado na reciprocidade do olhar dos soldados de ocupação o que se sabe sobre "os poloneses": "são estrangeiros e não podem ser nossos amigos, e com isso a situação fica clara; todos passam uma impressão de oprimidos, mas por trás da melancolia de seus olhos, que é como um descaimento, espreitam o ódio e um fanatismo violento que sem dúvida explode mais selvagem do que nunca, tão logo não haja

---

[1] "Leben für die Sprache" (anotação autobiográfica), no jornal *Das Parlament*, de 19. set. 1956, p. 11; citado em: *Heinrich Böll: Werke. Kölner Ausgabe*. 27 volumes. Editado por Árpád Bernáth, Hans Joachim Bernhard, Robert C. Conard, Frank Finlay, James H. Reid, Ralf Schnell e Jochen Schubert. Colônia: Kiepenheuer & Witsch, 2001-2010. Aqui: *KA*, v. 10, p. 15. Obra citada ao longo deste volume como *EC*.

[2] "Der Soldat" (1939), *EC* 1, p. 458. – Sobre a vida na caserna, vide o conto "Aus der 'Vorzeit'" [do passado], de 1947. – A primeira publicação de Böll em 2 de maio de 1947 no *Rheinischen Merkur*; *EC* 3, pp. 113-114; bem como a narrativa em que essa versão resumida é baseada, "Vor dem Eskaladierwand" [Em frente ao muro de escalada], *EC* 3, pp. 41-62.

[3] *Feldpostbrief* [carta do front] de 22 abr. 1940, *Cartas do front*, p. 55. *Heinrich Böll: Briefe aus dem Krieg 1939-1945*. Editado e comentado por Jochen Schubert. Colônia: Kiepenheuer und Witsch, 2001. Obra citada ao longo deste volume como *CF*.

[4] Carta do front de 30 abr. 1940, *CF*, p. 59.

[5] Carta do front de 28 jun. 1940, *CF*, p. 67.

[6] Carta do front de 4 jul. 1940, *CF*, p. 69.

[7] Carta do front de 12 jul. 1940, *CF*, p. 74.

[8] Carta do front de 16 abr. 1940, *CF*, p. 79.

aqui mais militar algum passando umas três semanas [...], e é obvio que não perderam a esperança de se tornarem livres novamente". Por outro lado, ligadas a essas constatações, há perspectivas imaginárias em que ele rememora suas vivências através de imagens: "Às vezes se vê diante de uma capela, à porta de uma casa ou à beira de um riacho turvo uma figura que, em sua tamanha pobreza, em sua tristeza profunda e na paixão adormecida e reprimida, é como um símbolo do destino da Polônia".[9]

Após oito boas semanas de serviço em Bromberg, na Polônia, Böll foi realocado para a França no início de agosto de 1940, no curso dos preparativos para a invasão planejada da Grã-Bretanha, "Operação Leão-Marinho", e inicialmente ficou "muito feliz por estarem indo de novo para o Oeste".[10] O quão frágil, irritadiça, instável e cheia de contradições a paisagem de sua alma se tornara em aproximadamente um ano de soldado é algo que fica evidente quando, num transporte, Böll passa pela destruída Rotterdam. "Ontem atravessamos bem no meio da tarde de sábado a imensamente agradável Holanda; casais se moviam nos parques magníficos, por todos os lados se sentavam em jardins de inverno e nos lançavam olhares grosseiros; muitos fizeram movimentos de natação e depois um gesto que deveria significar afogamento, sorrindo zombeteiramente. Nós todos ficamos completamente amargurados ante a visão dessa vida maravilhosa. Ao entardecer, passamos depois por Rotterdam; está terrivelmente destruída; uma loucura. Infelizmente, preciso escrever rápido para não perder a oportunidade de envio da correspondência [...]. Já consegui 250 gramas de café numa plataforma ferroviária por 50 *pfennigs*; espero encontrar uma oportunidade de enviá-lo; cada um de nós bebeu hoje uma garrafa inteira de aguardente para comemorar o domingo; uma garrafinha de conhaque (fabuloso, 2 marcos); assim, por ora afastamos também o horror da visão de Rotterdam; a guerra é o pavor encarnado... A carta precisa ser despachada, é uma pena; vimos coisas belíssimas, a Holanda é um encanto, bela e limpa, mas provocadoramente serena e impassível; eu realmente espumei de raiva; então hoje lavei toda a minha dor por nossa juventude dissipada. É realmente demais quando você vê holandeses malucos curtindo a vida maravilhosa, e temos que prosseguir, mais, mais e mais..."[11] Por um lado, a vibração e a alegria da "curtição" podem rapidamente afugentar a visão da cidade de Rotterdam destruída; por outro, a amargura pela população holandesa, cujos gestos o marcam como perpetrador, a ele, que, vendo a "vida maravilhosa" dos "holandeses malucos", mais uma vez tem consciência de ser vítima de uma coerção no cativeiro do próprio uniforme, o centro de gravidade de sua "cólera" de dentro da prisão do uniforme como tal dirigida àqueles que o conscientizam disso e tornam o ultraje mais duradouro do que a "visão de Rotterdam", embora ela lhe tenha mostrado a guerra como o "pavor encarnado"[12].

Depois que Böll chegou à França e foi designado para sua unidade estacionada em Beaucourt-sur-l'Hallue, ele foi, entretanto, internado por suspeita de disenteria no hospital militar de Dury, perto de Amiens, no final do mês. Seguiram-se quatro semanas tranquilas de licença na Alemanha. Até maio de 1942, Mülheim an der Ruhr, Lüdenscheid, Bielefeld e depois Colônia foram palco de uma condição existencial insuportável para ele, que cada vez mais se transformava em crise permanente. Isso relaciona-se por um lado à composição das unidades para as quais Böll é designado – na maioria das vezes, tropas compostas por gerações mais velhas e pelos integrantes julgados "gvH" (*garnisonsverwendungsfähig Heimat*: guarnição apta para a pátria); por outro, ao subaproveitamento em serviços de segurança, cozinha, oficina, no serviço administrativo e nos negócios, na guarda de campos de prisioneiros de guerra ou na guarda de objetos militares na área da retaguarda. Nessas condições, as ideias sobre a possibilidade de uma vida própria autônoma em face da insatisfação

---

9 Ibidem, p. 78.
10 Carta do front de 29 jul. 1940, *CF*, p. 87.
11 Carta do front de 4 ago. 1940, *CF*, p. 90.
12 Ibidem.

com a preordenada se tornam o vórtice do desespero do vido à juventude "vendida e acabada" "antes mesmo de começar"[13]. Esse desespero não limita eventuais viagens de trem de Colônia a Antuérpia, na Bélgica, o que ao menos permite visitas a antiquários e a aquisição de livros de Léon Bloy, nem o tempo livre para pernoitar em casa ou a oportunidade de encontrar mais frequentemente a namorada, Annemarie Cech. Pelo contrário. O contraste, em última análise, parece aumentar o sentimento fundamental de desesperança e desolação. Böll afirma que está em uma "posição invejável", podendo ver a namorada "a cada dois dias, mesmo que por horas", ou estar em casa, para então considerar justamente essa facilidade como fonte de uma marca de conflito insustentável: "Talvez seja também a consciência constante, o fato de estar dilacerado entre dois mundos tão estranhos entre si, sempre tendo que me dividir e me transfigurar completamente a cada dia entre esses dois mundos que não têm nada em comum um com o outro, de cujo absoluto me dou conta nitidamente; entre o mundo da minha própria vida, que me é dado tão infinita e generosamente, e a existência odiada e sombria que me foi imposta e que devo realmente levar adiante".[14] Após uma breve licença, ele se manifestou da seguinte maneira: "Agora a estupidez perfeita se reapoderou de mim completamente; é um delírio insensato; a sala de roupas enfadonhas, montes de sapatos e botas que fedem ao extremo, escriturários ridiculamente arrogantes e presunçosos de quem estou completamente à mercê; como tudo isso me é familiar e o quanto detesto isso do fundo do coração. É difícil não se tornar cruel e fatalmente melancólico em meio a isso; e os alojamentos! Ah, quantos instrutores de treinamento, impondo todas as suas horríveis torturas a recrutas, já vagaram por esses espaços de antigas casernas, imaginem só! E eis-me aqui novamente nesse meio, perdido de todo e para sempre...".[15] Depois de quase um ano e meio, essa fase mentalmente mais exaustiva chegou ao fim. Böll foi de novo transferido para a França. Designado para aldeias diversas, por vezes estacionado até diretamente na costa do Canal, prossegue no ritual de marchas e exercícios de campo; nesse ínterim, certos costumes propiciam contato com a população francesa, o que Böll certamente aprecia; até porque os contatos o ajudam a fazer compras ocasionais de encomendas para agradar a família em Colônia – bastante espontâneo e inclusive ingênuo por conseguir assim compensar positivamente as circunstâncias que de outra forma seriam sombrias e adversas. Böll sofre ali com a desoladora união concebida como "camaradagem" – "a tagarelice e a estupidez dos camaradas me deprimem"[16]; em geral, pode-se dizer que para o soldado Heinrich Böll o tempo passado na França – especialmente depois das experiências da pátria – é a fase mais suportável do serviço militar. Isso diz respeito sobretudo às semanas em Le Tréport, quando Böll é encarregado de serviços administrativos. O que faz delas o período mais agradável é o fato de que às vezes ele podia se dedicar mais à leitura de obras literárias.

De Osnabrück à França, de lá à Alemanha e dali novamente à França: as estações pelas quais Heinrich Böll passou até outubro de 1943 eram sempre distantes da frente de batalha. Os registros nos diários de 1943 a 1945, que são aqui publicados a partir do espólio do autor, mostram o significado da ruptura radical com toda a experiência que tivera até então, o quanto o próprio Böll se transformou e o quanto foi marcado pelas experiências imediatamente após sua chegada à Crimeia em 1944 ou pela designação a Jassy. Aparentemente, Böll manteve um diário desde o início de seu tempo na Wehrmacht. No entanto, os três primeiros diários foram perdidos durante a guerra.[17]

---

13 Carta do front, de 2 abr. 1942, *CF*, p. 310.
14 Carta do front de 3 nov. 1941, *CF*, p. 261.
15 Carta do front de 23 jan. 1942, *CF*, p. 286.
16 Carta do front de 23 set. 1942, *CF*, p. 479.
17 Vide a carta do front de 24 jun. 1942: "Na viagem de ida esqueci dentro do trem meu lindo caderno e a caneta-tinteiro; já começou aí o nosso azar" (*CF*, p. 376). E também a de 22 dez. 1943: "Ah, perdi meu bonito Verlaine, o Trakl, um pequeno volume com imagens de Renoir e ainda dois pequenos diários vermelhos cheios de anotações" (*CF*, p. 967).

CRONOLOGIA

HEINRICH BÖLL NO DISTRITO
DE RADERBERG, EM COLÔNIA,
PARQUE VORGEBIRG, 1926

INFÂNCIA E JUVENTUDE ATÉ O INÍCIO DA GUERRA
DE 1917 A 1939

1917
Heinrich Theodor Böll nasce em 21 de dezembro à rua Teutobürger 26, na região centro-sul da cidade de Colônia, na Alemanha. É o caçula das cinco crianças do segundo casamento de Viktor Böll com Maria Hermann: Mechthild (1907-1972), Gertrud (1909-1999), Alois (1911--1981) e Alfred (1913-1988).

1922
No dia 25.7 a família se muda para a casa construída em 1921 por Viktor Böll no empreendimento cooperativo Am Rosengarten, rua Kreuznacher 49, no bairro Raderberg, em Colônia.

1924
Entra na escola primária e frequenta a Escola Pública Católica da rua Brühler 204, Colônia.

1926
11.4 Faz a primeira comunhão na igreja Santa Maria da Conceição, sob a preparação de Joseph Teusch, que mais tarde será vigário episcopal em Colônia.

1928
17.4 Troca a Escola Pública Católica pelo Kaiser-Wilhelm-Gymnasium à rua Heinrich 6. Heinrich Böll se torna membro da Congregação Mariana (até aproximadamente 1934).

1930
Após a falência da financiadora Rheinische Kreditanstalt, Johannisstrasse 72/78, fundada em 1923, a casa na rua Kreuznacher teve de ser vendida. No outono, a família se muda para um apartamento na Ubierring 27, no bairro Südstadt, em Colônia.

1932
Devido à situação financeira cada vez mais difícil, há uma nova mudança para a rua Maternus 32, também em Colônia.

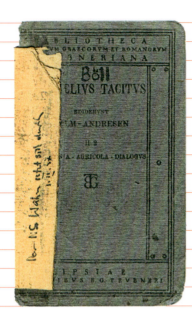

EXEMPLAR DE TÁCITO, PERTENCENTE A HEINRICH BÖLL. NA CAPA, A ANOTAÇÃO: "A LOUCURA NS SE IMPÕE/ 1.2.1937"

HEINRICH BÖLL NO FIM DO ENSINO MÉDIO, 1937

1933

Por ocasião da visita de Adolf Hitler a Colônia em 19 de fevereiro, Heinrich Böll comenta na margem de sua edição do livro *Anábase*, de Xenofonte: "Adolf Hitler fala em Colônia; fascistas babando no canhão de Hitler; um socialista descuidado, chamado Hitler (NSDAP),[1] torna-se desagradável e barulhento – morte aos marrons".

1936

No início do ano a família se muda para o primeiro andar da Karolingerring 17. Junto com seu irmão Alfred, Heinrich Böll aluga uma mansarda adicional. Em janeiro, Böll começa a escrever.

Entre 11.9 e 8.10, Heinrich Böll escreve seu primeiro texto narrativo: "As inconsequências de Christoff Sanktjörg". Após terminar o manuscrito, dedica-se principalmente a poemas. Em 18.12, inicia a redação de *Die Brennenden* (Os ardentes), que termina entre 3 e 7.3.1937.

1.12 Inscrição para a prova final do ginásio (Abitur), na Páscoa de 1937.

1937

Heinrich Böll anota à margem de seu volume de Tácito: "a Loucura NS[2] se impõe/1.2.1937".

6.2 Heinrich Böll obtém o diploma no Kaiser-Wilhelm--Gymnasium em Colônia. Na avaliação geral do atestado, consta: "Compleição física: robusto, alto, mas pouco atlético, em virtude de enfermidades frequentes, liberado da ginástica com base no atestado médico e constituição física seriamente prejudicada. – Relações familiares: vida familiar regular, mas condições precárias. O pai, escultor, está desempregado há muito tempo. Seis filhos. – Talento: bom talento. – Desempenho: em geral suficiente, às vezes bom, especialmente em matemática e física. Em vista de suas aptidões, poderia

---

[1] Partido Nacional-Socialista dos Trabalhadores Alemães, mais conhecido como Partido Nazista. [N.T.]
[2] Nacional-Socialista. [N.T.]

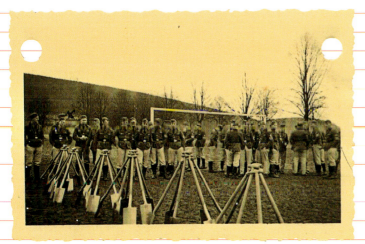

HEINRICH BÖLL (ESCONDIDO, À ESQUERDA, MARCADO COM X) NO SERVIÇO DE TRABALHO DO REICH EM WOLFSHAGEN, NAS PROXIMIDADES DE KASSEL, EM 1938

CONVOCAÇÃO PARA O ALISTAMENTO MILITAR, 3.8.1939

lograr melhores resultados. O fato de nem sempre serem bons se deve provavelmente a doenças e a ausências nas aulas. – Participação em Associações NS: não participa por causa de sua doença. – Caráter: fleumático, afável, talvez não enérgico o suficiente. Aceita aparentemente com serenidade a própria condição frágil, que ele procura melhorar através de mérito. – Aspirações profissionais: livreiro. Ele é particularmente capacitado para o trabalho em vista da afeição pela literatura."

1.4 Heinrich Böll inicia uma formação de livreiro junto à Editora Matthias Lempertz, Livraria e Antiquário, rua Franziskaner, em Bonn, mas a interrompe logo após seis meses. Depois desse período de formação profissional, a partir de novembro, passa a trabalhar na marcenaria de seu irmão Alois. Escreve "Am Rande der Stadt" [Às margens da cidade] (6.11.1937).

1938

Em novembro, Heinrich Böll inicia o Serviço de Trabalho do Reich, que adiara durante certo tempo por estar fazendo um estágio. Desempenha uma função no Comando Fritz Legemann (vice-governador do *Gau* Hessen-Nassau-Nord), na cidade de Wolfhagen, perto de Kassel. Escreve a história "Annette" (7-8 de outubro de 1938).

1939

31.3 Heinrich Böll encerra o período no Serviço de Trabalho do Reich.

13.4 Matricula-se na Universidade de Colônia. Escreve o conto "Mädchen mit den gediegenen Ansichten" [Moças de boa aparência]; datado de 15.5, com a inscrição "Senha: Colônia", esse manuscrito é submetido por ele à revista *Die Pause* de Viena. No período entre 22.5 e 15.6, trabalha no romance intitulado *Am Rande der Kirche. Tagebuch eines Sünders* [À margem da Igreja – diário de um pecador].

Em agosto, trabalha na fábrica de chocolate dos irmãos Stollwerck AG.

323

HEINRICH BÖLL, POR VOLTA DE 1941

OS ANOS DE GUERRA NA POLÔNIA, ALEMANHA E FRANÇA
DE 1939 A 1943

5.8 Heinrich Böll recebe sua convocação compulsória de alistamento militar com a data de apresentação de 4 de setembro de 1939.
28.8 Ingressa no Quartel Winkelhausen em Netter-Heide, em Osnabrück.
3.9 Presta juramento como soldado (fuzileiro) na Wehrmacht alemã e é designado para a 3ª Companhia do 484º Batalhão de Infantaria Reserva.
De 3 a 6.11, de 18 a 19.11 e de 14 a 20.12, licenças para ir a Colônia.
Em 21.12 Heinrich Böll completa 22 anos.

1940
No final de março, após uma breve internação hospitalar, Heinrich Böll obtém licença para ir a Colônia e permanecer até 6.4.
De 17 a 23.6 tem a última licença para ir a Colônia antes da transferência do 484º Batalhão de Infantaria Reserva para Bromberg.
Entre 26 e 27.6, transferência: Heinrich Böll ingressa no quartel da rua Kaiser-Wilhelm 1 em Bromberg.
2.8 Transferência para a França. Viagem, passando por Stendal–Cortrai–Namur–Amiens–Albert. Na França, é designado para o 1º Batalhão do 77º Regimento de Infantaria da 26ª Divisão de Infantaria, quartel em Beaucourt-sur-l'Hallue.
27.8 Com suspeita de disenteria, Heinrich Böll é internado no hospital militar de Dury, nas proximidades de Amiens (França).
28.9 Alta do hospital militar e viagem à Alemanha para a unidade da reserva do 77º Regimento de Infantaria em Mülheim an der Ruhr.
Depois das férias, Heinrich Böll retorna em 23.10 ao Quartel de Infantaria da rua Kaiser 1, em Mülheim an der Ruhr, sede da 1ª Companhia do 77º Batalhão de Infantaria Reserva.
Entre 7 e 8.11, licença para ir a Colônia.

HEINRICH BÖLL NA FRANÇA, EM 1942

Entre 11 e 17.11, licença para ir a Colônia.
18.12 Realocação da Companhia de Fuzileiros da Reserva 4/460 da 306ª Divisão de Infantaria para Lüdenscheid, Caserna Markgraf-Karl.
21.12 Heinrich Böll completa 23 anos. Transferência para Bielefeld, Diesterwegschule, rua Rohrteich 71.

1941

14.1 Transferência para a Escola Wendelin, rua Wendelin 64, Müngersdorf, em Colônia.
De 22.1 a 4.2, período de férias.
De 22 e 23.3, feriado: Dia do Exército Alemão (em Colônia).
De 24 a 30.6, serviço em Wesseling: guarda.
De 11 a 14.9, escolta.
De 27.9 a 4.10, guarda em Wesseling.
10 e 11.10, escolta.
De 30.11 a 2.12, escolta.
Em 21.12 Heinrich Böll completa 24 anos.
De 30.12.1941 a 3.1.1942, escolta de pelotão à França.

1942

De 7 a 20.1, licença.
22.1 Transferência para a Caserna Barbara, rua Amsterdamer 138, bairro Riehl, em Colônia.
Entre 31.1 e 1.2, transferência para o quartel Hacketäuer, rua Von-Sparr 1, em Colônia.
Entre 2 e 9.3, licença para o casamento.
6.3 Annemarie e Heinrich Böll se casam oficialmente na prefeitura de Colônia.
24 e 25.3 Transferência para o quartel de infantaria no bairro Kalk em Colônia, rua Lilienthal.
7.5 Transferência para a França.
8.5 Chegada a St-Omer.
De 9.5 a 16.6, acomodação em Bientques, na França. Heinrich Böll é designado para a 9ª Companhia do Regimento de Infantaria 240 da 106ª Divisão de Infantaria.
Dias 30 e 31.5, "Operação Milênio" em Colônia. O prédio da rua Kleingedank 20 é atingido por uma bomba incendiária e se torna inabitável. Annemarie se muda por breve período para a casa dos pais de Heinrich Böll, na Karolingerring 17.

De 19 a 21.6, Heinrich Böll recebe uma "licença especial para vítima de bomba". Na viagem de volta a Colônia, em Lille (dia 22.6) ele é enviado por engano via Calais (dia 23) a Guînes (dia 24).
27.6 Acomodação em Campagne-les-Guînes.
De 29.6 a 4.7, licença adicional para ir a Colônia.
5.7 Retorno à tropa via Lille-Calais para Campagne-les-Guînes, região de Hauts-de-France (6-7).
De 6 a 15.7, transferência para o litoral e missão em cabo Gris-Nez.
De 15 a 18.7, destacado para treinamento com lança-chamas na cidade de Calais.
De 18.7 a 30.8, cabo Gris-Nez.
1.10 Transferência para Rouen. Quando da reorganização da 348ª Divisão de Infantaria, Heinrich Böll foi designado para a 1ª Companhia do 863º Regimento de Infantaria.
6.10 Ordem de transporte para Arras.
10 e 11.10 Quartel de Louviers, ao sul de Rouen.
De 12 a 24.10, transferência para Léry, ao norte de Louviers.
25.10 Transferência para Pont-de-l'Arche, na Normandia.
23.11 Marcha de Quincampoix, passando por Neufchâtel-en-Bray, Blangy-sur-Bresle, Gamaches, Feuquières-en-Vimeu e Ochancourt até o litoral.
25.11 Chegada a Saint-Valéry-sur-Somme.
21.12 Heinrich Böll completa 25 anos.
26.12 Licença para ir a Colônia.
31.12 Casamento de Annemarie e Heinrich Böll na igreja St. Paul em Colônia.

1943

13.1 Transferência de Saint-Valéry-sur-Somme a Tully.
26 e 27.1 Internação em Amiens/Dury (hospital).
28 e 29.1 Tully.
30.1 Amiens/Abbeville.
31.1 Dury.
2.2 Paris.
De 5 a 21.2, Amiens/Dury.
De 21 a 23.2 Tully.
24.2 Transferência para o vilarejo litorâneo Le Tréport. Ação de comando.
1 e 2.3 Licença para ir a Colônia.
15.3 Viagem a Paris para a prova de intérprete.
18.3 Retorno a Le Tréport.
29.3 Estada em Paris.
26.5 Transferência para Tully.
De 26.6 a 11.7 Férias na terra natal.
12.7 Retorno passando por Maastricht–Namur––Arras–Albert–Amiens até Truppe. No dia 4.7, ele é transferido para Mollière d'Aval, 25 km ao norte de Tully.
1.9 Heinrich Böll é promovido a primeiro-cabo.
2.10 Heinrich Böll é destacado para a 10ª Companhia (3º Batalhão) do Regime de Infantaria 863 da 348ª Divisão de Infantaria em Cayeux-sur-Mer.
11.10 Transferência para Yzengremer, situada 10 km a leste de Cayeux-sur-Mer.

OS ANOS DOS DIÁRIOS DE GUERRA
DE 1943 A 1945

28.10, às 19h22 Transporte para a Europa oriental, saindo da estação ferroviária Woincourt (França). Às 19h55, o trem sofre um atentado e Heinrich Böll fica ferido. A viagem acontece no dia 31.10, com partida da cidade francesa de Eu.
10.11 O trem de Heinrich Böll chega à Europa oriental (a Kalinovka, situada 25 km ao norte de Vinnitsa).
11.11 Voo de Odessa para a Crimeia, península de Querche.
12.11 Heinrich Böll é designado para a 1ª Companhia do 121º Regimento de Infantaria da 50ª Divisão de Infantaria. O 1º Batalhão (1ª-4ª Companhia) do 121º Regimento de Infantaria está então subordinado à 98ª Divisão de Infantaria sediada ao norte de Querche.
16.11 Heinrich Böll é ferido no pé por estilhaços de uma granada.
2.12 Sofre lesão na cabeça e é levado ao Posto de Atendimento.

6.12 Voo para Odessa e entrada no Hospital Militar 2/606, de onde é mandado a um hospital de campanha em 12.12.
21.12 Heinrich Böll completa 26 anos.
22.12 Transferência para Radschelnaja (atualmente Rosdilna, na Ucrânia).

1944

6.1 Transferência para Odessa.
15.1 Transferência para Selz am See (Transnístria), depois, em 20.1, para Stanislau, hoje Ivano-Frankivsk, Hospital Militar 3/601. Após ter alta em 23.2, Heinrich Böll vai para Colônia e lá permanece até sua partida em 1.3 para St. Avold, na França. Em St. Avold, ele é designado para o 485º Batalhão de Granadeiros de Reserva V/Companhia de Convalescentes.
11.3 Início das férias de descanso, período de catorze dias, na cidade de Ahrweiler, Hotel Vier Winde.
26.3 Retorno a St. Avold com Annemarie Böll e transferência para o 465º Batalhão de Granadeiros de Reserva.
4.4 Início de catorze dias adicionais de férias de descanso.
17.4 Retorno a St. Avold para se juntar às tropas.
22 e 24.4 Annemarie Böll visita St. Avold.
Entre 27.4 e 2.5, Heinrich Böll recebe licença especial para ir a Colônia e Ahrweiler devido ao ataque aéreo de 21.4 à cidade de Colônia, que atingiu o apartamento em Neuenhöfer Allee 38.
2.5 Viagem para St. Avold em companhia de Annemarie. No dia 7.5 ela retorna a Colônia/Ahrweiler.
9.5 Transferência para Bitsch, Suíça.
17.5 Transferência para Jassy (hoje Iași), Romênia. Viagem por Saarbrücken–Karlsruhe––Nuremberg–Bruck an der Leitha–Budapeste––Szolnok–Törökszentmiklós–Kisújszállás–Karcag––Püspökladány–Hajdúszoboszló–Debrecen–Satu Mare––Chust–Sighetui Marmatiei–Kolomea–Snjatyn––Cernóvia–Suceava–Iași.
29.5 Chegada ao destino. Heinrich Böll é designado para a 6ª Companhia do 212º Regimento de Granadeiros da 79ª Divisão de Infantaria.

31.5 Heinrich Böll é ferido em combate nas proximidades da antiga capital da Moldávia, Iași. Com um trem hospitalar, ele viaja por Târgu Frumos–Pașcani––Roman–Bacău–Adjud–Târgu Ocna e Comănești, Sinftu Gheorge (Sepsiszentgyörgy), onde se registra no Posto de Atendimento de Enfermos no dia 4.6.
15.6 Liberação para Debrecen.
10.7 Transferência de Debrecen para Szentes.
31.7 Alta do hospital militar de Szentes. Viagem a Metz para a unidade de tropa de reposição do 212º Regimento de Infantaria passando por Szolnok–Debrecen––Budapeste–Viena–Linz–Passau–Regensburg–Nuremberg––Heidelberg–Frankfurt–Koblenz–Colônia–Remagen––Ahrweiler (com estada de um dia). De Ahrweiler, juntamente com Annemarie Böll ele segue para Metz.
5.8 Chegada a Metz.
Entre 9.8 e 7.9, férias em Ahrweiler.
6.9 Admissão na clínica de Ahrweiler, com dr. Von Ehrenwall.
16.9 Viagem a Dresden, Hospital de Reserva 5.
29.9 Alta do hospital de reserva de Dresden, com licença para convalescença de doze dias – estada em Ahrweiler.
11.10 Devido a um novo ataque de febre (induzida), a licença para convalescença é prorrogada até 19.10.
21.10 Entrada no Hospital Militar 2/612 em Bad Neuenahr.
3.11 Morte da mãe.
6.11 Alta do hospital militar e licença especial de 6 a 17.11.
7.11 Enterro da mãe em Ahrweiler.
17.11 A família se muda para Marienfeld, onde Alois, Maria Böll e seus três filhos estavam morando no salão paroquial desde agosto.
Entre 21 e 25.11, tratamento no Posto Local de Enfermos, em Bonn.
8.12 Em Much, Heinrich Böll obtém o atestado de "incapacitado para marcha".
18.12 Presumivelmente viagem para Mainz. Retorno com licença especial por óbito de familiar, no período de 19.12.1944 a 3.1.1945.
21.12 Heinrich Böll completa 27 anos.

REGISTRO TEMPORÁRIO COM INDICAÇÃO DA LICENÇA DE HEINRICH BÖLL PARA MUCH, EMITIDO EM 17.9.1945

1945

4.1 Segue de Marienfeld, passando por Idar–Oberstein–Mainz–Wetzlar–Ludwigshafen–Bellheim, para Rußheim.
11.1 Chegada a Rußheim – 208ª Companhia de Convalescentes.
16.1 Licença até 31.1 – Viagem a Marienfeld.
31.1 Atestado de "incapacitado para viagem" até 5.3. Heinrich Böll manipula o atestado médico e estende sua validade até 25.3.
26.3 Heinrich Böll se apresenta de volta na tropa de Röttgen, à margem direita do rio Reno, perto de Marienfeld. No mesmo dia ele é destacado para o 943º Regimento de Infantaria da 353ª Divisão de Infantaria, Operações em Birk–Niederauel–Oberauel. A divisão é encarregada de postos de observação e guarita.
9.4 Às 19h30, Heinrich Böll é capturado durante a luta pelo povoado de Bruchermühle, a 2 km de Denklingen, norte de Waldbröl.
10.4 Böll é levado para um campo de prisioneiros de guerra próximo a Andernach.
12.4 É levado para Namur, na Bélgica, aonde chega no dia 14.4.
15.4 Chega a Attichy, comuna francesa próxima a Soissons, e recebe a identificação *Prisoner of War* 31C2423845.
29.7 Nascimento do filho Christoph Paul. Heinrich Böll conhece Ernst-Adolf Kunz.
14.8 Partida de Attichy às 19h15, chegada a La Hulpe, na Bélgica.
11.9 Heinrich Böll é enviado de Flandres para o Campo de Soltura de Prisioneiros de Guerra Weeze (situado em frente ao castelo Wissen).
15.9 Viagem de Weeze por Krefeld e Colônia até Bonn. No campo provisório, instalado por ordem do governo militar no pátio que fica atrás da Universidade de Bonn, Heinrich Böll é libertado.

PÓS-GUERRA E ANOS SEGUINTES
DE 1945 A 1985

1945
14.10 Morte de Christoph Paul, seu filho, que conheceu por poucas semanas, já hospitalizado.

1946
Retorno do casal a Colônia, onde vivem numa casa semidestruída. Böll retoma os estudos de Germanística na universidade, que abandonará novamente no ano seguinte. Começa a escrever com regularidade.

1947
3.5 Tem seu primeiro conto publicado: "Aus der Vorzeit" [Desde os tempos pré-históricos], no jornal *Rheinischer Merkur*.
19.2 Nascimento do filho Raimund.

1948
31.7 Nascimento do filho René (organizador deste livro).

1949
Assina seu primeiro contrato de edição e publica o livro *Der Zug war pünktlich* [O trem estava no horário], que traz muito de sua experiência na guerra.

1950
Nascimento do filho Vincent.
Publica o volume de contos *Wanderer, kommst Du nach Spa…* [Andarilho, venha para Esparta…]. Trabalha como empregado temporário no departamento de estatística de Colônia.

1951
É convidado a participar do Grupo 47, que o premia pela narrativa satírica *Die schwarzen Schafe* [As ovelhas

LISTA DOS LUGARES DE ESTADA DURANTE O PERÍODO DA GUERRA. O MANUSCRITO, QUE NÃO FAZ PARTE DAS CADERNETAS, FOI PROVAVELMENTE ESCRITO POR BÖLL EM 1948/1949

negras]. Publica o romance antiguerra *Wo warst du, Adam?* [Onde você estava, Adam?].

1952
A família compra um terreno na Belvederestrasse e começa a construção da própria casa. Publica *Nicht nur zur Weihnachtszeit* [Não apenas na época do Natal].

1953
Publica seu primeiro romance na editora Kiepenheuer & Witsch, *Und sagte kein einziges Wort* [E não disse uma só palavra], que recebe ótimas críticas e ganha uma série de prêmios. Torna-se membro da Academia Alemã de Língua e Poesia.

1954
Mudança para a casa da Belvederestrasse. O romance *Haus ohne Hüter* [Casa sem guardião] é publicado.

1958
A transmissão radiofônica do manifesto "Carta a um jovem católico" não é autorizada em razão das críticas profundas de Böll ao catolicismo alemão do pós-guerra.

1959
Laureado com o Großer Kunstpreis des Landes Nordrhein--Westfalen.

1967
Recebe o Georg-Büchner-Preis.

1970
Torna-se presidente do PEN-Zentrum da República Federativa Alemã.

1971
O romance *Gruppenbild mit Dame* [Retrato em grupo com dama], bastante crítico à sociedade do pós-guerra na Alemanha Ocidental, é publicado. Torna-se presidente do PEN-Club Internacional.

1972
Recebe o Prêmio Nobel de Literatura, oferecido pela primeira vez a um escritor alemão depois de 43 anos.

1974
Publica o livro que se tornará a sua obra mais conhecida, *A honra perdida de Katharina Blum* (publicado no Brasil pela Carambaia). Aleksandr Soljenítsyn é deportado para a Alemanha Ocidental e acolhido na casa de Böll, que antes havia contrabandeado alguns dos manuscritos do russo para o Ocidente, permitindo a primeira publicação de *Arquipélago Gulag*.

1976
Annemarie e Heinrich Böll abandonam a Igreja Católica. Com Günter Grass e Carola Stern, Böll publica a revista *L'76*.

1979
Gravemente enfermo, passa por algumas cirurgias.

1981
Participa do movimento pela paz. Böll se pronuncia, entre outros, na primeira manifestação de Bonn contra a decisão da OTAN de rearmamento.

1983
Recebe a cidadania honorária da cidade de Colônia. Participa do bloqueio da base militar dos Estados Unidos em Mutlangen e discursa na manifestação central pela paz em 22 de outubro em Bonn.

1984
A cidade de Colônia adquire o arquivo literário de Böll.

1985
16.7 Depois de uma longa enfermidade, Heinrich Böll morre na sua casa em Langenbroich, Eifel. Seu último romance, *Frauen vor Flusslandschaft* [Mulheres diante de uma paisagem fluvial], que traz uma visão resignada e radical da República de Bonn, é publicado postumamente no outono.

BIBLIOGRAFIA

Böll, Heinrich. *Werke. Kölner Ausgabe* [Obra. Edição de Colônia]. 27 vols. Organização de Árpád Bernáth, Hans Joachim Bernhard, Robert C. Conard, Frank Finlay, James H. Reid, Ralf Schnell e Jochen Schubert. Colônia: Kiepenheuer & Witsch, 2001/2010. Obra citada ao longo deste volume como EC (Edição de Colônia).

_____. *Briefe aus dem Krieg 1939-1945* [Cartas da guerra 1939-1945]. 2 vols. Organizado e comentado por Jochen Schubert. Com prefácio de Annemarie Böll e posfácio de James H. Reid. Colônia: Kiepenheuer & Witsch, 2001. Obra supracitada como CF (Cartas do front).

Hoven, Herbert (org.). *Die Hoffnung ist wie ein wildes Tier. Der Briefwechsel zwischen Heinrich Böll und Ernst-Adolf Kunz 1945–1953* [A esperança é como um animal selvagem. Correspondência entre Heinrich Böll e Ernst-Adolf Kunz 1945-1953]. Colônia: Kiepenheuer & Witsch, 1994. Obra supracitada como BBK (*Briefwechsel Böol Kunst*), ou seja, CBK (Correspondência Böll Kunst).

BIBLIOGRAFIA COMPLEMENTAR

Bauer, Alfred. *Deutscher Spielfilm-Almanach 1929-1950* [Almanaque do cinema alemão 1929-1950]. Munique: Filmladen Christoph Winterberg, 1976 [1ª ed. 1950].

Die Wehrmachtberichte 1939-1945 [Os relatórios da Wehrmacht 1939-1945]. 3 vols. Nova impressão fotomecânica sem modificações. Munique: Deutscher Taschenbuch Verlag, 1995.

Domarus, Max (org.). *Hitler. Reden und Proklamationen 1932-1945* [Hitler. Discursos e proclamações 1932--1945]. 2 vols. Wiesbaden: Löwith [O.J.].

Greven's Adressbuch Köln. 82. Jg. 1941/42 [Lista de endereços em Colônia. Ano 1941/42]. Colônia: Greven, 1941.

Gückelhorn, Wolfgang; Kleemann, Kurt. *Die Rheinwiesenlager Remagen und Sinzig. Fakten zu einem Massenschicksal 1945. Eine Dokumentation* [Os campos de prados do Reno em Remagen e Sinzig. Fatos sobre um destino em massa – 1945. Uma documentação]. Aachen: Helios Verlagsgesellschaft, 2013.

Heeres-Verordnungsblatt. Teil B und C. Hrsg. vom Oberkommando des Heeres [Folha Diretiva do Exército. Parte B e C. Publicada pelo Alto Comando do Exército].

Leonhardt, Rudolf Walter. *Lieder aus dem Krieg* [Canções da guerra]. Munique: Goldmann, 1979.

Mehner, Kurt (org.). *Die geheimen Tagesberichte der deutschen Wehrmachtführung im Zweiten Weltkrieg 1939-1945. Die gegenseitige Lageunterrichtung der Wehrmacht-, Heeres- und Luftwaffenführung über alle Haupt- und Nebenkriegsschauplätze* [Os relatórios diários secretos do comando da Wehrmacht na Segunda Guerra Mundial 1939-1945. As informações de situação recíproca entre o comando da Wehrmacht, Exército e Força Aérea e todos os campos de batalha principais e secundários]. 13 vols. Osnabrück: Biblio Verlag, 1984.

Mérimée, Prosper: *Carmen*. Trad. Wilhelm Geist. Posfácio de Günter Metken. Stuttgart: Philipp Reclam.

Stifter, Adalbert. *Gesammelte Werke* [Obras completas]. 6 vols. Frankfurt: Insel, 1959.

PREPARAÇÃO Tamara Sender
REVISÃO Débora Donadel e Ricardo Jensen de Oliveira
PROJETO GRÁFICO Laura Lotufo

DIRETOR-EXECUTIVO Fabiano Curi

EDITORIAL
Graziella Beting (diretora editorial)
Livia Deorsola e Julia Bussius (editoras)
Laura Lotufo (editora de arte)
Kaio Cassio (editor-assistente)
Pérola Paloma (assistente editorial/direitos autorais)
Lilia Góes (produtora gráfica)

RELAÇÕES INSTITUCIONAIS E IMPRENSA Clara Dias
COMUNICAÇÃO Ronaldo Vitor
COMERCIAL Fábio Igaki
ADMINISTRATIVO Lilian Périgo
EXPEDIÇÃO Nelson Figueiredo
ATENDIMENTO AO CLIENTE Meire David
DIVULGAÇÃO/LIVRARIAS E ESCOLAS Rosália Meirelles

EDITORA CARAMBAIA
Av. São Luís, 86, cj. 182
01046-000 São Paulo SP
contato@carambaia.com.br
www.carambaia.com.br

copyright desta edição © Editora Carambaia, 2023
copyright © Verlag Kiepenheuer & Witsch GmbH & Co. KG, 2017

Título original: *Man möchte manchmal wimmern wie ein Kind.
Die Kriegstagebücher 1943 bis 1945*, (ed. René Böll) [Colônia, 2017]

CIP-BRASIL. CATALOGAÇÃO NA PUBLICAÇÃO
SINDICATO NACIONAL DOS EDITORES DE LIVROS, RJ

B674v
Böll, Heinrich, 1917-1985
    Às vezes dá vontade de chorar feito criança: Os diários de guerra (1943–1945) / Heinrich Böll [organização René Böll]; tradução Maria Aparecida Barbosa.
    1. ed. – São Paulo: Carambaia, 2023.
    336 p.; 26 cm

Tradução de: *Man möchte manchmal wimmern wie ein kind.
Die kriegstagebücher 1943 bis 1945*

    Prefácio, posfácio, cronologia e mapa
    ISBN 978-85-69002-89-5

    1. Böll, Heinrich, 1917-1985 – Diários. 2. Soldados – Alemanha – Diários.
3. Guerra Mundial, 1939-1945 – Alemanha – Narrativas pessoais alemãs.
I. Böll, René. II. Barbosa, Maria Aparecida. III. Título.

22-80737   CDD: 940.548243   CDU: 94(100)"1939/1945"
Meri Gleice Rodrigues de Souza – Bibliotecária CRB-7/6439

ilimitada

FONTES
Agena, Ofelia Text,
Tiempos Text e Elza

PAPEL
Couché Design Matte 115 g/m²

IMPRESSÃO
Ipsis

Amu-
Mor